phrasal verbs

ESPASA

INGLÉS-ESPAÑOL

phrasal verbs
ESPASA

INGLÉS-ESPAÑOL

Andrew Coney

ESPASA

Redacción y revisión lexicográfica: Andrew Coney

Diseño de cubierta: Paso de Zebra

Décima edición: mayo, 2016

Depósito legal: M. 9.854-2011
ISBN: 978-84-670-3112-6

Espasa, en su deseo de mejorar sus publicaciones, agradecerá cualquier sugerencia que los lectores hagan al departamento editorial por correo electrónico: sugerencias@espasa.es

Impreso en España / *Printed in Spain*
Impresión: Unigraf, S. L.

ESPASA LIBROS, S. L. U.
Avda. Diagonal, 662-664
08034 Barcelona
www.espasa.es
www.planetadelibros.com

El papel utilizado para la impresión de este libro es cien por cien libre de cloro y está calificado como **papel ecológico.**

Índice general

Introducción IX

ABREVIATURAS USADAS EN ESTE DICCIONARIO XIII
GRAMÁTICA DE LOS **PHRASAL VERBS** XV
PHRASAL VERBS 1

Introducción

En este libro vamos a tratar con dos tipos de verbos: **prepositional verbs** y **phrasal verbs.** Estos verbos se componen de un verbo como **go, write, tell,** etc., y de otra palabra más pequeña, como **up, down, on, in, about,** conocida como preposición o partícula. Algunos libros de gramática hacen distinción entre preposiciones y partículas. Sin embargo aquí, y con el ánimo de no complicar demasiado las cosas, vamos a llamarlas simplemente partículas.

Al principio, algunos **phrasal verbs** o **prepositional verbs** os parecerán complicados. No existe nada parecido a un **phrasal verb** en español; por eso os dará la impresión de ser algo completamente imposible de entender. Sin embargo, veréis que muchas veces hay una cierta lógica en la combinación de los verbos y sus partículas, por muy rebuscada que sea. Lo más importante es que consideréis el **phrasal verb** en su conjunto: el verbo y la partícula, porque ambos aportan información imprescindible para su correcta comprensión.

Algunos **phrasal verbs** o **prepositional verbs** son muy fáciles de entender porque el uso de la partícula, sobre todo de las que se utilizan para hablar de dirección, posición o movimiento, es similar en inglés y en español:

She went down the road.
Fue cuesta abajo.

He ran through the forest.
Corrió a través del bosque.

We talked about his wedding plans.
Hablamos sobre sus planes de boda.

Otras veces la partícula sirve para matizar el verbo y añade información adicional sin cambiar sustancialmente su significado. En el siguiente ejemplo la frase significa más o menos lo mismo con y sin la partícula **up:**

She started *up* the engine./She started the engine.
Puso el motor en marcha.

Sin embargo, en algunas ocasiones la partícula cambia radicalmente el significado del verbo. Estos ejemplos son los más dificiles de entender:

She told him off.
Le regañó.

They put the meeting off.
Suspendieron la reunión.

She takes after her mother.
Se parece a su madre.

Y para complicar aún más las cosas, hay que recordar que un mismo **phrasal verb** puede tener varios significados. Por ejemplo, **to take off** puede significar *quitar:*

He took off his trousers.
Se quitó los pantalones.

pero también *despegar:*

The balloon took off.
El globo despegó.

¿Cómo entender los *phrasal verbs?*

➢ **Los verbos**

A veces habrá que fijarse en el significado del verbo. Por ejemplo, **look up:**

I looked the word up in the dictionary.
Miré la palabra en el diccionario.

En este caso, el verbo es **to look** y **up** es la partícula, y el significado lo impone el verbo. Un nivel mínimo de inglés basta para saber que **to look** suele significar *ver* o *mirar.* La partícula **up** no aporta mucho y está allí únicamente para matizarlo. Así que, sabiendo que **to look** puede significar *ver* o *mirar,* y fijándonos en el contexto de la frase y en la palabra **dictionary**, podemos fácilmente deducir que **to look up** significa algo así como *averiguar, comprobar.*

➢ **Las partículas**

Otras veces es la partícula, y no el verbo, la que determina el significado:

to run out *quedarse sin*

We've run out of petrol.
Nos hemos quedado sin gasolina.

En este caso, nos encontramos con un **phrasal verb** formado por el verbo **to run** y la partícula **out.** Ya sabemos que **out** está relacionada con la idea de *fuera.* Ahora, empleando un poco de imaginación y creatividad, y fijándonos en el contexto de la frase y en la palabra **petrol,** llegaremos a la conclusión de que la persona que formuló esta frase dijo que estaba *fuera de gasolina* o, dicho de otra manera, *se quedó sin gasolina.*

➢ **El contexto**

Y otras muchas veces será el contexto de la frase y el significado de las demás palabras que aparecen en ella las pistas que, con un poco de imaginación, os ayudarán a intuir el verdadero significado de un **phrasal verb.** ¡Suerte!

Abreviaturas usadas en este diccionario

adj	adjetivo
GB	inglés británico (exclusivamente)
etc	etcétera
fig	uso figurado
n	nombre
US	Estados Unidos

Gramática de los *phrasal verbs*

▸▸ *Phrasal verbs* transitivos e intransitivos

Dentro del conjunto de los **phrasal verbs** hay algunos que son transitivos y otros que son intransitivos:

1. Transitivos

Los **phrasal verbs** transitivos requieren un objeto. Por ejemplo, **to put off** puede significar *suspender*. En este caso, **to put off** es transitivo y hay que utilizar un objeto:

They put off <u>the meeting</u>.
Suspendieron la reunión.

***Phrasal verbs* transitivos y la posición del objeto:**

- **Inseperables**
En algunos casos el objeto tiene que ir necesariamente después de la partícula; decimos entonces que son **phrasal verbs** inseperables. Por ejemplo, **to take after** -en el cual **to take** es el verbo y **after** es la partícula- es transitivo y, como tal, necesita

un objeto. El objeto del siguiente ejemplo es **her mother.** Este objeto tiene que situarse necesariamente después de la partícula **after:**

She takes after her mother.
Se parece a su madre.

En estos casos no es posible separar el verbo **to take** y la partícula **after.** Sería incorrecto decir: **she takes her mother after**

Además, con este tipo de **phrasal verbs** podemos emplear un pronombre objeto **me, you, him, her, it, us, them,** que se colocará necesariamente después de la partícula:

She takes after her.
Se parece a ella.

No podemos situar el pronombre objeto entre el verbo y la partícula. Sería incorrecto decir:
she takes her after.

- **Seperables**
  En otras ocasiones, el objeto puede cambiarse de sitio dentro de la frase, de forma que puede ir entre el verbo y la partícula, o después de la partícula. Por ejemplo, en el siguiente caso escogemos **to put up**, un **phrasal verb** en el que **to put** es el verbo y **up** la partícula. Es un **phrasal verb** transitivo y, como tal, requiere un objeto como, por ejemplo, **the painting,** que puede ir entre el verbo y la partícula:

I put the painting up.
Colgué el cuadro.

o después de la partícula:

I put up the painting.
Colgué el cuadro.

Sin embargo, cuando empleamos un pronombre objeto **me, you, him, her, it, us, them** para sustituir al objeto, este pronombre se sitúa necesariamente entre el verbo y la partícula:

I put it up.
Lo colgué.

No se puede colocar este pronombre objeto al final de la frase. Sería incorrecto decir: **I put up it.**

2. Intransitivos

Otros **phrasal verbs** son intransitivos y no requieren un objeto:

They are going to break up.
Van a separarse.

3. Transitivos e intrasitivos

Finalmente, algunos **phrasal verbs** pueden ser tanto transitivos como intransitivos:

transitivo: **They did without any food or water for three days.**
Prescindieron de comida y agua durante tres días.

intransitivo: **There are no crisps left – we'll have to do without.**
No quedan patatas fritas – tendremos que arreglárnoslas sin ellas.

▸▸ *Phrasal verbs* con dos partículas

Finalmente, hay algunos **phrasal verbs** que están compuestos por un verbo y dos partículas. Por ejemplo, **to put up with something,** significa *soportar algo*. Como véis, hay un verbo **to put** y dos partículas: **up** y **with.** Estas partículas van unidas al verbo en un orden fijo y no se pueden separar ni mover:

She's looking forward to her holiday.
Espera las vacaciones con mucha ilusión.

He gets on well with his boss.
Se lleva bien con su jefe.

Cuando empleamos un pronombre objeto con estos verbos, los situamos necesariamente después de las partículas:

She's looking forward to it.
Le hace mucha ilusión.

He gets on well with him.
Se lleva bien con él.

▸▸ Verbo + preposición + gerundio

Y, finalmente, queremos recordaros que cuando un verbo sigue a una preposición, se utiliza el gerundio (verbo + **ing**):

I'm worried about going there.
Me preocupa ir allí.

Have you ever thought of doing it like this?
¿Has pensado alguna vez en hacerlo así?

They paid us extra for having worked so hard.
Nos pagaron más por haber trabajado tanto.

Who is responsible for organising this fiasco?
¿Quién es el reponsable de organizar semejante desastre?

She's proud of having won the gold medal.
Está orgullosa de haber ganado la medalla de oro.

We're tired of having to wait.
Estábamos hartos de tener que esperar.

A

Abide *tolerar, soportar*

abide by *acatar, atenerse a*

They agreed to abide by the agreement.

Acataron el acuerdo.

Accede *acceder*

accede to *acceder a*

We didn't accede to their demands.

Rechazamos sus demandas.

Accord *conceder*

accord with *ser acorde con, estar de acuerdo con*

The report didn't accord with the facts uncovered by the police.

El informe no concordaba con los hechos descubiertos por la policía.

Account *(n) cuenta*

account for *explicar*

No one can account for the missing money.

Nadie sabe explicar dónde fue a parar el dinero.

They can't account for two people.

Todavía no se conoce la suerte de dos personas.

__account for__ *(cifras) representar*
Tourism accounts for two thirds of their income.
El turismo representa dos tercios de sus ingresos.

Acquaint *informar*

__be acquainted with__ *conocer a alguien/algo, estar al corriente de algo*
He wasn't acquainted with our system of working.
No estaba familiarizado con nuestro sistema de trabajo.

Act *actuar, interpretar*

__act on__ *actuar, obrar*
The police failed to act on the tip-off.
La policía no investigó el chivatazo.

__act out__ *expresar, representar*
They acted out their fantasies.
Llevaron a la práctica sus fantasías.

__act up__ *funcionar mal*
The machine is acting up again.
La máquina está fallando otra vez.

portarse mal, dar guerra
My students have been acting up today.
Mis alumnos han estado dándome guerra todo el día.

Add *añadir, sumar*

__add in__ *incluir, añadir*
We had to add in a couple of extra scenes.
Tuvimos que añadir un par de escenas extra.

__add on__ *añadir, sumar*
The total was a bit more than we expected as the tip hadn't been added on.
Tuvimos que pagar un poco más de lo que esperábamos, porque la propina no iba incluida.

__add together__ *sumar*
What do you get if you add these two numbers together?
¿Qué obtienes si sumas estos dos números?

__add up__ *juntar, sumar*
Add up the points to find the total.
Suma los puntos para conseguir el total.

<u>add up to</u> *suponer*
This adds up to a lot more work for a lot less money.
Esto supone mucho más trabajo por menos dinero.

Adhere *pegarse*

<u>adhere to</u> *acatar*
The regulations have been adhered to.
Las normas fueron acatadas.

Admit *admitir*

<u>admit of</u> *admitir, dar lugar, permitir*
The law admitted of one interpretation only.
La ley admitía una única interpretación.

Agree *acordar*

<u>agree on</u> *ponerse de acuerdo en*
We can't agree on a date.
No nos ponemos de acuerdo en la fecha.

<u>agree to</u> *aceptar, acceder a*
They agreed to do it at short notice.
Aceptaron hacerlo en un plazo muy breve.

<u>agree with</u> *(comida, clima) sentar bien a*
That food didn't agree with me.
Aquella comida no me sentó bien.

Aim *apuntar*

<u>aim at</u> *reclamar, dirigir algo a alguien*
The organisation is aimed at single mothers.
La organización está dirigida a madres solteras.

Allow *permitir*

<u>allow for</u> *tener en cuenta*
We didn't allow for the time factor.
No tuvimos en cuenta el factor tiempo.

Allude *aludir*

<u>allude to</u> *aludir a, mencionar*
They learned not to allude to the subject in the presence of their father.
Aprendieron a no aludir al tema en presencia de su padre.

Amount *(n) cantidad*

<u>**amount to**</u> *sumar, ascender a*

The fees amount to over 2,000 euros.

Las tasas suman más de 2.000 euros.

Angle *(n) ángulo*

<u>**angle for**</u> *pedir indirectamente*

He finally got the invitation he had been angling for.

Finalmente obtuvo la invitación que había estado pidiendo.

Answer *contestar*

<u>**answer back**</u> *contestar bruscamente/mal*

His students are always answering back.

Sus alumnos siempre le contestan mal.

<u>**answer for**</u> *responder de*

The soldiers will have to answer for their actions.

Los soldados tendrán que responder de sus acciones.

<u>**answer to**</u> *responder a*

I know quite a few people who might answer to that description.

Conozco a bastantes personas que podrían responder a esa descripción.

Approve *aprobar*

<u>**approve of**</u> *aprobar algo*

She approved of her daughter's friends.

Aprobó a los amigos de su hija.

Argue *discutir, argumentar*

<u>**argue down**</u> *rebatir*

She can always argue him down.

Siempre sabe rebatirlo.

<u>**argue out**</u> *discutir*

The proposals were argued out in meetings that went on forever.

Las propuestas fueron discutidas en reuniones que parecían no tener fin.

<u>**argue out of**</u> *discutir para no tener que hacer algo*

He argued his way out of having to work on the weekend.

Discutió para no tener que trabajar el fin de semana.

Arse *(n) culo*

<u>arse about</u> *(tabú) molestar, actuar estúpidamente, hacer el tonto*
He is always arsing about.
Siempre está haciendo el tonto.

Ask *pedir*

<u>ask after</u> *preguntar por*
She asked after my father.
Preguntó por mi padre.

<u>ask around</u> *preguntar, informarse*
I asked around to see if anyone knew about the old woman.
Pregunté por ahí por si alguien sabía algo de la señora mayor.

<u>ask for</u> *pedir*
They asked for more money.
Pidieron más dinero.

(por teléfono) preguntar por alguien
Someone phoned up and asked for you.
Alguien llamó y preguntó por ti.

(problemas) buscar(se)
If you work with him, you are asking for trouble.
Si trabajas con él, te estás buscando problemas.

<u>ask in</u> *invitar*
He asked us in.
Nos invitó a entrar.

<u>ask into</u> *invitar a pasar/entrar*
They asked him into the house.
Le invitaron a entrar en la casa.

<u>ask out</u> *invitar a salir*
She asked him out.
Le invitó a salir.

<u>ask over</u> *invitar a venir*
She asked me over to have a look at the house.
Me invitó a ver su casa.

<u>ask round</u> *invitar a venir*
I hoped he'd ask me round to his place.
Esperaba que me invitara a su casa.

Aspire *aspirar*

aspire to *aspirar a*
He has always aspired to a position of power.
Siempre quiso alcanzar una posición de poder.

Attend *asistir*

attend to *(un problema) atender*
If we do not attend to it soon, it'll get worse.
Si no resolvemos el problema pronto, la situación empeorará.

Auction *(n) subasta*

auction off *subastar*
She auctioned off all her belongings.
Vendió todas sus pertenencias en una subasta.

Average *(n) media*

average out *calcular la media de algo*
They averaged out the number of hours worked.
Calcularon la media de horas trabajadas.

average out at *hacer una media*
The hours I work a week averages out at about 50.
Trabajo una media de 50 horas a la semana.

B

Back *respaldar*

back away *evadir, evitar*
They appeared to back away from criticising her.
Parecían evitar criticarla.

retroceder, dar un paso hacia atrás
She backed away.
Dio un paso hacia atrás.

back down *echarse atrás*
Eventually she backed down and agreed to our terms.
Al final se echó atrás y aceptó nuestras condiciones.

back off *dar marcha atrás*
She was ready for a fight, but in the end she backed off.
Estaba dispuesta a pelear, pero al final dio marcha atrás.

back onto *(un edificio) dar por la parte de atrás a*
The house backs on to a park.
La casa está de espaldas al parque.
La parte trasera de la casa da al parque.

back out *(en un acuerdo) echarse atrás*
You can't back out now.
No puedes echarte atrás ahora.

(un automóvil) salir marcha atrás
She backed out of the garage.
Salió del garaje marcha atrás.

<u>back up</u> *respaldar*
You need some evidence to back up your claim.
Necesitas pruebas para respaldar tu reclamación.

apoyar
They asked her to back them up.
La pidieron que les apoyara.

aparcar
I backed up to the entrance.
Aparqué en la entrada dando marcha atrás.

retroceder
She backed up a few steps, then ran and jumped over the water.
Retrocedió unos pasos, corrió y saltó por encima del agua.

Bag *(n) bolso*

<u>bag up</u> *meter en bolsas*
They bagged the money up.
Metieron todo el dinero en bolsas.

Bail/bale *(n) caución, fianza*

<u>bail out</u> *sacar de un apuro, echar un cable*
I asked a friend to bail me out.
Pedí a un amigo que me echara un cable.

achicar agua de un barco que está naufragando
We had to bail (bale) out the rain water from the bottom of the boat.
Tuvimos que achicar el agua de lluvia del fondo del bote.

lanzarse en paracaídas
They bailed (baled) out of the plane.
Se lanzaron en paracaídas.

Balance *(n) equilibrio, balance*

<u>balance against</u> *equilibrar*
We had to balance their claims against our interests.
Tuvimos que equilibrar sus reivindicaciones y nuestros intereses.

balance out *compensar*
The profits and losses balance out.
Los beneficios compensan las pérdidas.

Balk *burlar*
balk at *rechazar, resistirse a considerar algo*
They balked at it.
Lo rechazaron.

Balls *(npl) testículos*
balls up *(tabú) hacer algo mal, cagarla*
He ballsed it all up.
La cagó.

Band *(n) banda*
band together *juntarse*
Small groups of fighters banded together to continue the resistance.
Pequeños grupos de luchadores se juntaron para seguir en la resistencia.

Bandage *(n) venda*
bandage up *vendar*
We need to bandage that wound up.
Hay que vendar esa herida.

Bandy *(palabras, insultos) intercambiar*
bandy about/around *estar en boca de todos*
The idea was being bandied about.
La idea estaba en boca de todos.

presumir
He likes to bandy long words about.
Le gusta utilizar palabras largas para presumir

Bang *(onomatopeya) ¡pum!*
bang about/around *moverse ruidosamente, armar jaleo*
He was banging about in the kitchen.
Se movía ruidosamente en la cocina.

bang away *dar martillazos*
She's been banging away all afternoon in the garage.
Lleva toda la tarde dando martillazos en el garaje.

bang down *depositar algo con fuerza, cerrar de un golpe*
She was furious and banged the window down very loudly.
Estaba furiosa y cerró con fuerza la ventana.

bang into *chocar*
The two cars banged into each other.
Los dos coches chocaron.

bang out *(un instrumento) tocar ruidosamente*
She banged a tune out on the piano.
Aporreó el piano con una melodía.

hacer algo deprisa y corriendo
I banged out three pages of my novel in just one hour.
Escribí tres páginas de mi novela en tan sólo una hora.

bang up *encarcelar*
He was banged up for three years for armed robbery.
Le cayeron tres años por robo a mano armada.

Bank *(n) banco*

bank on *contar con*
He said he would come on time, but don't bank on it.
Dijo que llegaría a tiempo, pero no cuentes con ello.

bank up *amontonar*
The snow had banked up against her door.
La nieve se había amontonado en su puerta.

Bargain *(n) ganga*

bargain for *contar con, esperar*
It was more than we had bargained for.
Fue más de lo que habíamos esperado.

Barge *(n) barcaza*

barge in *colarse*
She just barged in without saying anything.
Se coló sin decir nada.

(una conversación) interrumpir
He barged in and said what he thought.
Interrumpió la conversación y dijo lo que pensaba.

barge into *irrumpir en*
She barged into the room without knocking.
Irrumpió en la habitación sin llamar a la puerta.

chocar contra
He barged into me as I was going out of the door.
Chocó contra mí cuando salía por la puerta.

Bark *ladrar*
bark out *(órdenes) escupir, decir en tono brusco*
She was barking out orders.
Escupía órdenes.

Base *(n) base*
base on *basar en*
The book is based on a true story.
Este libro está basado en un hecho real.

Bash *(n) golpe*
bash about/around *golpear, dar golpes*
Don't bash the box about – it's got something fragile inside.
No golpees la caja, contiene algo frágil.

bash in *pegar*
I'll bash your face in if you keep saying that.
Te partiré la cara si sigues diciendo eso.

bash up *dar una paliza, pegar a*
He didn't pay them the money so they bashed him up.
No les pagó lo que debía, así que le dieron una paliza.

Batten *(n) listón*
batten down *(una puerta, escotilla) cerrar, atrancar*
They battened down everything in preparation for the storm.
Cerraron todo a cal y canto en espera de la tormenta.

Batter *(n) rebozo*
batter down *derribar a golpes, aporrear*
They battered the door down.
Derribaron la puerta a golpes.

Bawl *gritar, vociferar, berrear*
bawl at *gritar, chillar a*
She was bawling at him.
Le estaba chillando.

Be *ser, estar*

<u>be about to</u> *estar a punto de*
She is about to arrive.
Está a punto de llegar.

<u>be down with</u> *(una enfermedad) tener*
He is down with the flu.
Está en la cama con gripe.

<u>be for</u> *estar a favor de*
Paul is all for the proposal.
Paul está totalmente a favor de la propuesta.

<u>be in for</u> *(un acontecimiento) esperarse*
We are in for some bad weather.
Se espera mal tiempo.

<u>be off</u> *estar ausente*
She is off for a couple of days.
Estará fuera durante un par de días.

(comida) estar pasado
This milk is off.
Esta leche está pasada.

<u>be on</u> *haber en la tele*
What's on tonight?
¿Qué hay en la tele esta noche?

<u>be out</u> *estar fuera*
Sorry, but she is out.
Lo siento, pero no está.

estar apagado
The fire is out.
El fuego está apagado.

<u>be over</u> *estar terminado*
It's all over now, you can go home.
Todo ha terminado, puedes irte a casa.

<u>be through</u> *terminar con algo*
I'm through with all this.
He terminado con todo esto.

be up to *estar en condiciones de hacer algo*
I'm not up to doing that journey right now.
No estoy en condiciones de hacer ese viaje justo ahora.

Bear *soportar*

bear down (up) on *(la prensa) abalanzarse sobre*
The press were bearing down on the actress.
La prensa se abalanzó sobre la actriz.

acercarse de manera amenazadora
They bore down on him.
Se acercaron a él de manera amenazadora.

bear on *tener que ver, asemejarse*
The report had some bearing on our situation.
El informe tuvo algo que ver con nuestra situación.

bear out *(una teoría) corroborar, confirmar*
Can you bear that out?
¿Lo puedes probar?

bear up *aguantar*
He couldn't bear up under so much pressure.
No pudo aguantar tanta presión.

bear with *tener paciencia con*
Please bear with me a moment.
Por favor, ten paciencia conmigo un momento.

Beat *latir*

beat back *rechazar*
The soldiers managed to beat back the enemy.
Los soldados consiguieron rechazar al enemigo.

beat down *(el sol) caer a plomo, (la lluvia) caer con fuerza*
The sun was beating down on us all afternoon.
El sol caía a plomo durante toda la tarde.

conseguir una rebaja en
We managed to beat them down to half the price.
Regateamos y lo conseguimos a mitad de precio.

beat off *rechazar*
They had to beat off an attack by the opposition.
Tuvieron que rechazar un ataque de la oposición.

<u>beat on</u> *(US) dar una paliza*
They beat on him.
Le dieron una paliza.

<u>beat out</u> *(fuego, llamas) apagar*
They had to beat out the fire before it destroyed the town.
Tuvieron que apagar el fuego antes de que destruyera la ciudad.

(tambores) tocar
They beat out a rhythm with their drums.
Marcaron el ritmo con los tambores.

<u>beat up</u> *dar una paliza a*
They beat him up because he had grassed on them.
Le dieron una paliza porque se había chivado.

<u>beat up on</u> *(US) dar una paliza a*
They beat up on him.
Le dieron una paliza.

Beef *(n) carne de vacuno*

<u>beef up</u> *ampliar, fortalecer*
They had to beef up the report to make it more attractive to investors.
Tuvieron que retocar el informe para hacerlo más atractivo para los inversores.

Believe *creer*

<u>believe in</u> *creer en*
Do you believe in God?
¿Crees en Dios?

tener confianza en, confiar en
He is someone who people believe in.
La gente confía en él.

Belong *pertenecer*

<u>belong to</u> *pertenecer a*
This bag belongs to me.
Esta bolsa es mía.

ser socio de
She belongs to the tennis club.
Es socia del club de tenis.

Belt *(n) cinturón*

belt along *ir a gran velocidad*
He belted along the road.
Iba por la carretera como una bala.

belt out *(una canción) cantar a todo pulmón/a grito pelado*
They belted the song out.
Cantaron la canción a grito pelado.

belt past *pasar como un rayo*
She belted past him.
Le pasó como un rayo.

belt up *abrocharse el cinturón*
Belt up everyone!
¡Que todo el mundo se abroche el cinturón!

expresión
Belt up!
¡Cierra el pico!

Bend *doblar*

bend down *inclinarse*
I had to bend down to pick up the coin.
Me tuve que inclinar para coger la moneda.

bend over backwards *desvivirse por alguien/por hacer algo*
We bent over backwards to make him comfortable.
Nos desvivimos para que se sintiese a gusto.

Bet *apostar*

bet on *contar con*
He's really busy so I wouldn't bet on him coming tonight.
Tiene mucho trabajo, así que yo no contaría con él esta noche.

Bind *atar*

bind up *vendar*
We need to bind this wound up.
Hay que vendar esta herida.

bind up with *estar vinculado/íntimamente relacionado con*
All this was bound up with what was happening at the club.
Todo esto estaba íntimamente relacionado con lo que estaba pasando en el club.

Bite *morder*

bite back *reprimir, contener*
He tried to bite back the tears.
Intentó contener las lágrimas.

(verbalmente) contraatacar
She bites back if you criticise her.
Si la criticas, contraataca.

Black *(n) (color) negro*

black out *perder la conciencia*
He had been in the sun for too long and he just blacked out.
Llevaba demasiado tiempo al sol y perdió la conciencia.

hacer invisibles desde fuera las luces de una casa
They had to black out the room to stop the enemy from seeing the light.
Tuvieron que oscurecer la habitación.

causar un apagón
The storm blacked out the city.
La tormenta causó un apagón en la ciudad.

Blare *(música) retumbar*

blare out *atronar, producir un ruido ensordecedor*
The music was blaring out.
La música era ensordecedora.

Blast *(n) explosión*

blast away *seguir disparando*
The guns were blasting away.
Las armas seguían disparando.

blast off *(un cohete) despegar*
The rocket blasted off.
El cohete despegó.

blast out *emitir a toda potencia*
The music was blasting out.
La música estaba a todo volumen.

Blaze *(n) llamarada*

blaze away *quemar(se) de forma violenta*
The fire was blazing away.
El fuego resplandecía con fuerza.

brillar con fuerza
The lights from the bars were blazing away.
Las luces de los bares brillaban con fuerza.

(disparar) mantener fuego intenso
The gangsters blazed away with their machine guns.
Los gángsters mantenían fuego intenso.

blaze up *(fuego) avivarse, estallar*
The fire suddenly blazed up.
De repente, el fuego volvió a avivarse.

Blend *(n) mezcla*

blend in with *armonizar con*
The chameleon blended in with its suroundings.
El camaleón se fundía con el entorno.

blend into *camuflarse entre, confundirse con*
The snake blended well into the tree.
La serpiente se confundía con el árbol.

Block *(n) bloque*

block in *bloquear*
I was blocked in by another car.
Un coche me estaba bloqueando la salida.

block off *(una carretera) cortar*
The police blocked the road off.
La policía cortó la carretera.

block out *impedir el paso de la luz*
This curtain should block out all the light.
Esta cortina debería tapar toda la luz.

(noticias, etc) ocultar, suprimir
The Government tried to block the news out.
El Gobierno intentó ocultar las noticias.

(un sentimiento) reprimir, suprimir
Blocking out your anger will only make you feel worse.
Reprimir la rabia te hará sentir peor.

block up *cerrar a cal y canto, (una puerta, ventana) atrancar*
They blocked the room up so no one could get in.
Cerraron la habitación a cal y canto para que nadie pudiera entrar.

atascar, tapar, bloquear
The sink is blocked up.
El fregadero está atascado.

(un agujero, una entrada) tapar
My nose is all blocked up.
Tengo la nariz congestionada.

Blot *(n) mancha*

blot out *(el sol, la luz) impedir el paso de, tapar*
The clouds were blotting out the sun.
Las nubes tapaban el sol.

blot out *(memoria) enterrar*
She was trying to blot out all thoughts of him.
Estaba intentando borrar sus recuerdos.

blot up *secar, absorber*
She blotted the ink up with a napkin.
Secó la tinta con una servilleta.

Blow *soplar*

blow about *llevar de acá para allá*
The wind was blowing the umbrella about.
El viento zarandeaba el paraguas.

blow away *llevarse, hacer desaparecer*
The wind blew the leaves away.
El viento se llevó las hojas.

derribar con un explosivo, volar
The bomb blew the building away.
La bomba voló el edificio.

blow back *(el humo, etc) llevar de vuelta*
The wind was blowing the smoke back into the room.
El viento llevaba el humo de vuelta a la habitación.

blow down *derribar*
The strong wind blew down the trees.
El fuerte viento derribó los árboles.

blow in *entrar de sopetón, llegar inesperadamente*
The wind suddenly blew in.
De repente entró una ráfaga de viento.

blow off *quitar, arrebatar, arrancar*
The wind blew the roof off.
El viento arrancó el techo.

quitar soplando
He blew the dust off.
Sopló para quitar el polvo.

blow out *(una vela) apagar (soplando)*
Could you blow the candles out please?
¿Podrías apagar las velas, por favor?

(una ventana) romper
The wind blew the window out.
El viento rompió la ventana.

(una tormenta) remitir
The storm blew itself out.
La tormenta remitió.

blow over *derribar, volcar*
The storm blew the cars over.
La tormenta volcó los coches.

pasar al olvido, calmarse
The row has blown over.
La discusión se calmó.

blow up *(un neumático) inflar*
You need to blow the tyre up a bit more.
Tienes que inflar un poco más el neumático.

(una foto) ampliar
I'd like to blow the photo up.
Me gustaría ampliar la foto.

(con explosivos) volar
They blew the car up.
Volaron el coche con explosivos.

Blunder *(n) error*

blunder about/around *andar a ciegas*
He was blundering about in the kitchen.
Andaba a ciegas en la cocina.

blunder through *avanzar dando tumbos, (un examen) hacer mal*
He blundered his way through the exam.
Hizo el examen muy mal.

Board *(n) tabla*

board up *(una ventana) entablar, proteger con tablas de madera*
They boarded up their windows because they were afraid of the rioters.
Entablaron las ventanas por miedo a los saqueadores.

Bob *agitarse, menearse*

bob about *(en el agua) flotar*
The bottles were bobbing about in the water.
Las botellas flotaban en el agua.

bob up *levantarse, aparecer*
The body suddenly bobbed up in the water.
De repente apareció un cadáver en el agua.

bob up and down *(una persona) subir y bajar, levantarse y sentarse*
She was bobbing up and down in the water.
Pegaba botes en el agua.

Bog *(n) ciénaga*

bog down *quedarse atascado*
I'm bogged down with work.
Me he quedado atascado con el trabajo.

bog off *expresión*
Bog off!
¡Vete a tomar aire!

Boil *hervir*

boil away *evaporarse*
We forgot about the pot and water boiled away.
Nos olvidamos de la cazuela y el agua se evaporó.

boil down *reducir(se) por cocción*
She boiled the water down.
Redujó el agua por cocción.

boil down to *reducir(se) por cocción*
Mushrooms boil down to almost nothing.
Durante la cocción los champiñones se reducen a casi nada.

reducir algo a su forma más sencilla
What they want boils down to just one thing.
Lo que quieren se reduce a una sola cosa.

boil over *(un líquido) salirse, rebosar*
The milk boiled over.
La leche se salió.

boil up *(poner a) hervir*
Boil up the water and add the potatoes.
Pon a hervir el agua y añade las patatas.

(fig) estar a punto de estallar
Fury was boiling up in him.
Estaba a punto de estallar de ira.

Bolster *reforzar*

bolster up *reforzar, fortalecer*
The new evidence bolstered up their legal case.
Las nuevas pruebas reforzaron su caso ante los tribunales.

Bolt *(n) cerrojo*

bolt down *comer deprisa, engullir*
She just bolted the food down.
Simplemente engulló la comida.

bolt in *(con cerrojo) encerrar*
They bolted the horse in the stable.
Encerraron al caballo en el establo.

irrumpir en
She bolted in and demanded to see the boss.
Entró de forma violenta y exigió ver a la jefa.

bolt out *salir disparado*
He bolted out of the door.
Salió disparado por la puerta.

Bomb *(n) bomba*

bomb along *ir a gran velocidad*
He bombed along the road.
Iba por la carretera como una bala.

bomb out *salir a gran velocidad*
The children bombed out of class and into the playground.
Los niños salieron de clase disparados para ir al patio.

Bone *(n) hueso*

bone up *(para un examen) empollar*
I need to bone up for my maths exam.
Tengo que empollar matemáticas para el examen.

Book *reservar*

book in *citar a alguien*
We booked them in for 5pm.
Los hemos citado a las cinco de la tarde.

(en un hotel) registrarse
They booked in at the Savoy Hotel.
Se registraron en el Hotel Savoy.

book in/into *reservar una habitación en un hotel*
They booked us in/into a five-star hotel.
Nos reservaron habitaciones en un hotel de cinco estrellas.

book through *sacar billete para un destino*
They are booked through to Amsterdam.
Han sacado un billete para Amsterdam.

book up *(a un curso, etc) apuntarse*
They booked up for a course on French cuisine.
Se apuntaron a un curso de cocina francesa.

estar completo
They're all booked up.
Están completos, no quedan plazas.

Boom *(un ruido) sonar muy fuerte*

boom out *retumbar*
Her voice boomed out.
Su voz sonó muy alta.

Boot *(n) bota*

boot out *echar, expulsar*
They booted him out of the club.
Le expulsaron del club.

Border *(n) frontera*

border on *(fig) aproximarse a*

The way she treated him bordered on physical abuse.

La manera en la que le trataba se aproximaba a un abuso físico.

lindar/tener frontera con

France borders on Belgium, Germany and Spain.

Francia hace frontera con Bélgica, Alemania y España.

Bore *perforar*

bore into *perforar, taladrar*

They bore a hole into the wall.

Taladraron un agujero en la pared.

Boss *(n) jefe*

boss around *ser autoritario/mandón*

Stop bossing me around.

Deja de ser tan mandón.

Botch *hacer algo mal*

botch up *hacer una chapuza*

I really botched that exam up.

Hice una chapuza de examen.

Bottle *(n) botella*

bottle out *rajarse*

They bottled out at the last minute.

Se rajaron en el último minuto.

bottle up *embotellar*

We need to bottle up all this wine.

Tenemos que embotellar todo este vino.

(una emoción) reprimir, contener

You shouldn't bottle up all that anger – it's bad for you.

No deberías reprimir toda esa ira, es malo para ti.

Bottom *(n) culo*

bottom out *tocar fondo*

We're sure that death rates have bottomed out.

Estamos seguros de que la tasa de mortalidad ha tocado fondo.

Bow *inclinarse*

bow down *inclinarse ante, hacer una reverencia a*
They had to bow down to the emperor.
Tuvieron que inclinarse ante el emperador.

bow out *retirarse*
I'll do one more show before I bow out.
Daré un último show más antes de retirarme.

bow to *(los deseos, autoridad, etc) ceder ante*
They bowed to her authority.
Cedieron ante su autoridad.

Bowl *(una pelota) lanzar*

bowl out *(cricket) eliminar a alguien al golpear la pelota contra los palos*
They bowled him out.
Le eliminaron.

bowl over *derribar*
She bowled him over.
Le derribó.

desconcertar, dejar atónito
We were bowled over by the news.
La noticia nos dejó pasmados.

Box *(n) caja*

box in *encerrar*
The car was too close and we were boxed in.
El otro coche estaba demasiado cerca y no pudimos salir.

box off *compartimentar, dividir*
We could box off the area under the stairs to make a cupboard.
Podríamos dividir la zona debajo de las escaleras para hacer un armario.

box up *poner en una caja*
We need to box up all these books.
Tenemos que poner en cajas todos estos libros.

Branch *(n) rama*

branch off *(una carretera) salir, desviarse*
The road branches off to the right.
La carretera se bifurca a la derecha.

(al hablar) salirse del tema principal
He branched off the main topic and started talking about his life.
Se salió del tema principal y empezó a hablar de su vida.

branch out *ensanchar el campo de operaciones, diversificarse*
We need to branch out in order to conquer new markets.
Tenemos que diversificarnos para conquistar nuevos mercados.

Break *romper*

break away *separar(se)*
He broke away to form his own group.
Se separó para formar su propio grupo.

escapar físicamente de un aprieto
She managed to break away.
Consiguió escapar.

break down *estropearse*
The photocopier has broken down again.
La fotocopiadora ha vuelto a estropearse.

fracasar
Talks have broken down.
Las negociaciones han fracasado.

derribar
They had to break the door down to get in.
Tuvieron que derribar la puerta para entrar.

dividir, desglosar
You need to break the topic down into smaller units.
Tienes que dividir el tema en unidades más pequeñas.

descomponer
The chemicals will break the sewage down.
Los productos químicos descompondrán las aguas residuales.

romper
We need to break down the barriers.
Tenemos que romper las barreras.

echarse a llorar
He broke down.
Se echó a llorar.

break in *forzar la entrada*
Burglars broke in and stole the jewels.
Los ladrones forzaron la entrada y robaron las joyas.

(en una conversación) irrumpir
«What?» he broke in.
«¿Qué?» irrumpió.

(un caballo) domar
They broke the horse in.
Domaron el caballo.

amoldar
The sergeant broke the new recruit in to army life.
El sargento acostumbró a la nueva recluta a la vida en el Ejército.

(fig) bautizar
I need to break these new shoes in.
Tengo que estrenar estos zapatos.

break into *irrumpir en*
She broke into the castle.
Irrumpió en el castillo.

romper a llorar
He broke into tears.
Rompió a llorar.

introducirse, establecerse en
We need to break into new markets.
Tenemos que introducirnos en nuevos mercados.

utilizar como último recurso
We had to break into our holiday money in order to pay the bills.
Para poder pagar las facturas tuvimos que recurrir al dinero destinado a las vacaciones.

abrir
They broke into the champagne.
Abrieron una botella de champán.

dividir, desglosar
Break the topic into smaller parts.
Divide el tema en partes más pequeñas.

break off *(una relación) romper*
He broke off the relationship with her.
Ha roto con ella.

desprenderse
The handle broke off in my hand.
Me quedé con el pomo en la mano.

parar de hablar
He suddenly broke off in mid-speech.
De repente se paró en mitad del discurso.

suspender
They broke the game off because of violence.
Suspendieron el partido a causa de la violencia desatada.

break out *fugarse*
Three prisoners broke out.
Se fugaron tres reclusos.

(una guerra) estallar
War has broken out between the two countries.
Ha estallado la guerra entre los dos países.

break out in *(granos en la piel, etc) salir*
She broke out in spots.
Le salieron granos en la piel.

break out of *salir, liberarse de*
We need to break out of this vicious circle.
Tenemos que salir de este círculo vicioso.

break through *atravesar*
The cavalry broke through the enemy front line.
La caballería atravesó el frente enemigo.

(el sol) salir
The sun broke through the clouds.
El sol salió a través de las nubes.

break up *separarse, romper*
They have broken up.
Se separaron.

pararse, descansar
They've broken up for the holidays.
Ahora están de vacaciones.

disolver
Police broke up the demonstration.
La policía disolvió la manifestación.

destrozar
They broke the furniture up.
Destrozaron los muebles.

(fig) acabar, terminar con
All the new wealth broke the family up.
Toda la nueva riqueza terminó con la familia.

(la monotonía) romper
He watched a film in order to break up the day.
Vio una película para romper la monotonía del día.

break with *romper con*
She has broken with her past.
Ha roto con el pasado.

Breathe *respirar*

breathe in *aspirar*
Breathe in slowly.
Aspira lentamente.

breathe out *espirar*
Breathe out when I say «now».
Espira cuando diga «ahora».

Breeze *(n) brisa*

breeze in *entrar despreocupadamente*
She breezed in the room.
Entró despreocupadamente en la habitación.

breeze out *salir despreocupadamente*
She breezed out of the room.
Salió despreocupadamente de la habitación.

breeze through *(un examen) hacer algo sin dificultad*
She breezed through the exam.
Hacer el examen fue para ella coser y cantar.

Brew *elaborar, preparar*

brew up *preparar el té*
Let's brew up.
Preparemos el té.

Brick *(n) ladrillo*

brick in *tapiar con ladrillos*
They bricked the fireplace in.
Cerraron la chimenea con ladrillos.

brick off *separar/aislar una zona con ladrillos*
They bricked the kitchen off.
Aislaron la cocina con ladrillos.

brick up *tapiar con ladrillos*
They bricked up the window.
Llenaron el hueco de la ventana con ladrillos.

Brim *(n) borde*

brim over *(un líquido) rebosar, salirse*
The wine brimmed over the edge of the glass.
El vino rebosó el vaso.

Bring *traer*

bring about *ocasionar, producir, causar*
The new law brought about peace in the country.
La nueva ley trajo la paz al país.

bring along *traer/llevar consigo*
Bring your notes along with you.
Trae contigo las notas.

bring back *traer a la memoria*
Seeing him brought back memories of our time together.
Verle me trajo a la memoria recuerdos de nuestro tiempo juntos.

traer de vuelta, devolver
Bring the video back next week.
Devuelve el vídeo la semana que viene.

restaurar
Some people want to bring back the monarchy to Poland.
Algunos quieren restaurar la monarquía en Polonia.

bring down *(un objeto) bajar*
Could you bring my bag down for me, please?
¿Me podría bajar la bolsa, por favor?

abatir
The missiles brought down three fighters.
Los misiles abatieron tres cazas.

(precios) rebajar
They've brought down prices.
Han rebajado los precios.

provocar la caída de un gobierno
The news brought the Government down.
Las noticias provocaron la caída del Gobierno.

deprimir
He really brings me down.
Me deprime mucho.

bring forth *(formal) dar a luz, alumbrar*
She brought forth three children.
Alumbró tres niños.

producir
The new system has brought forth interesting results.
El nuevo sistema dio unos resultados interesantes.

bring forward *adelantar*
We have to bring the date forward by one month.
Tenemos que adelantar la fecha un mes.

proponer
She brought forward a proposal to stop paying them.
Propuso dejar de pagarles.

(fondos) traspasar
The amount has to be brought forward.
Tenemos que traspasar la cantidad a otra cuenta.

bring in *introducir*
The Government brought in a new law.
El Gobierno introdujo una nueva ley.

(la cosecha) recoger
We have to bring the harvest in now.
Tenemos que recoger la cosecha ahora.

(a un sospechoso) detener
The police have brought in three suspects.
La policía ha detenido a tres sospechosos.

llamar a alguien, contratar los servicios de alguien
The police had to be brought in.
Hubo que llamar a la policía.

pronunciar un veredicto
The jury brought in their verdict.
El jurado pronunció el veredicto.

ganar/generar dinero
Tourism brings in a lot of money for this country.
El turismo genera mucho dinero para el país.

meter
Please bring the sheep in the room.
Por favor, mete la oveja en la habitación.

bring into *implicar, meter a alguien en algo*
We need to bring Peter into this.
Tenemos que conseguir que Peter se implique.

(en una conversación) introducir un tema
She brought the question of sex into the discussion.
Introdujo en la conversación el tema del sexo.

traer adentro, hacer entrar
They brought her into the room.
La hicieron entrar en la habitación.

bring off *lograr, conseguir, obtener éxito*
They managed to bring it off.
Consiguieron éxito.

bring on *causar, acarrear, provocar*
If you sleep out there, you'll bring your cough on again.
Si duermes fuera, volverás a tener tos.

hacer salir a escena
They brought the star on at the last minute.
Hicieron salir a la estrella en el último minuto.

bring out *sacar*
She brought a gun out of her pocket.
Sacó una pistola del bolsillo.

lanzar un producto
They've brought out a new, even smaller camera.
Han lanzado una nueva cámara aún más pequeña.

hacer resaltar, sacar, provocar un mal comportamiento
The game really brought out the worst in them.
El partido sacó a relucir lo peor de ellos.

bring out in *(granos, sarpullido) provocar*
The fabric brought her out in spots.
La tela le dio alergia y le salieron granos.

bring over *traer consigo*
She brought the money over when she came to see us.
Trajo el dinero consigo cuando vino a vernos.

bring round *ganarse la voluntad (de alguien), convencer a alguien*
We managed to bring him round to our way of thinking.
Conseguimos convencerle.

hacer volver en sí
The doctor brought him round.
El médico le hizo volver en sí.

bring to *reanimar*
He was unconscious for several minutes, but she brought him to.
Estuvo inconsciente durante varios minutos, pero ella le reanimó.

bring together *reunir*
They managed to bring all of them together for a meeting.
Consiguieron reunirles a todos.

bring up *(un objeto) subir*
Bring the books up, please.
Tráeme los libros cuando subas, por favor.

sacar a relucir, llamar la atención sobre
She brought the matter up at the next meeting.
Sacó a relucir el tema en la siguiente reunión.

criar, educar
I was brought up by my step-parents.
Fui criado por mis padrastros.

vomitar
The child brought the food up.
El niño vomitó la comida.

Bristle *erizarse*

bristle with *ofenderse, irritarse, enfurecerse*
She bristled with anger.
Se enfureció.

estar lleno/repleto de
The area was bristling with police officers.
El área estaba repleta de policías.

Broaden *ampliar*

broaden out *ampliar(se), ensanchar(se)*
They broadened out the targets to include all banks.
Ampliaron los objetivos al incluir a todos los bancos.

Brood *(ave) empollar*

brood on/upon *meditar sobre*
She was brooding on the problem.
Meditaba sobre el problema.

brood over *meditar, rumiar, dar vueltas a algo*
Stop brooding over your problems.
Deja de rumiar tus problemas.

Brush *cepillar*

brush against *rozar al pasar*
She brushed against him.
Le rozó al pasar.

brush aside *rechazar, no hacer caso de*
They just brushed the remark aside.
No hicieron caso del comentario.

brush away *quitar con un cepillo/con la mano*
She brushed his hand away.
Apartó bruscamente su mano.

brush down *cepillar/limpiar con la mano*
He brushed his jacket down.
Limpió la chaqueta.

brush off *quitar con un cepillo/con la mano*
She brushed the dust off.
Quitó el polvo con un cepillo.

deshacerse de alguien, mandar a alguien a paseo
He was trying to think of a way to brush her off.
Estaba buscando la manera de deshacerse de ella.

restar importancia a algo

He brushed the remark off.

Restó importancia al comentario.

brush off on *afectar*

Her enthusiasm was starting to brush off on the group.

Su entusiasmo empezaba a afectar al grupo.

brush out *limpiar con un cepillo*

We need to brush the room out.

Tenemos que limpiar el cuarto con un cepillo.

brush past *pasar muy cerca de*

The bullet brushed past me.

La bala casi me rozó.

brush up (on) *repasar/mejorar*

I need to brush up my French.

Tengo que practicar francés.

Bubble *burbujear*

bubble over with *desbordarse, rebosar*

The children were bubbling over with excitement.

Los niños rebosaban de emoción.

bubble up *burbujear, borbotear*

The liquid was bubbling up from the ground.

El líquido salía de la tierra a borbotones.

Buck *(un caballo) corcovear*

buck up *expresión*

Buck up!

¡Anímate!

Buck up!

¡Date prisa!

Bucket *(n) cubo*

bucket down *llover a cántaros/a mares, diluviar*

It was bucketing down.

Llovía a mares.

Buckle *(n) hebilla*

buckle down *dedicarse con empeño a algo*

I really need to buckle down this term.

La verdad es que tengo que hincar los codos este trimestre.

buckle in *(el cinturón) abrochar*
Help me buckle the baby in.
Ayúdame a abrochar el cinturón del bebé.

buckle on *(espada) ceñir(se)*
She buckled her sword on her belt.
Se ciñió la espada.

buckle under *ceder*
Sarah's parents always buckled under and gave her what she wanted.
Los padres de Sarah siempre cedían y le daban todo lo que quería.

buckle up *ponerse el cinturón de seguridad*
Come on, buckle up! We've got to go.
Venga, ponte el cinturón, tenemos que irnos.

Budge *mover*

budge up *moverse un poco, correrse un poco a un lado*
Budge up!
¡Correos a un lado!
¡Haced sitio!

Budget *(n) presupuesto*

budget for *presupuestar, contemplar en el presupuesto*
These expenses are all budgeted for.
Estos gastos están incluidos en el presupuesto.

Bugger *(expresión) ¡mierda!*

bugger about *(tabú) perder el tiempo haciendo tonterías*
Stop buggering about.
Deja de hacer gilipolleces.

bugger off *(tabú) abrirse, pirarse*
He just buggered off at the end of the concert.
Se piró al final del concierto.

bugger up *(tabú) joderla, joder algo*
They've buggered it up again.
La han jodido otra vez.

Build *construir*

build in *empotrar, incorporar*
The kitchen appliances have been built in.
Los electrodomésticos de la cocina están empotrados.

build into *empotrar*
They built a cupboard into the wall.
Hicieron un armario empotrado.

incorporar
They built the principle of fairness into the system.
Incorporaron el principio de justicia en el sistema.

build on *desarrollar a partir de algo, aprovechar*
We must try to build on this success of these companies.
Tenemos que intentar aprovechar el éxito de estas empresas.

build up *fortalecer, levantar, aumentar*
We have to build up the wealth of this country.
Tenemos que aumentar la riqueza de este país.

fomentar
We have to build up a good relationship with them.
Tenemos que fomentar buenas relaciones con ellos.

desarollarse
This area needs to be built up.
Esta zona necesita un buen plan de desarrollo.

build up *(la presión, etc) aumentar*
Pressure was building up all the time.
La presión aumentaba continuamente.

Bum *(n) culo*

bum about/around *vagabundear, holgazanear*
She bummed about in a ski resort for three months.
Se pasó tres meses holgazaneando en una estación de esquí.

Bump *chocar, golpear*

bump against *chocar ligeramente contra*
The car bumped against the wall.
El coche chocó contra la pared.

bump along *avanzar dando sacudidas*
They were bumping along the dirt track.
Avanzaban dando sacudidas por el camino sin asfaltar.

bump into *chocar ligeramente contra*
The car bumped into mine.
El coche chocó contra el mío.

bump off *cargarse a*
They bumped off the grass.
Se cargaron al soplón.

bump up *(precios) subir*
They always bump up prices before the sales.
Siempre suben los precios antes de las rebajas.

bump up against *toparse/encontrarse con*
You can bump up against all sorts of people here.
Aquí puedes toparte con todo tipo de gente.

Bunch *agrupar*

bunch together/up *apretujarse*
They were bunched up on the chair.
Se apretujaban en la silla.

Bundle *(n) bulto, fardo*

bundle off *despachar*
They bundled him off to a boarding school.
Lo enviaron a un internado.

bundle out *salir desordenadamente*
The children bundled out of the class.
Los niños salieron de clase en tromba.

bundle up *atar, envolver, apilar*
She bundled up all the magazines and threw them out.
Apiló todas las revistas y las tiró.

Bung *tapar*

bung up *obstruir, atascar, taponar*
The rubbish has bunged the pipes up.
La basura ha obstruido las tuberías.

Buoy *(n) boya*

buoy up *mantener a flote, (fig) animar, alentar*
We needed the money to buoy the company up.
Necesitamos el dinero para mantener la empresa a flote.

Burn *quemar*

burn away *quemar, consumir*
The cigarette was burning away.
El cigarrillo se estaba consumiendo.

__burn down__ *incendiar, quemar*
The building was burnt down by the fire.
El edificio quedó destruido por completo por el incendio.

__burn off__ *quitar con la llama, quemar exceso de energía*
You need to burn the paint off first.
Primero tienes que quitar la pintura con la llama.

__burn out__ *apagarse*
The fire burnt itself out.
El fuego se apagó.

fundir, quemar
The fuses were burnt out.
Los plomos estaban fundidos.

(fig) quemarse
I don't want to burn myself out.
No quiero quemarme.

quemar, gastar
The engine burnt up a lot of fuel.
El motor gastó mucha gasolina.

sacar de quicio
That really burns me up.
Eso me saca realmente de quicio.

Burst *reventar, (una bomba) estallar*

__burst in on__ *irrumpir en, sorprender a*
He burst in on them and caught them kissing.
Entró inesperadamente y les pilló besándose.

__burst into__ *irrumpir en*
She burst into the room.
Irrumpió en la habitación.

echarse a llorar
He burst into tears.
Se echó a llorar.

(fuego) encenderse violentamente
It burst into flames.
De repente empezó a arder.

__burst out__ *salir repentinamente*
He burst out of the room.
Salió repentinamente de la habitación.

echarse a reír
He burst out laughing.
De repente se echó a reír.

burst through *(el sol) brillar/asomar repentinamente a través de las nubes*
The sun burst through the clouds.
De repente el sol brilló a través de las nubes.

Bury *enterrar*

bury away *esconder*
The article about him was buried away on the third page.
El artículo sobre él estaba escondido en la tercera página.

ensimismarse, estar inmerso en
Their heads were buried away in their newspapers.
Leían sus periódicos sin hacer caso de nadie.

Bust *romper*

bust out of *escapar(se), fugarse*
They busted out of jail.
Se fugaron de la cárcel.

bust up *(el matrimonio, la amistad) romper(se)*
She hasn't been the same since they bust up.
Desde que rompieron no es la misma.

(un mitin: con violencia) reventar
The protesters bust up the meeting.
Los manifestantes reventaron el mitin.

(un objeto) destrozar, romper
They busted the chair up.
Destrozaron la silla.

Bustle *menearse*

bustle about/around *menearse, apresurarse, ir y venir*
He's been bustling about all day.
Lleva todo el día yendo y viniendo.

Butt *dar cabezadas contra*

butt in *interrumpir, inmiscuirse/entrometerse en*
He just butted in on the conversation.
Simplemente se metió en la conversación.

Butter *(n) mantequilla*

<u>butter up</u> *hacer la rosca a*
She was trying to butter him up.
Intentaba hacerle la rosca.

Button *(n) botón*

<u>button up</u> *abotonar(se), abrochar(se)*
Button up your shirt.
Abróchate la camisa.

Buy *comprar*

<u>buy back</u> *volver a comprar*
They offered to buy it back in three months.
Se ofrecieron a volver a comprarlo pasados tres meses.

<u>buy in</u> *aprovisionarse*
We bought in a few tins just in case the shops were closed.
Compramos algunas latas por si estuviesen las tiendas cerradas.

<u>buy into</u> *(normalmente en un intento de controlar una empresa) comprar acciones*
She's been trying to buy into the company for ages.
Lleva mucho tiempo intentando comprar acciones de la empresa.

<u>buy off</u> *comprar/sobornar a alguien*
They bought the judges off.
Sobornaron a los jueces.

<u>buy out</u> *comprar la parte de un socio*
He bought his partner out.
Compró la parte de su socio.

<u>buy over</u> *convencer a alguien, ganar la simpatía de alguien*
She tried to buy him over to her side.
Intentó convencerle para que se pusiese de su lado.

<u>buy up</u> *acaparar, comprar todas las existencias*
They bought up all the buildings.
Compraron todos los edificios.

Buzz *zumbar*

<u>buzz about/around</u> *ir zumbando de acá para allá*
That fly has been buzzing about for ages.
Esa mosca lleva siglos zumbando de acá para allá.

<u>buzz off</u> *expresión*
Buzz off!
¡Largo de aquí!

C

Call *llamar*

call after *llamar, gritar a*
She called after him.
Le gritó para llamar su atención.

call aside *llamar aparte*
They called him aside to talk to him.
Le llamaron aparte para hablar con él.

call at *parar*
This train calls at all stations to Bath.
Este tren para en todas las estaciones hasta Bath.

call away *llamar*
She was called away during the meeting.
Tuvo que salir en medio de la reunión porque la llamaron.

call back *(por teléfono) volver a llamar*
Shall I call you back?
¿Te vuelvo a llamar?

hacer volver
She called him back to her.
Le hizo volver hasta donde estaba ella.

call by *pasar por la casa de alguien*
I'll call by later tonight.
Pasaré por tu casa más tarde.

call down *(una maldición) lanzar contra alguien*
She called a curse down on them.
Les maldijo.

call for *(una situación) exigir*
This calls for a celebration.
Esto hay que celebrarlo.

buscar
I'll call for you at 6pm.
Pasaré a buscarte a las seis.

llamar a
They called for a plumber.
Llamaron al fontanero.

(por teléfono) pedir
They called for a pizza.
Pidieron una pizza por teléfono.

call forth *(entusiasmo, emoción) inspirar, despertar*
The idea didn't call forth much emotion in the spectators.
La idea no despertó mucho entusiasmo entre los espectadores.

call in *pasarse por casa de alguien, visitar*
Call in later.
Pásate luego.

hacer venir, llamar
They called the army in to control the situation.
Mandaron venir al ejército para controlar la situación.

call off *suspender*
The match was called off.
El partido fue suspendido.

hacer retroceder, llamar
The owner called the dog off the man.
El dueño llamó al perro para que dejara de atacar al hombre.

call on *hacer un llamamiento*
The police called on the public for their cooperation.
La policía hizo un llamamiento a la colaboración ciudadana.

visitar a alguien
They called on him to see if he was OK.
Le visitaron para ver si estaba bien.

utilizar, emplear

She had to call on her strength to get the task done.

Tuvo que emplear la fuerza para poder llevar a cabo la tarea.

call out *convocar, llamar*

The police were called out on an emergency.

Tuvo que venir la policía.

llamar a gritos

I called out to her but she didn't hear me.

La llamé a gritos, pero no me oyó.

llamar a la huelga

They called the workers out on strike.

Llamaron a los trabajadores a la huelga.

call over *visitar a alguien*

She called over last night.

Vino a vernos anoche.

call round *hacer una breve visita a alguien*

I'll call round later on.

Iré a verte más tarde.

call up *(por teléfono) llamar*

Call him up later.

Llámale más tarde.

llamar a filas

The army reserves were called up.

Llamaron a filas a los reservistas.

buscar

The internet's great as you can call up information at the press of a button.

Internet es fántastico: puedes buscar información con sólo apretar un botón.

(a la memoria) traer

The film called up memories of my childhood.

La película me trajo recuerdos de la infancia.

call upon *invitar, llamar a*

They called upon her to do the medical operation.

Le invitaron a realizar la operación.

Calm *(n) calma*

calm down *calmarse*

Please calm down.

Cálmese, por favor.

Camp *(n) campamento*

camp up *hacer el tonto*

They were really camping it up.

Estaban haciendo el tonto.

Cancel *cancelar, suspender*

cancel out *contrarrestar, neutralizar*

The side effects cancel out any possible benefits.

Los efectos colaterales anulan cualquier posible beneficio.

Care *cuidar*

care for *cuidar a/de*

He cares for the elderly.

Cuida de las personas mayores.

no gustarle algo a alguien

I don't care for rude people.

No me gustan las personas groseras.

Carry *llevar*

carry about *llevar consigo*

Jeremy always carries his rucksack about with him.

Jeremy siempre lleva consigo su mochila.

carry along *llevar por delante*

She was carried along by the rioting crowd.

Una riada humana se la llevó por delante.

carry away *dejarse llevar*

Don't get carried away.

No te dejes llevar.

carry back *hacer recordar*

This music carries me back to my time in Vietnam.

Esta música me hace recordar mis tiempos en Vietnam.

carry forward *traspasar, pasar*

The total is carried forward to next month's accounts.

El total pasa a la cuenta del mes que viene.

carry off *llevarse*
She carried the prize off with her.
Se llevó el premio.

conseguir
It was dangerous, but he carried it off.
Fue peligroso, pero lo consiguió.

carry on *seguir haciendo algo*
Carry on taking the pills.
Sigue tomando las pastillas.

insistir
There's no need to carry on about it.
No hace falta que insistas.

(una conversación) mantener
She couldn't carry on a normal conversation.
No podía mantener una conversación normal.

carry on with *seguir*
Carry on with your work.
Sigue trabajando.

carry out *realizar, llevar a cabo*
They carried out some tests.
Realizaron algunas pruebas.

carry over *posponer*
The work was carried over to the next day.
Pospusieron el trabajo para el día siguiente.

(en contabilidad) traspasar a una cuenta nueva
The total was passed on to the next page.
El saldo fue traspasado a una cuenta nueva.

carry through *superar*
She helped to carry him through the crisis.
Le ayudó a superar la crisis.

realizar, llevar a cabo
They carried through the changes.
Realizaron los cambios.

carry up *llevar hacia arriba*
They carried him upstairs.
Le llevaron escaleras arriba.

Cart *(n) carro*

cart off *llevar*
They carted him off.
Le llevaron (a la fuerza).

Carve *(carne) trinchar*

carve out *crear, formar, esculpir*
The valley was carved out by glaciers.
El valle fue esculpido por los glaciales.

labrarse un futuro, forjarse una carrera
She wanted to carve out a future for herself.
Quería labrarse un futuro.

carve up *(un país) dividir, repartir entre los vencedores*
The victors carved the country up amongst themselves.
Los vencedores se repartieron el país.

Cash *(n) (dinero) efectivo*

cash in *(acciones, etc) vender*
I want to cash in these shares.
Quiero vender estas acciones.

cash in on *aprovechar, sacar partido de*
They cashed in on the situation and stole land from the peasants.
Se aprovecharon de la situación y quitaron la tierra a los campesinos.

Cast *echar*

cast about/around *buscar*
She was casting around for a reason to go to San Francisco.
Andaba buscando una excusa para ir a San Francisco.

cast aside *desechar, abandonar, prescindir de*
He was cast aside when he was too old and weak to continue working.
Prescindieron de él cuando estuvo demasiasdo viejo y débil para seguir trabajando.

cast away *naufragar*
They were cast away on a deserted island.
Naufragaron y acabaron en una isla desierta.

desechar, evitar
We have to cast away old-fashioned ideas.
Tenemos que desechar las ideas antiguas.

cast back *rememorar, recordar*
Cast your mind back to the time when you first met him.
Rememora el momento en que le conociste.

cast down *(la vista) bajar*
She cast her eyes down.
Bajó la vista.

cast in *(el destino) compartir*
They cast in their lot with the bad guys.
Compartieron el destino de los malos.

cast off *quitarse de encima, deshacerse de*
They cast off their servitude to husband and church.
Se quitaron de encima la sumisión al marido y a la Iglesia.

soltar amarras
They cast off and sailed towards the horizon.
Soltaron amarras y navegaron hacia el horizonte.

cast out *echar, expulsar, arrojar*
They were cast out of the city.
Les expulsaron de la ciudad.

cast up *echar, expulsar, arrojar*
He was cast up on the shore.
El mar le arrojó a la orilla.

Catch *coger*

catch on *percibir lo gracioso de una situación, darse cuenta, enterarse de*
We were all playing a trick on him and it took him ages to catch on.
Estuvimos gastándole una broma y tardó mucho tiempo en darse cuenta.

hacerse popular
The fashion never caught on.
Esa moda nunca se hizo popular.

catch out *sorprender, pillar*
He was cheating in the exam but the teacher caught him out.
Estaba copiando en el examen, pero el profesor le pilló.

catch up *alcanzar a alguien/algo*
The second car caught up with the first.
El segundo coche alcanzó al primero.

estar retenido por el tráfico
Sorry we're late but we were caught up in traffic.
Perdona el retraso, pero nos pilló una caravana.

llegar al nivel de

Those countries want to catch up with the west.

Esos países quieren llegar al nivel de los países occidentales.

verse involucrado en

They were caught up in a chase.

Se vieron involucrados en una persecución.

ponerse al día en el trabajo

I need to catch up on my work.

Tengo que ponerme al día en el trabajo.

Cater *organizar banquetes*

cater for *servir a*

We cater for all kinds of people.

Servimos a todo tipo de personas.

Cave *(n) cueva*

cave in *derrumbarse*

The roof caved in.

El techo se derrumbó.

(un ejército) rendirse

The troops caved in.

Las tropas se rindieron.

Centre *(n) centro*

centre on *(con)centrarse en*

The film centres on life in a prison.

La película se centra en la vida en la cárcel.

Chain *(n) cadena*

chain up *encadenar*

That pit-bull needs to be chained up – it's dangerous.

Hay que encadenar a ese pit-bull: es peligroso.

Chalk *(n) tiza*

chalk up *apuntar, anotar*

She's chalked up another victory – there's nothing stopping her now.

Se ha apuntado otra victoria; ahora no hay quien la pare.

Chance *(n) oportunidad*

chance on *ver/encontrar por casualidad*
We chanced on an antique chair.
Encontramos una silla antigua por casualidad.

Change *cambiar*

change down *cambiar la marcha (a una velocidad inferior)*
You need to change down a gear to go up this hill.
Para subir esta colina tienes que cambiar de marcha.

change over *cambiarse*
I'm getting a bit tired doing this. Do you mind if we change over and I sit down for a while?
Me estoy cansando de hacer esto. ¿Te importa si cambiamos y me siento un rato?

change up *cambiar la marcha (a una velocidad superior)*
You can change up a gear if you want to go faster.
Si quieres ir más rápido puedes cambiar de marcha.

Chase *perseguir*

chase after *perseguir, ir/correr tras*
He had been chasing after her for years before she finally agreed to marry him.
Llevaba años detrás de ella antes de que accediera a casarse con él.

chase away/off *ahuyentar*
The press were bothering him and he had to chase them off with a stick.
Los periodistas estaban molestándole y tuvo que ahuyentarles.

chase out *echar fuera*
She had to chase the chickens out of the kitchen.
Tuvo que echar a las gallinas fuera de la cocina.

chase up *buscar, tratar de localizar*
I'll chase him up later.
Trataré de localizarle más tarde.

Chat *charlar*

chat up *intentar ligar con*
She was chatting him up.
Estaba intentando ligar con él.

Cheat *engañar*

cheat on *(US) engañar*
He was cheating on her.
Le estaba engañando con otra.

Check *comprobar*

check in *(equipaje) facturar*
You need to check your bags in two hours before the flight leaves.
Tienes que facturar el equipaje dos horas antes de despegar el avión.

(en un hotel) registrarse
They checked in and went up to their rooms.
Se registraron y subieron a sus habitaciones.

check into *comprobar*
We'll check into it later.
Lo comprobaremos más tarde.

(en un hospital) ingresar
He checked into the clinic.
Ingresó en la clínica.

check off *contar, puntear los artículos de una lista*
You need to check off the items you ordered to make sure they are all there.
Tienes que puntear los artículos que has pedido para ver si están todos.

check out *investigar, comprobar, mirar*
Hey look, check this out.
Oye, mira, comprueba esto.

pagar y dejar el hotel
What time do we have to check out?
¿A qué hora tenemos que pagar y dejar el hotel?

(US) pagar y marcharse
Check those goods out by the exit.
Paga esos artículos a la salida.

check over *revisar*
You need to check this over very carefully.
Tienes que revisar esto muy cuidadosamente.

check up *comprobar, verificar, investigar*
I'll check it up later.
Lo comprobaré más tarde.

<u>check with</u> *consultar a/con*
Check this with the boss before you send it.
Consúltalo con el jefe antes de enviarlo.

Cheer *aclamar, animar*

<u>cheer on</u> *animar, vitorear*
They cheered the cyclists on.
Animaron a los ciclistas.

<u>cheer up</u> *animar, alegrar*
We need to cheer him up.
Hay que animarle.

Cheese *(n) queso*

<u>cheese off</u> *estar fastidiado/hasta las narices*
He's cheesed off.
Está de mal humor.

Chew *(comida) masticar*

<u>chew on/over</u> *rumiar/pensar algo, tomar una decisión sobre algo*
Give him a bit of time to chew it over.
Dale un poco de tiempo para que se lo piense.

<u>chew up</u> *(comida) masticar bien*
Chew your food up before you swallow it.
Mastica bien la comida antes de tragarla.

(una cinta) atascar(se)
The recorder chewed my tape up.
La cinta se quedó atascada en la grabadora.

Chicken *(n) pollo*

<u>chicken out</u> *rajarse, amilanarse*
He chickened out of doing it.
Se rajó y no lo hizo.

Chill *enfriar*

<u>chill out</u> *relajarse*
Just chill out.
Tú tranquilo.
Relájate.

Chime *(n) campanada*

chime in *(en una conversación) meter baza, intervenir*
«I don't agree», she chimed in.
«No estoy de acuerdo», añadió inesperadamente.

Chip *(una superficie) picar, astillar*

chip away *usurpar, mermar*
They tried to chip away at his authority.
Intentaron mermar su autoridad.

chip in *(en una conversación) aportar algo, añadir*
«That's true», he chipped in.
«Es verdad», añadió.

(con dinero) contribuir
Just chip in a bit for food and petrol.
Solamente tienes que contribuir un poco para comprar comida y gasolina.

Choke *atragantarse*

choke back *contener*
They choked back the tears.
Contuvieron las lágrimas.

Chop *cortar*

chop down *talar*
They chopped down all the trees.
Talaron todos los árboles.

chop off *tronchar, separar, reducir*
He chopped off the end of the carrot.
Cortó la punta de la zanahoria.

chop up *(carne, verdura) cortar, picar*
You need to chop up the onions.
Tienes que cortar las cebollas.

Chuck *tirar*

chuck away *tirar a la basura*
She threw all her old books away.
Tiró todos sus libros viejos a la basura.

chuck in *dimitir*
I'm thinking of chucking my job in.
Estoy pensando en dimitir.

chuck out *echar*
They chucked them out of the club.
Les echaron del club.

chuck up *vomitar*
He chucked up.
Vomitó.

Churn *revolverse, agitarse*

churn out *producir en serie/en masa, trabajar como una máquina*
She just churns the material out.
Simplemente los produce en serie.

churn up *revolver, agitar*
The bad weather churned up the mud in the water.
El mal tiempo revolvió el barro en el agua.

Clam *(n) almeja*

clam up *quedarse callado como un muerto, encerrarse en sí mismo*
He clammed up.
Se quedó callado como un muerto.

Clamp *(n) abrazadera, mordaza*

clamp down on *tratar de acabar con, tomar medidas contundentes contra*
They are clamping down on late night noise.
Tratan de acabar con el ruido por las noches.

Clap *(n) aplauso*

clap out *batir palmas*
They clapped out the rhythm.
Batieron el ritmo con las palmas.

Class *(n) clase*

class among *figurar entre*
Would you class him among the best in his field?
¿Crees que figura entre los mejores de su campo?

Claw *(n) garra*

claw at *agarrarse a*
She clawed at the rocks.
Se agarró a las rocas.

claw back *recobrar, recuperar*
They were hoping to claw back their old influence.
Esperaban volver a tener influencia.

Clean *limpiar*

clean down *limpiar*
We need to clean the windows down.
Tenemos que limpiar las ventanas.

clean out *(el interior de algo) limpiar*
I found some old photos while I was cleaning out the cupboard.
Encontré unas fotos antiguas mientras limpiaba el armario.

(robar dinero) limpiar, desplumar
We were cleaned out.
Nos dejaron limpios.

clean up *hacer limpieza*
The flat's in a mess. Let's clean up.
El piso está hecho un desastre. Limpiémoslo.

adecentar, arreglar
They need to clean up the flat.
Tienen que adecentar el piso.

(beneficio) sacar
We've cleaned up more than $800.
Hemos sacado un beneficio de más de 800 dólares.

Clear *despejar*

clear away *(platos) quitar, retirar*
Who's going to clear the dishes away?
¿Quién va a quitar los platos sucios?

disiparse
The fog cleared away and we could see.
La niebla se disipó y pudimos ver.

clear off *(una deuda) liquidar*
We can start saving money now we've cleared that debt off.
Ahora que hemos liquidado la deuda podemos empezar a ahorrar.

irse, largarse
Clear off!
¡Vete!

clear out *limpiar, vaciar, quitar*
The cupboard is full of old things we never use. We need to clear it out.
El armario está lleno de trastos viejos que nunca utilizamos. Tenemos que vaciarlo.

irse
Let's clear out of here.
Vámonos de aquí.

clear up *limpiar, ordenar*
I'm going to clear my room up.
Voy a ordenar mi cuarto.

(un misterio) esclarecer
The police never managed to clear the mystery up.
La policía nunca logró esclarecer el misterio.

(el tiempo) despejarse, aclararse
The weather looks like it's going to clear up.
Parece que va a despejarse.

Click *hacer click*

click on *(ordenador) hacer click en*
Just click on the box on the right.
Haz click en el cuadro de la derecha.

entender, darse cuenta
We were making fun of him, but he never managed to click on.
Estuvimos tomándole el pelo, pero nunca se dio cuenta.

Climb *trepar*

climb down *bajar*
Going up the mountain was easy; it was much harder climbing down.
Subir la montaña fue fácil; bajar fue mucho más difícil.

volverse atrás, darse por vencido
In the end they climbed down and we reached an agreement.
Al final se dieron por vencidos y llegamos a un acuerdo.

climb into *subir*
She climbed into the cockpit and started the engine.
Subió a la cabina y arrancó los motores.

climb out of *salir trepando*
He had to climb out of the window.
Tuvo que salir trepando por la ventana.

climb over *trepar por encima*
She climbed over the wall.
Trepó por un muro.

climb up *subir, trepar*
She climbed up the rope.
Trepó por la cuerda.

Clip *(n) clip*

clip on *(un broche) sujetar, (un documento) sujetar con un clip*
Clip the brooch on the front pocket of the jacket.
Ponte el broche en el bolsillo delantero de la chaqueta.

Clock *(n) (de pared) reloj*

clock in/on *fichar, llegar al trabajo*
Did you clock in this morning?
¿Fichaste esta mañana al entrar?

clock off/out *fichar a la salida, terminar el trabajo*
What time did you clock off?
¿A qué hora saliste del trabajo?

clock up *acumular, recorrer*
How many miles did you clock up?
¿Cuántas millas recorriste?

Clog *(n) zueco*

clog up *atascar(se), bloquear(se)*
The machine is clogged up.
La máquina se ha bloqueado.

Close *cerrar*

close down *cerrar definitivamente*
They had to close down the factory.
Tuvieron que cerrar definitivamente la fábrica.

close in on *cercar*
The police were closing in on the murderer.
La policía estaba cercando al asesino.

acercarse
The missile was closing in on them.
El misil se les estaba acercando.

close off *(una carretera) cerrar, cortar*
They had to close the road off.
Tuvieron que cortar la carretera.

close out *(la luz, el sonido) aislar*
The windows closed out the sound of the traffic.
Las ventanas aislaron el ruido del tráfico.

close up *cerrar (del todo)*
They had to close the business up.
Tuvieron que cerrar el negocio.

acercarse
Quick! They're closing up on us.
¡Rápido! ¡Se están acercando!

Cloud *(n) nube*

cloud over *nublarse*
The sky clouded over.
El cielo se nubló.

(la cara) nublarse
Her face clouded over.
Se le nubló la cara.

Club *(n) club*

club together *pagar a escote*
They clubbed together to get him a present.
Pagaron su regalo a escote.

Clue *(n) pista*

clue up *estar bien informado*
She's all clued up on the situation.
Está muy puesta en la situación.

Cluster *(n) grupo*

cluster around *apiñarse alrededor de alguien*
They clustered around her.
Se apiñaron alrededor de ella.

Clutter *(n) desorden*

clutter up *estar lleno/abarrotado de algo*
The room is cluttered up with boxes.
La habitación está abarrotada de cajas.

Coax *persuadir*

coax into *persuadir a alguien para que haga algo*

They coaxed him into paying for everyone's ticket.

Le hicieron la pelota para que pagara la entrada de todos.

Cobble *(una calle) empedrar*

cobble together *juntar de modo poco satisfactorio, apañar, improvisar*

We managed to cobble together a team.

Conseguimos improvisar un equipo.

Cock *(n) gallo*

cock up *(tabú) fastidiarla, cagarla*

He's cocked up again.

La ha fastidiado otra vez.

Coil *(n) rollo*

coil up *(una manguera) enrollar*

She coiled up the hose.

Enrolló la manguera.

Collect *coleccionar, reunir*

collect up *recoger*

Can you collect up all the books from the floor?

¿Puedes recoger todos los libros del suelo, por favor?

Colour *(n) color*

colour in *colorear*

She coloured in the pictures.

Coloreó los dibujos.

Comb *(n) peine*

comb out *desenredar*

She combed the knots out of her hair.

Se desenredó el pelo.

Come *venir*

come about *ocurrir*

How did your accident come about?

¿Cómo ocurrió el accidente?

come across *encontrar por casualidad*
I came across this article in the paper.
Encontré este artículo en el periódico por casualidad.

(el mar) cruzar
They came across by boat.
Llegaron cruzando el mar.

dar buena/mala impresión
He came across as an idiot.
Daba la impresión de ser un idiota.

entenderse bien
The message came across clearly.
El mensaje se entendió claramente.

come after *venir a continuación*
What letter comes after «G»?
¿Qué letra viene después de la «G»?

atacar, perseguir
She came after him with a knife.
Le atacó con un cuchillo.

come along *venir*
The bus came along after ten minutes.
El autobús vino al cabo de diez minutos.

You can come along with us.
Puedes venir con nosotros.

mejorar
Her English is coming along well.
Su inglés está mejorando mucho.

expresión
Come along!
¡Venga!

come apart *romperse*
The toy came apart in my hand.
El juguete se me rompió en la mano.

come (a)round *recobrar la conciencia*
The patient came round after three hours.
El paciente recobró la conciencia después de tres horas.

dejarse convencer
I finally came round to David's way of thinking.
Finalmente me dejé convencer por David.

visitar
What time shall I come around?
¿A qué hora me paso?

circular
A message came around asking for volunteers.
Circuló un mensaje en que se pedían voluntarios.

come at *atacar a*
They came at him with a brick.
Le atacaron con un ladrillo.

come away *soltarse*
The door knob came away in my hand.
El picaporte se me quedó en la mano.

marcharse
They came away with a funny feeling inside them.
Se marcharon con un mal presentimiento.

come back *volver, regresar*
She came back after three years abroad.
Regresó después de pasar tres años en el extranjero.

contraatacar
He came back with a counter accusation.
Contraatacó con una acusación.

contestar
I shouted and a voice came back from the dark.
Grité y una voz me contestó desde la oscuridad.

come before *comparecer ante un tribunal*
His case came before the courts.
Su caso llegó a los tribunales.

venir antes
What letter comes before «C»?
¿Qué letra viene antes de la «C»?

come between *entrometerse*
Nothing can come between us.
No hay nada que nos pueda separar.

come by *pasarse, visitar*
Why don't you come by today?
¿Por qué no te pasas por aquí hoy?

conseguir
How did you come by that mirror?
¿Cómo conseguiste ese espejo?

come down *bajar*
She came down from the loft.
Bajó de la buhardilla.

(precios) bajar
Computer prices will be coming down soon.
Los precios de los ordenadores bajarán pronto.

llover a cántaros/a mares
The rain came down in buckets.
Llovía a mares.

(una enfermedad) coger
He came down with a cold.
Cogió un resfriado.

visitar
Would you like to come down to our place for the weekend?
¿Te gustaría visitarnos este fin de semana?

hundirse
The building came down.
El edificio se hundió.

caerse
The plane came down.
El avión se cayó.

(niebla) caer
Fog came down on the city.
La niebla cayó sobre la ciudad.

alcanzar, llegar
The hat came down to his nose.
El sombrero le llegaba hasta la naríz.

(noticias) llegar
News of a resignation has come down from Headquarters.
Las noticias de la dimisión han llegado de la central.

(la universidad) dejar
She came down from Cambridge in 1993.
Dejó la universidad de Cambridge en 1993.

tomar partido por
They came down on her side.
Tomaron partido por ella.

castigar
She came down on them very hard.
Les castigó muy severamente.

reducirse a
It comes down to this: either we win or we're out of the competition.
Se reduce a esto: o ganamos o nos eliminan.

<u>come for</u> *buscar*
Three men came for him.
Tres hombres vinieron a buscarle.

atacar
They came for him with swords.
Le atacaron con espadas.

<u>come forth</u> *aparecer*
A witness came forth to testify for the defence.
Apareció un testigo de la la defensa.

(llamas) salir
Flames were coming forth from the fire.
El fuego llameaba.

<u>come forward</u> *ofrecerse*
Three people came forward to help.
Tres personas se ofrecieron para ayudar.

presentar
They came forward with a new idea.
Presentaron una idea nueva.

<u>come from</u> *(de un lugar, país) venir*
Where does he come from?
¿De dónde viene?

comprender la base de un argumento
I know where you're coming from.
Entiendo lo que quiere decir con eso.

come in *llegar*
Our train comes in at two.
Nuestro tren llega a las dos.

entrar
She came in and sat down.
Entró y se sentó.

(una ley) entrar en vigor
The new law came in last month.
La nueva ley entró en vigor el mes pasado.

pintar
Where does he come in?
¿Qué pinta él aquí?

(la luz) dejar pasar
This shutter doesn't let any light in.
Esta persiana impide el paso de la luz.

ganar, tener como ingresos
There isn't enough money coming in.
No ganamos suficiente.

interrumpir
Let me come in here.
Permítame que interrumpa.

resultar
This should come in useful.
Esto debería resultar útil.

come in for *ser blanco de*
She came in for a lot of criticism.
Fue el blanco de muchas críticas.

come into *entrar*
She came into the room.
Entró en la habitación.

heredar
He recently came into a lot of money.
Recientemente ha heredado mucho dinero.

tener que ver
This doesn't come into it.
Esto no tiene nada que ver.

aparecer

The building came into sight.

El edificio apareció ante nuestros ojos.

(una ley) entrar en vigor, (poder) asumir

The Government came into power.

El Gobierno asumió el poder.

come of *pasar, ocurrir*

What came of him?

¿Qué fue de él?

come off *(una mancha) salir, quitarse*

This spot will not come off!

¡Esta mancha no saldrá!

llegar a celebrarse

The conference never came off.

La conferencia nunca llegó a celebrarse.

desprenderse, caerse

The handle came off in my hand.

Me quedé con el mango en la mano.

salir, acabar, resultar

They came off second best.

Acabaron en segundo puesto.

dejar de figurar en la cartelera

The play came off because of poor attendance.

La obra se cayó de la cartelera por hacer poca taquilla.

(drogas, medicinas) dejar

She's come off drink for a while.

Ha dejado de beber durante una temporada.

expresión

Come off it!

¡Venga ya!

come on *empezar*

The rain came on just as we left.

Justo cuando salimos empezó a llover.

encontrar

I came on an old book.

Encontré un libro viejo.

aparecer, salir a escena
When John came on, the audience applauded.
Cuando John salió a escena, el público aplaudió.

salir en televisión
The news came on at 6pm.
Dieron las noticias a las seis de la tarde.

(una fecha) llegar
Christmas came on very fast this year.
Este año la Navidad llegó muy pronto.

(una enfermedad) coger
I've got a cold coming on.
Me estoy resfriando.

mejorar
Your tennis playing is really coming on.
Tu tenis está mejorando mucho.

encenderse
The light just came on.
La luz se encendió.

expresión
Come on!
¡Venga!

come on to *tirar los tejos/insinuarse a alguien*
She was coming on to him heavily.
Le estaba tirando los tejos de forma descarada.

empezar a hablar de
They came on to the subject of animal rights.
Empezaron a hablar de los derechos de los animales.

salir al mercado
A new product has come on to the market.
Un nuevo producto ha salido al mercado.

come out *salir*
She came out of her house when the rain stopped.
Salió de casa cuando dejó de llover.

ir a visitar (habitualmente al extranjero)
We'll come out and visit you next month.
Iremos a hacerle una visita el mes que viene.

(una prenda) salirse
My shirt has come out of my trousers.
La camisa se me ha salido de los pantalones.

(una mancha) salir, quitarse
These stains won't come out.
Estas manchas no saldrán.

(un producto) salir al mercado
The new ice-cream flavour came out last year.
El nuevo sabor de helado salió al mercado el año pasado.

(de un hospital) salir, darse de alta
He came out of hospital last week.
Le dieron el alta en el hospital la semana pasada.

salir, publicarse, aparecer
News has come out of a war.
Han aparecido noticias de una guerra.

salir del armario, declararse homosexual
He came out last month.
Reconoció públicamente su homosexualidad el mes pasado.

salir, resultar
It all came out the wrong way.
Todo salió mal.

(el sol) salir
The sun came out and I felt much better.
Salió el sol y me sentí mucho mejor.

(una foto) salir
The photos came out really well.
Las fotos salieron muy bien.

(erupciones, granos) salir
I've come out in spots.
Me han salido granos.

come out with *(un comentario) soltar*
She came out with a really strange comment.
Soltó un comentario muy extraño.

come over *venir*
My aunt is coming over tomorrow.
Mi tía viene mañana.

(mal/bien, etc) encontrarse

I came over dizzy.
De repente me mareé.

sobrevenir

I don't know what came over me.
No sé qué me pasó.

(una impresión) producir, dar, causar, (una persona) quedar

How did I come over?
¿Cómo quedé?

acercarse

Come over to me.
Acércate a mí.

(un punto de vista) adoptar

They came over to our side.
Adoptaron nuestro punto de vista.

entenderse

The meaning came over very well.
El significado se entendió muy bien.

<u>come through</u> *sobrevivir*

Do you think the old man will come through?
¿Crees que el anciano sobrevivirá?

(un mensaje) llegar

The message came through.
El mensaje llegó.

entrar por

She came through the window.
Entró por la ventana.

pasar por, atravesar

We came through Paris on our way to Bilbao.
De camino a Bilbao pasamos por París.

percibir

A lot of his excitement for the idea came through.
Percibimos el entusiasmo por la idea.

(la luz) filtrarse, entrar

The sun came through the window.
El sol se filtraba por la ventana.

<u>come to</u> *(la conciencia) recobrar*
She came round after two days.
Recobró la conciencia después de dos días.

(una factura) ascender a
How much does it come to?
¿A cuánto asciende?

expresión
So this is what it's come to.
Así que va a ser esto.

expresión
What's the world coming to!
¡Adónde vamos a ir a parar!

<u>come together</u> *reunirse*
They came together to talk about the problem.
Se reunieron para hablar del problema.

<u>come under</u> *clasificar*
What category does this offence come under?
¿En qué categoría clasificamos este delito?

verse atacado
She came under a lot of criticism.
Sufrió duras críticas.

<u>come up</u> *subir*
The bus came up the hill.
El autobús subió la cuesta.

(el sol) salir
What time does the sun come up?
¿A qué hora sale el sol?

(el viento) levantarse
A strong wind came up.
Se levantó un fuerte viento.

surgir
The idea came up during a discussion.
La idea surgió durante una discusión.

(un acontecimiento) acercarse, prepararse
There are a lot of weddings coming up soon.
Pronto va a haber muchas bodas.

(ante el juez) comparecer
He came up in court.
Compareció ante el juez.

(plantas) crecer
The plants have been coming up nicely.
Las plantas han crecido muy bien.

aparecer
News came up of a riot.
Aparecieron noticias de una revuelta.

(en un puesto) ascender
She came up the hard way.
Ascendió a base de trabajar duro.

come up against *tropezar con*
We came up against a few problems.
Tropezamos con algunos problemas.

come up to *(las expectativas) cumplir*
She didn't come up to her parents expectations.
No cumplió las expectativas de sus padres.

(una hora) llegar
The time is coming up to three o'clock.
Son cerca de las tres.

acercarse a
Someone came up to me and asked me the time.
Alguien se me acercó y me preguntó la hora.

come up with *(una idea) ocurrírsele a alguien*
Have you come up with any new ideas?
¿Se te ha ocurrido alguna idea nueva?

come upon *encontrar, descubrir*
They came upon the answer by chance.
Descubrieron la respuesta por casualidad.

Confide *fiar*

confide in *confiar a, confesarse con*
They confided in her.
Le confiaron el secreto.

Conjure *hacer juegos de manos*

conjure up *evocar*

The word «war» conjures up terrible images.

La palabra «guerra» evoca imágenes terribles.

Conk *(n) (nariz) napias*

conk out *escacharrarse, estropearse, fallar*

The machine has conked out.

La máquina se ha estropeado.

Contract *(n) contrato*

contract out *(un trabajo) externalizar*

This work is contracted out.

Este trabajo se hace fuera de la empresa.

Cook *cocinar*

cook up *inventar*

She cooked up a story to excuse her behaviour.

Inventó una historia para justificar su comportamiento.

Cool *(n) frío*

cool down *calmarse*

You're playing too rough — just cool down.

Eres demasiado violento jugando; cálmate.

enfriar

You need to cool the water down before you drink it.

Hay que enfriar el agua antes de beberla.

cool off *perder el entusiasmo*

After her initial enthusiasm she cooled off a bit.

Su entusiasmo inicial fue perdiéndose poco a poco.

Coop *(n) gallinero*

coop up *encerrar*

We're all cooped up here.

Estamos aquí enjaulados.

Cop *(n) policía*

cop off *(sexualmente) enrollarse, ligar*

Who did she cop off with?

¿Con quién se enrolló?

<u>cop out</u> *escabullirse, escaquearse*
I think she's copping out by wanting to resign.
Creo que, al querer dimitir, intenta escabullirse.

Copy *copiar*

<u>copy down</u> *apuntar*
They copied down what she said.
Apuntaron todo lo que dijo.

<u>copy out</u> *copiar palabra por palabra*
They copied out the paragraph.
Copiaron el párrafo palabra por palabra.

Cordon *(n) cordón*

<u>cordon off</u> *acordonar*
They cordoned the area off.
Acordonaron el área.

Cost *costar*

<u>cost out</u> *presupuestar*
All possible expenses are costed out these days.
Hoy en día se presupuestan todos los posibles gastos.

Cotton *(n) algodón*

<u>cotton on</u> *caer en la cuenta*
They eventually cottoned on.
Finalmente cayeron en la cuenta.

Cough *(n) tos*

<u>cough up</u> *desembolsar, pagar*
Who's going to cough up for the damage?
¿Quién va a pagar los daños?

Count *contar*

<u>count against</u> *ir en contra de, perjudicar*
If you lose this contract, it will count against you.
La pérdida del contrato te perjudicará.

<u>count down</u> *contar al revés*
They started counting down from 100 to 50.
Empezaron a contar al revés desde 100 hasta 50.

<u>count for</u> *valer para*
This test doesn't count for anything.
Este test no vale para nada.

<u>count in</u> *incluir en*
Count me in.
Cuenta conmigo.

<u>count on/upon</u> *confiar en alguien*
Can we count on you?
¿Podemos confiar en ti?

confiar en algo
They didn't count on him winning.
No confiaban en su victoria.

contar con alguien
You can count on me.
Puedes contar conmigo.

<u>count out</u> *excluir*
They counted him out.
Le excluyeron.

(dinero) contar
She slowly counted out the notes.
Iba contando lentamente los billetes.

<u>count towards</u> *contar/ser válido para*
All this work counts towards your pension.
Todo este trabajo cotiza para su pensión.

<u>count up</u> *contar*
Have you counted all the money up yet?
¿Has contado todo el dinero ya?

<u>count upon ⇨ count on</u>

Cover *cubrir, tapar*

<u>cover over</u> *cubrir*
The clouds covered over the sky.
Los nubes cubrieron el cielo.

<u>cover up</u> *encubrir, ocultar*
They tried to cover up the crime.
Intentaron encubrir el crimen.

tapar, cubrir
They were going away so they covered up all the furniture with sheets.
Se iban, así que cubrieron todos los muebles con sábanas.

Crack *(un código) descifrar*

crack down on *castigar, tomar medidas enérgicas contra*
The police are cracking down on drugs related crimes.
La policía está tomando medidas enérgicas contra los crímenes relacionados con la droga.

crack up *sufrir un colapso nervioso, perder el juicio, (un coche) averiarse*
She started cracking up.
Empezó a desmoronarse.

Crank *(n) manivela*

crank up *arrancar (con una manivela)*
She cranked the car up.
Arrancó el coche.

Crash *(n) estruendo*

crash about/around *mover haciendo mucho ruido*
She was crashing about in the kitchen.
Estaba haciendo mucho ruido en la cocina.

crash out *caer redondo (por estar muerto de sueño o muy borracho)*
I crashed out on the sofa last night.
Anoche caí redondo en el sofá.

Crate *(n) caja*

crate up *embalar*
We need to crate these things up.
Hay que embalar estas cosas.

Cream *(n) nata*

cream off *quedarse con*
They creamed off all the profits.
Se quedaron con todos los beneficios.

Crease *(n) (de pantalones) raya*

crease up *morirse/partirse de risa*
We were creasing up.
Nos estábamos partiendo de risa.

Creep *moverse sigilosamente*

<u>**creep back**</u> *volver sigilosamente*
She crept back into the house.
Volvió sigilosamente a casa.

<u>**creep in**</u> *entrar sigilosamente*
He crept in late.
Entró sigilosamente y tarde.

<u>**creep up on**</u> *acercarse sigilosamente a*
He crept up on her.
Se acercó a ella sigilosamente.

Crop *(n)*

<u>**crop up**</u> *surgir, producirse inesperadamente*
A few problems have cropped up recently.
Recientemente han surgido algunos problemas.

Cross *cruzar, atravesar*

<u>**cross off/out**</u> *tachar*
Cross her name off – she's not coming.
Tacha su nombre, no va a venir.

<u>**cross over**</u> *cruzar*
He crossed over the river.
Cruzó el río.

(fig) cruzar
He crossed over to the other side.
Cruzó al otro lado.

Crouch *agazaparse*

<u>**crouch down**</u> *agacharse*
He crouched down.
Se agachó.

Crowd *(n) muchedumbre*

<u>**crowd (a)round**</u> *congregarse*
They crowded around the speaker.
Se congregaron alrededor del conferenciante.

<u>**crowd in**</u> *apiñarse*
They crowded in to have a look.
Se apiñaron para echar un vistazo.

crowd in on *apiñarse en torno de*
They were crowding in on me.
Se apiñaban alrededor de mí.

crowd out *excluir, dejar fuera*
American films have been crowding out French films.
Las películas americanas han estado dejando fuera del mercado a las francesas.

Cruise *(n) crucero*

cruise around *pasear en coche*
They were cruising around in their new Mercedes.
Paseaban en su nuevo Mercedes.

Crumple *arrugar(se)*

crumple up *estrujar*
He crumpled up the paper.
Estrujó el papel.

Crush *aplastar, estrujar*

crush in *meter por la fuerza, estrujar*
They crushed in as many people as they could.
Metieron dentro cuanta gente pudieron.

Cry *llorar*

cry off *retirarse*
They cried off at the last minute.
Se retiraron en el último momento.

cry out *gritar*
He cried out in pain.
Gritó de dolor.

It's crying out for a change.
Esto pide un cambio a gritos.

cry out against *protestar contra*
The were crying out against the new law.
Protestaban contra la nueva ley.

cry over *lamentarse por*
Stop crying over him.
Deja de lamentarte por él.

Cuddle *(n) abrazo*

cuddle up *arrimarse a*
She cuddled up to her.
Se arrimó a ella.

Cue *(de un actor) pie, (de un músico) entrada*

cue in *(en el teatro, cine, etc) dar la entrada a*
The actor was waiting for them to cue him in.
El actor esperaba su turno de actuación.

Curl *(n) (de pelo) rizo*

curl up *enroscarse, subir en espiral, hacerse un ovillo*
I love curling up with a good book.
Me encanta hacerme un ovillo y leer un buen libro.

Curtain *(n) cortina*

curtain off *separar con una cortina*
They curtained her bedroom off from the main living room.
Separaron su habitación del salón con una cortina.

Cut *cortar*

cut across *atajar*
They cut across the field.
Tomaron el atajo por el campo.

cut away *cortar, separar, pelar*
They cut the ends of the vegetables away.
Cortaron las puntas de los vegetales.

cut back *(un árbol) podar, (gastos) recortar*
We've got to cut back on expenses.
Tenemos que recortar los gastos.

cut down *(un texto, gastos) recortar, reducir*
She's started to cut down on the number of cigarrettes she smokes.
Empezó a reducir el número de cigarrillos.

(un árbol) talar
They cut down all the trees.
Talaron todos los árboles.

cut in *adelantar peligrosamente*
That car just cut in.
Ese coche casi me cierra el paso al adelantarme.

(una conversación) interrumpir
«No!», she cut in.
«¡No!», interrumpió.

<u>cut into</u> *(una actividad) interrumpir*
This will cut into our holidays.
Esto afectará a una parte de nuestras vacaciones.

(una conversación) interrumpir
She cut into the conversation.
Interrumpió la conversación.

<u>cut off</u> *(teléfono, electricidad) cortar*
We were cut off.
Se nos cortó la línea.

cortar, amputar
They had the branches cut off.
Mandaron cortar las ramas.

aislar
We were cut off.
Nos quedamos aislados.

desheredar
They cut him off from the inheritance.
Le desheredaron.

<u>cut out</u> *excluir*
He cut his niece out of the will.
Excluyó a su sobrina del testamento.

no tener talento, no valer para algo
He's not cut out to be a mechanic.
No vale para mecánico.

tener algo difícil
She had her work cut out for her.
Lo tenía realmente difícil.

pararse
The machine just cut out.
La máquina simplemente se paró.

(un texto) recortar
We'll have to cut out lots of this text.
Tendremos que recortar mucho este texto.

expresión
Cut it out!
¡Basta ya!

cut through *abrirse camino*
They had to cut through the forest with machetes.
Tuvieron que abrirse camino por el bosque con machetes.

cut up *cortar, trocear*
Cut the meat up into small pieces.
Corta la carne en pequeños trozos.

afligirse, estar afectado
He's really cut up about it.
Está realmente muy afectado por ello.

D

Dab *aplicar, poner*

dab at *secar delicadamente*
She dabbed at his mouth with a cloth.
Se secó delicadamente la boca con un paño.

dab on *aplicar con ligeros golpes*
She dabbed the powder on her face.
Se aplicó el maquillaje en polvo en la cara.

Dabble *salpicar*

dabble in *entretenerse con*
She dabbles in politics.
Se entretiene con la política.

Dally *perder el tiempo*

dally with *coquetear con*
She dallied with the idea of going abroad.
Coqueteaba con la idea de irse al extranjero.

Dam *(n) dique, presa*

dam up *(sentimientos) reprimir*
He often dams his feelings up.
A menudo reprime sus sentimientos.

Damp *(adj) húmedo*

damp down *(una crisis) amortiguar*
They tried to damp down the crisis.
Intentaron amortiguar la crisis.

(un fuego) sofocar
She tried to damp down the fire.
Intentó sofocar el fuego.

(una superficie) mojar, humedecer
He wanted to damp down the surface with a cloth.
Quería mojar la superficie con un trapo.

Dash *ir deprisa*

dash away/off *salir corriendo*
They dashed off without even saying goodbye.
Salieron corriendo sin siquiera decir adiós.

dash in/into *entrar apresuradamente*
She dashed into the house and picked up the keys.
Entró apresuradamente en casa y recogió las llaves.

dash off *ir(se) a toda prisa*
Sorry, but I've got to dash off.
Lo siento, pero tengo que irme volando.

hacer algo a toda prisa, despachar
She dashed the message off in no time.
Despachó el mensaje en un abrir y cerrar de ojos.

dash out *salir apresuradamente*
He dashed out of the room.
Salió apresuradamente de la habitación.

dash up *acercarse corriendo*
She dashed up to me and gave me a kiss.
Corrió hacia mí y me dio un beso.

Date *(n) fecha*

date back *remontarse a*
Her family dates back to the 15th century.
Su familia se remonta al siglo XV.

Dawn *(n) amanecer*

dawn on *ver la verdad, caer en la cuenta*
It never even dawned on me that they were married.
Nunca caí en la cuenta de que estaban casados.

Deal *(n) acuerdo, trato*

deal in *tratar, comerciar con*
He deals in antiques.
Comercia con antigüedades.

deal out *(un castigo, la justicia) repartir*
They will deal out the same punishment to anyone who commits a similar crime.
Impondrán el mismo castigo a cualquiera que cometa un delito parecido.

deal with *(un asunto, problema) tratar, ocuparse de*
I'll deal with it later.
Me ocuparé de esto más tarde.

(un libro, una película, etc) tratar de
This book deals with the problem of divorce.
Este libro trata del problema del divorcio.

tratar, comerciar con
I've been dealing with this bank for years.
Trabajo con este banco desde hace años.

Deck *(n) cubierta*

deck out *engalanarse*
He was decked out in a suit and tie.
Iba engalanado con traje y corbata.

Defer *aplazar*

defer to *ceder ante*
They deferred to her.
Acataron su decisión.

Delight *deleitar, encantar*

delight in *deleitarse en, disfrutar haciendo algo*
He delighted in sharing his love of animals.
Disfrutó compartiendo su amor por los animales.

Deliver *entregar*

deliver from *aliviar*
Thank God they delivered me from that pain.
Gracias a Dios que me aliviaron ese dolor.

Delve *cavar*

delve into *investigar, buscar*
They delved into his past.
Investigaron su pasado.

Depart *partir*

depart from *apartarse de*
They departed from the main script.
Se apartaron del guión.

Depend *depender*

depend on *depender de*
It all depends on you.
Depende de ti.

fiarse de, confiar en
Can I depend on you?
¿Puedo fiarme de ti?

Deprive *pirvar*

deprive of *privar de*
His brain was deprived of oxygen.
Su cerebro estuvo privado de oxígeno.

Derive *derivar*

derive from *provenir de*
They derived a lot of pleasure from this.
Se deleitaron mucho con esto.

Descend *descender*

descend on/upon *caer sobre*
The police descended on the house.
La policía cayó sobre la casa.

descend to *rebajarse a*
I won't descend to insulting you.
No me rebajaré a insultarte.

Despair *(n) desesperación*

despair of *perder la esperanza, desesperarse*
I despair of ever being able to sing again.
Me desespero al pensar que nunca volveré a cantar.

Deter *desalentar, disuadir*

deter from *disuadir de*
The wire should deter the dogs.
El alambre debería disuadir a los perros.

Detract from *quitar mérito, restar importancia o valor a*

All this negative publicity is going to detract from the work that we are doing.
Todo esta publicidad negativa va a quitar mérito al trabajo que estamos haciendo.

Devolve *delegar*

devolve to *transferir, traspasar*
They devolved power to regional governments.
Traspasaron el poder a los gobiernos regionales.

Devote *dedicar*

devote to *dedicar a*
How much time do you devote to your hobbies?
¿Cuánto tiempo dedicas a tus pasatiempos?

Dial *marcar*

dial up *(por teléfono) marcar un número*
Dial the number up.
Marca el número.

Dictate *dictar*

dictate to *(órdenes) dar, dictar*
Don't dictate to me!
¡No me des órdenes!

Die *morir*

die away *apagarse gradualmente, disminuir*
The sound of the music died away.
El sonido de la música fue apagándose poco a poco.

die down *(el fuego) apagarse, (el viento) perder su fuerza, (una batalla) hacerse menos violento, (una pelea, manifestación) calmarse*
The wind died down eventually.
El viento fue amainando poco a poco.

die off *morirse/extinguirse lentamente*
All the animals in this region have died off.
Se fueron extinguiendo todas las especies animales de esta región.

die out *extinguirse*
No one knows how the dinosaurs died out.
Nadie sabe cómo se extinguieron los dinosaurios.

Dig *cavar*

dig in *atrincherarse, hacerse fuerte*
The troops dug in and refused to surrender.
Las tropas se atrincheraron y se negaron a rendirse.

empezar a comer
They dug in like hungry wolves.
Empezaron a comer como lobos hambrientos.

dig into *cavar en*
She dug into her pocket.
Metió la mano en el bolsillo.

dig out *extraer*
They dug him out of the hole.
Le sacaron del agujero cavando.

dig over *(la tierra) voltear, remover*
We need to dig over this ground.
Hay que remover esta tierra.

dig up *(la tierra) remover*
They contiued the search for the body and dug up the land behind the house.
Siguieron con la búsqueda del cuerpo y removieron la tierra detrás de la casa.

desenterrar, descubrir, (patatas de la tierra, etc) sacar
They dug up some very interesting facts about her past.
Desenterraron unos hechos muy interesantes de su pasado.

Dine *cenar*

dine in *cenar en casa*
Let's dine in tonight.
Cenemos en casa esta noche.

dine off/on *cenar a base de*
They dined on caivar and champagne.
Cenaron caviar y champán.

dine out *cenar fuera*
They dined out.
Cenaron fuera.

Dip *bañar, mojar*

dip in *meter en*
She dipped her hand in her bag.
Metió la mano en el bolso.

dip into *(un libro) hojear*
He dipped into the book.
Hojeó el libro.

Dish *(n) plato*

dish out *distribuir, repartir*
They are willing to dish the money out to anyone who can present a viable business plan.
Están dispuestos a repartir el dinero entre todos los que tengan un plan de negocios viable.

dish up *(comida) servir, ofrecer*
I'll dish up and you can hand the plates out.
Yo sirvo y tú puedes pasar los platos.

Dispense *dispensar, administrar*

dispense with *prescindir de, deshacerse de*
I think we can dispense with the music.
Creo que podemos prescindir de la música.

Dispose *disponer*

dispose of *deshacerse de, eliminar*
Where did they dispose of the bodies?
¿Dónde se deshicieron de los cadáveres?

Dive *bucear*

<u>**dive for**</u> *ponerse a cubierto*
They dived for cover.
Se pusieron a cubierto.

<u>**dive in**</u> *(al agua) tirarse*
She dived in before we could stop her.
Se tiró al agua antes de que pudiéramos pararla.

<u>**dive into**</u> *bucear, meterse en*
She dived into her bag.
Rebuscó en el bolso.

(al agua) tirarse
She dived into the water.
Se tiró al agua.

Divest *despojar*

<u>**divest of**</u> *despojar a alguien de algo*
She had to divest herself of the notion that work is fun.
Tuvo que abandonar la idea de que el trabajo es divertido.

Divide *dividir*

<u>**divide by**</u> *dividir entre*
What is 42 divided by 7?
¿Cuánto es 42 dividido entre 7?

<u>**divide into**</u> *dividir entre*
Divide 6 into 36.
Divide 36 entre 6.

<u>**divide off**</u> *dividir, separar*
There was just a thin partition dividing off the rooms.
Sólo un tabique separaba las habitaciones.

<u>**divide up**</u> *partir, dividir, repartir*
The plan is to divide up the land into smaller areas.
El plan consiste en dividir la tierra en áreas más pequeñas.

Do *hacer*

<u>**do as/for**</u> *servir, sustituir*
This will do as a bed.
Esto servirá como cama.

<u>**do away with**</u> *suprimir, acabar con*
Most countries have done away with national service.
Muchos países han suprimido el servicio militar.

matar
They did away with him.
Le mataron.

<u>**do down**</u> *criticar, denigrar, desacreditar*
They are always trying to do him down.
Siempre intentan desacreditarle.

<u>**do for**</u> *bastar*
That will do for now.
Eso es suficiente de momento.

expresión
If they catch us, we're done for.
Si nos pillan, estamos perdidos.

<u>**do in**</u> *cargarse a alguien*
He threatened to do him in.
Amenazó con cargárselo.

expresión
I'm done in.
Estoy acabado.

<u>**do into**</u> *traducir*
They did the book into Spanish.
Tradujeron el libro al español.

<u>**do out**</u> *estafar*
They did me out of my big chance.
Me pisaron mi gran oportunidad.

decorar
They did the room out in blue and green.
Decoraron la habitación en azul y verde.

<u>**do over**</u> *volver a hacer*
My teacher asked me to do my work over.
Mi profesora me pidió que volviese a hacer el trabajo.

(a una persona) dar una paliza
They did him over.
Le dieron una paliza.

(un objeto) destrozar
They did the house over.
Destrozaron la casa.

do up *(cordones) atar*
Do your laces up.
Átate los zapatos.

reformar
I'm planning to do up the house next spring.
Pienso reformar la casa en primavera.

(cabello) atar
She did her hair up.
Se ató el cabello.

do with *venir algo bien a alguien*
I could do with a holiday.
Unas vacaciones no me vendrían mal.

tener algo que ver
This has nothing to do with you.
Esto no te concierne.
Esto no tiene nada que ver contigo.

do without *prescindir de*
We can do without your help.
Podemos prescindir de tu ayuda.

Dole *(n) (de paro) subsidio*

dole out *repartir*
She doled the money out.
Repartió el dinero.

Doll *(n) muñeca*

doll up *adornar, arreglar, vestir las mejores galas*
She dolled herself up.
Se emperifolló.

Doss *dormir*

doss down *dormir*
Can I doss down here tonight?
¿Puedo dormir aquí esta noche?

Dote *adorar*

<u>dote on/upon</u> *adorar, mimar*
She dotes on him.
Le adora.

Double *doblar*

<u>double back</u> *volver uno sobre sus pasos, retroceder*
He missed the turning for the hotel and had to double back 100 metres.
Pasó de largo el desvío hacia el hotel y tuvo que retroceder unos 100 metros.

<u>double for</u> *sustituir*
She had to double for the main actress in the play.
Tuvo que sustituir a la actriz principal en la obra.

<u>double over</u> *agacharse*
She had to double over to pick up the coin.
Tuvo que agacharse para recoger la moneda.

<u>double up</u> *(de risa) troncharse, (de dolor) doblarse*
He doubled up in pain.
Se dobló de dolor.

compartir la misma habitación
They had very little money so they had to double up.
Tenían muy poco dinero, así que tuvieron que compartir la habitación.

Doze *(n) cabezada, sueñecito*

<u>doze off</u> *quedarse traspuesto*
Sorry, but I dozed off just then.
Lo siento, pero en aquel momento me quedé traspuesto.

Draft *(n) borrador*

<u>draft in</u> *(tropas) movilizar*
They drafted in extra troops.
Han movilizado más tropas.

Drag *arrastrar*

<u>drag about</u> *arrastrar*
She drags her feet about wherever she goes.
Siempre va arrastrando los pies.

<u>drag along</u> *llevar a rastras*
He dragged the dog along.
Llevaba al perro a rastras.

drag away *llevar a la fuerza, arrastrar*
She dragged him away from the crowd.
Le arrastró fuera de la muchedumbre.

drag down *arrastrar hacia abajo*
The crocodile dragged the deer down to the bottom of the river.
El cocodrilo arrastró al ciervo hacia el fondo del río.

drag in/into *hacer entrar por la fuerza*
She dragged him into the house
Le hizo entrar en casa por la fuerza.

implicar, arrastrar
They dragged him into the argument.
Le implicaron en la discusión.

drag on *(una reunión, etc) durar eternamente*
The film dragged on forever.
La película parecía no tener fin.

drag out *alargar innecesariamente*
He dragged the story out for more than three hours.
Fue alargando la historia durante más de tres horas.

hacer salir por la fuerza
She dragged the robber out into the street.
Sacó al ladrón a la calle por la fuerza.

drag up *sacar a relucir*
They dragged up some painful memories during the meeting.
Durante la reunión sacaron a relucir algunos recuerdos dolorosos.

Drain *vaciar, quitar*

drain away *(líquido) irse, (miedo) disiparse, (fuerza) agotarse*
All this arguing just drains away my energy.
Todas estas discusiones me agotan.

Draw *tirar, arrastrar*

draw aside *apartar*
She drew him aside to talk to him.
Le apartó a un lado para poder hablar con él.

draw away *alejar, distraer*
Three of the girls drew the police away while the rest escaped.
Tres de las chicas alejaron a la policía mientras el resto escapaba.

<u>draw back</u> *(una cortina, sábana) retirar*
He drew the curtains back.
Descorrió las cortinas.

<u>draw down</u> *(una persiana) bajar*
She drew the blind down.
Bajó la persiana.

<u>draw in</u> *atraer, absorber*
The longer he worked there, the more he was drawn in.
Cuanto más tiempo trabajaba allí, más se sentía atraído por su trabajo.

(tardes, noches, etc) alargarse
The evenings are drawing in.
Las tardes se están alargando.

aspirar
She drew her breath in sharply.
Aspiró profundamente.

<u>draw into</u> *llegar*
The train drew into the station.
El tren llegó a la estación.

implicar, involucrar
I got drawn into the discussion.
Me vi envuelto en la discusión.

<u>draw off</u> *(líquido) sacar*
They drew the liquid off with a syringe.
Sacaron el líquido con una jeringuilla.

<u>draw on</u> *engatusar, engañar*
The Indians drew the soldiers on so they would fall into the trap.
Los indios engatusaron a los soldados y les hicieron caer en la trampa.

utilizar, recurrir
They drew on her experience as a mountaneer to make the documentary.
Para hacer el documental recurrieron a su experiencia de escalador.

(tiempo) pasar
She got more and more nervous as time drew on.
Conforme pasaba el tiempo se ponía cada vez más nerviosa.

<u>draw out</u> *alargar, prolongar*
They are drawing out negotiations for as long as possible – they're just playing for time.
Están alargando las negociaciones a propósito; están haciendo tiempo.

(el día, la noche, etc) hacerse más largo
The days are drawing out.
Los días son cada vez más largos.

hacer hablar
They tried everything to draw him out.
Lo intentaron todo para hacerle hablar.

draw together *reunir, juntar*
The conference drew all sorts of people together.
La conferencia reunió a todo tipo de personas.

draw up *acercar*
Draw up a chair.
Acerca una silla.

levantarse
He drew himself up.
Se levantó.

(de un pozo) sacar
They drew the water up by using a pump.
Sacaron el agua del pozo utilizando una bomba de agua.

(un escrito) redactar, preparar
We need to draw up a new contract.
Tenemos que redactar un nuevo contrato.

Dream *soñar*

dream about *soñar con*
I dreamt about you last night.
Soñé contigo anoche.

dream of *soñar con*
I dreamt of this.
Soñé con ello.

dream up *inventar*
Who dreamt this one up?
¿A quién le debemos esta idea?

Dredge *(un puerto, canal) dragar*

dredge up *(un escándalo) sacar a relucir*
The press have been dredging up her past.
La prensa ha sacado a relucir su pasado.

Dress *vestir(se)*

<u>dress down</u> *vestir como un pordiosero, vestir con ropa vieja*
He often dresses down in old clothes.
A menudo viste como un pordiosero.

regañar
She dressed him down in public.
Le regañó en público.

<u>dress up</u> *disfrazarse de*
They dressed up as priests.
Se disfrazaron de curas.

disfrazar
She managed to dress the defeat up as a victory.
Nos hizo creer que el fracaso fue en realidad un triunfo.

engalanar(se), ataviarse
She dressed up to go out.
Se puso sus mejores galas para salir.

Drift *ir a la deriva*

<u>drift apart</u> *irse separando*
The two ships drifted apart.
Los dos barcos se fueron separando poco a poco.

<u>drift away</u> *dejarse llevar por la corriente, ir a la deriva*
The ship drifted away.
El barco se fue a la deriva.

<u>drift off</u> *quedarse dormido*
He drifted off.
Se quedó dormido.

Drill *(n) taladro*

<u>drill into</u> *meterle algo en la cabeza a alguien*
They drilled the rules into me.
Me metieron las reglas en la cabeza.

Drink *beber*

<u>drink down</u> *beber de un trago*
She drank it down.
Se lo bebió de un trago.

drink in *embebecerse, empaparse*
She drank in the spectacular view.
Se embebecía contemplando la espectacular vista.

drink to *brindar*
Let's drink to your latest success.
Brindemos por tu último éxito.

drink up *terminar de beber, beberse todo*
Drink up – it's time to go.
Vayan terminando sus copas, es hora de irse.

Drive conducir

drive along *circular*
They were driving along very slowly.
Conducían muy lentamente.

drive at *insinuar*
What are you driving at?
¿Qué insinúas?

drive away *ahuyentar*
They drove them away.
Les ahuyentaron.

drive back *rechazar*
They drove the attackers back.
Rechazaron a los atacantes.

drive in *clavar*
He drove the cross into the vampire's chest.
Clavó la cruz en el pecho del vampiro.

drive off *irse, marcharse, partir*
She drove off angrily.
Se marchó en coche enfadada.

drive on *empujar, llevar adelante*
We have to drive them on.
Tenemos que darles un empujón.

seguir adelante
Drive on!
¡Sigue adelante!
¡Siga circulando!

drive out *expulsar*
They drove the invaders out.
Expulsaron a los invasores.

drive over *venir en coche*
We drove over in less than two hours.
En coche tardamos menos de dos horas.

drive up *acercarse, llegar en coche*
They drove up to the house.
Condujimos hasta la misma casa.

Drone *(n) (ruido) zumbido*

drone on *hablar interminablemente*
She was droning on about her time at school.
Parecía que nunca iba a acabar de contar su estancia en la escuela.

Drop *caer*

drop across/by *ir a casa de alguien*
Drop by tonight.
Ven a mi casa esta noche.

drop away *(asistencia) disminuir*
Student numbers have been dropping away.
El número de estudiantes ha ido disminuyendo.

drop down *caer, agacharse, bajar*
They dropped down at the sound of gunfire.
Se agacharon al oír los disparos.

drop in *pasar a visitar a alguien*
I just thought I would drop in.
Se me ocurrió visitarte.

drop off *(un pasajero) apearse, (a un pasajero) dejar*
Can you drop me off at the station?
¿Me puedes dejar en la estación?

bajar, disminuir
Attendance to the theatre has dropped off.
La asistencia al teatro ha disminuido.

quedarse dormido
He dropped off while he was watching the film.
Se quedó dormido mientras veía la película.

<u>drop out</u> *abandonar los estudios*
He dropped out of university.
Abandonó la universidad.

caerse
The money dropped out of her pocket.
Se le cayó el dinero del bolsillo.

retirarse
The word has dropped out of use.
La palabra ha caído en desuso.

<u>drop round</u> *pasarse por la casa de alguien*
I'll drop round tonight.
Pasaré esta noche por tu casa.

Drown *ahogar(se)*

<u>drown out</u> *(el sonido) ahogar*
The sound of the music drowned his voice out.
El sonido de la música ahogó su voz.

Drum *(n) tambor*

<u>drum into</u> *meterle algo a alguien en la cabeza*
He had the methods drummed into him.
Le metieron los métodos en la cabeza.

<u>drum out</u> *expulsar*
They drummed him out of the army.
Le expulsaron del Ejército.

<u>drum up</u> *buscar, reunir*
We need to drum up support for the new project.
Necesitamos conseguir apoyo para el nuevo proyecto.

Dry *secar*

<u>dry off</u> *secarse*
The clothes are drying off.
La ropa se está secando.

<u>dry out</u> *secar*
We are drying the clothes out.
Estamos secando la ropa.

dejar el alcohol
He checked into the clinic in order to dry out.
Ingresó en la clínica para desintoxicarse.

dry up *secarse*
My mouth has dried up.
Se me ha secado la boca.

secar los platos
I'll wash up if you dry up.
Yo friego si tú secas los platos.

(un suministro) agotarse
New orders have dried up.
Se han agotado los nuevos pedidos.

enmudecer
He dried up in the middle of his speech.
Enmudeció en medio del discurso.

Dub *doblar*

dub in *(una película) doblar*
They dubbed the film in.
Doblaron la película.

dub into *(una película) doblar a*
The film was dubbed into Spanish.
Doblaron la película al español.

dub over *(una voz) doblar*
They dubbed over the actor's voice.
Doblaron la voz del actor.

Duck *(n) pato*

duck out of *escabullirse, escaquearse de*
He's been trying to duck out of his responsibilities.
Ha intentado escaquearse de sus responsabilidades.

Duff *(adj) malo, chungo*

duff up *dar una paliza a*
They duffed him up.
Le dieron una paliza.

Dump *descargar*

dump down *depositar haciendo mucho ruido*
She dumped her books down on the table.
Dejó los libros en la mesa de forma ruidosa.

dump on *endilgar*
They dumped the kids on us.
Nos endilgaron a los niños.

Dust *(n) polvo*

dust down/off *(polvo) quitar*
You need to dust your suit down.
Tienes que quitarte el polvo de la chaqueta.

(conocimientos, un idioma) desempolvar, refrescar
I've been dusting down my French.
He estado refrescando mi francés.

Dwell *morar, habitar*

dwell on/upon *dar vueltas a un asunto, meditar un asunto*
No one likes to dwell on the subject of death.
A nadie le gusta meditar sobre la muerte.

E

Earmark *reservar, destinar*

earmark for *destinar a*
That was earmarked for another purpose.
Eso iba destinado a otro fin.

Earth *(n) tierra*

earth up *encontrar*
Did they earth anything up?
¿Encontraron algo?

Ease *aliviar*

ease along *mover con cuidado*
They eased the table along.
Movieron la mesa con cuidado.

ease off/up *(dolor, tensión) disminuir, remitir, aliviarse, (viento, lluvia) amainar*
That pain in my back has eased up.
Se me ha aliviado ese dolor en la espalda.

Eat *comer*

eat away *corroer, desgastar*
The acid has eaten the paint away.
El ácido ha desgastado la pintura.

<u>eat away at</u> *corroer, erosionar*
The acid has been eating away at the metal.
El ácido corroía el metal.

<u>eat in</u> *cenar en casa*
Shall we eat in tonight?
¿Cenamos en casa esta noche?

<u>eat into</u> *(tiempo) reducir, gastar, (ahorros) mermar*
All his new responsibilities were eating into his leisure time.
Todas sus nuevas responsabilidades limitaban su tiempo libre.

picar, clavarse
There's a nail in my bag that's eating into my back.
Tengo un clavo en la mochila que me está destrozando la espalda.

corroer
The liquid eats into the wood.
El líquido corroe la madera.

<u>eat out</u> *cenar fuera de casa/en un restaurante*
Let's eat out tonight.
Cenemos fuera esta noche.

<u>eat up</u> *(comida) terminar, acabar*
Eat your food up.
Acaba de comer.

(conciencia, remorder)
He was eaten up by guilt.
Le remordía el sentimiento de culpabilidad.

(dinero) consumir, gastar, agotar
This project has eaten up all our resources.
Este proyecto agotó todos nuestros recursos.

Ebb *bajar*

<u>ebb away</u> *menguar, disminuir*
Their fear ebbed away.
Su miedo fue disminuyendo.

Edge *(n) borde*

<u>edge along</u> *mover algo de canto poco a poco*
They edged the piano along, trying not to damage it.
Movieron el piano de canto con cuidado para no dañarlo.

edge away *alejarse poco a poco*
They edged away from the lion without taking their eyes off it.
Se alejaron poco a poco del león sin apartar su vista de él.

edge in *abrirse paso poco a poco*
They edged their way to the front.
Se abrieron paso poco a poco hasta llegar a la parte de delante.

edge out *apartar de poder, relegar*
Jones edged Smith out of the top post.
Jones relegó a Smith del puesto número uno.

edge up *subir poco a poco*
Prices have been edging up.
Los precios han estado subiendo poco a poco.

Edit *editar*

edit out *eliminar, excluir*
They edited out all references to him.
Eliminaron todas las referencias a él.

Egg *(n) huevo*

egg on *incitar*
They egged him on.
Le incitaron a hacerlo.

Eke out *ganarse la vida a duras penas*

They manage to eke out a living with very little money.
Consiguen ganarse la vida a duras penas.

Elaborate *elaborar*

elaborate on *dar más detalles*
I don't want to elaborate on it.
No quiero dar más detalles.

Emanate *proceder*

emanate from *proceder de*
There was a strange smell emanating from the room.
Un extraño olor venía de la habitación.

Embark *embarcar(se)*

embark on/upon *emprender*
They embarked on an adventure.
Emprendieron un viaje de aventuras.

Empty *vaciar(se)*

empty out *vaciar*
Have you emptied that bucket out?
¿Has vaciado el cubo?

Encroach on/upon *(derechos) usurpar, (un territorio) invadir*

She was encroaching on my personal body space.
Invadía mi espacio personal.

End *acabar*

end off *poner fin a*
We'll have to end it off here.
Tenemos que ponerle fin aquí.

end up *acabar, terminar*
You'll end up in prison if you carry on like that.
Acabarás en la cárcel si sigues así.

acabar haciendo algo
We ended up taking a taxi.
Al final cogimos un taxi.

Engage *ocupar*

engage in *estar ocupado haciendo algo*
They are engaged in conversation.
Están inmersos en una conversación.

Enlarge *agrandar, ampliar*

enlarge on/upon *explicar algo con más detalle*
We'd like you to enlarge on this.
Nos gustaría que nos lo explicara más detalladamente.

Enquire ⇨ Inquire

Enter *entrar*

enter for *inscribir(se) en*
We've entered you for the competition.
Te hemos inscrito en el concurso.

enter into *(un acuerdo) alcanzar*
They entered into an agreement with the Polish businessmen.
Alcanzaron un acuerdo con los empresarios polacos.

(una relación, discusión) empezar, iniciar
They refused to enter into discussion of the matter.
Se negaron a discutir el asunto.

tener que ver, entrar en
All sorts of emotions entered into the relationship.
Todo tipo de emociones conformaron la relación.

Enthuse *entusiasmarse*

enthuse over *entusiasmarse por*
They enthused over the idea of a weekend away.
Se entusiasmaron con la idea de pasar un fin de semana fuera.

Erode *erosionar*

erode away *(confianza) erosionar, minar*
This has eroded all her confidence away.
Esto ha minado su confianza.

(poder) mermar
The war eroded her power away.
La guerra mermó su poder.

Even *igualar, equilibrar*

even out *igualar*
The two teams need to be evened out – you've got all the good players.
Hay que igualar a los dos equipos, vosotros tenéis a todos los jugadores buenos.

even up *ajustar cuentas*
We need to even up.
Tenemos que ajustar cuentas.

Expand *expandir*

expand (up) on *tratar más extensamente*
We'll expand on that at a later date.
Lo trataremos más detenidamente más tarde.

Explain *explicar(se)*

explain away *justificar*
He was trying to explain away the police interest in his accounting practices.
Intentaba justificar el interés de la policía por sus prácticas contables.

Eye *ver*

eye up *comer con los ojos, desnudar con la mirada*
She was eyeing him up.
Le estaba desnudando con la mirada.

F

Face *enfrentar*

face about *(un soldado) dar media vuelta*
The troops faced about.
Las tropas dieron media vuelta.

face down *intimidar con la mirada*
She faced the hostile crowd down.
Intimidó a la muchedumbre con la mirada.

face on to *mirar hacia, dar a*
The window faces on to a busy street.
La ventana da a una calle con mucho tráfico.

face out *hacer frente a*
They faced the situation out.
Hicieron frente a la situación.

face up to *reconocer la realidad de algo, dar la cara*
He faced up to it bravely.
Dio la cara con mucho valor.

Fade *desvanecerse gradualmente*

fade away/out *desdibujarse, desvanecerse, (sonido) apagarse, (una persona) adelgazar muchísimo*
The sound of the music faded away.
El sonido de la música fue apagándose poco a poco.

fade in *(en el cine) hacer aparecer gradualmente*
They faded him in.
Fue apareciendo en escena poco a poco.

fade out *(muchedumbre) disolverse*
The protest slowly faded out.
La manifestación se disolvió.

(música, sonido) apagarse
The sound of the plane faded out.
El sonido del avión fue alejándose poco a poco.

(una imagen) desvanecerse
The image faded out.
La imagen se desvaneció.

fade to *(en el cine) hacer aparecer gradualmente*
They faded to a shot of a ship.
Hicieron aparecer gradualmente la toma de un barco.

Faff about/around *enredar*

Stop faffing about!
¡Déjate de tonterías!

Fag *(GB) cigarrillo*

fag out *(GB) estar rendido*
I'm fagged out.
Estoy rendido.

Fall *caer*

fall about *desternillarse/troncharse de risa*
They fell about laughing.
Se troncharon de risa.

fall apart *separarse*
Their marriage fell apart shortly after the honeymoon.
Su matrimonio se vino a pique poco después de la luna de miel.

romperse
All their carefully laid plans just fell apart.
Todos sus minuciosos proyectos se vinieron abajo.

fall away *desprenderse*
One of the plane's propellors fell away.
Se cayó uno de los motores del avión.

descender
The ground falls away sharply on either side of the path.
El terreno desciende rápidamente a ambos lados del camino.

disminuir, declinar
Support for the project fell away.
El apoyo al proyecto disminuyó notablemente.

fall back *retroceder*
She fell back in shock.
Retrocedió horrorizada.

fall back on *recurrir a, echar mano de*
You can always fall back on your parents.
Siempre puedes recurrir a tus padres.

fall behind *atrasarse*
She had fallen hopelessly behind with her work.
Iba irremediablemente atrasada con el trabajo.

quedarse atrás
The lead runner fell behind.
El corredor que iba en cabeza se quedó atrás

fall down *(una persona) caer(se)*
He fell down the stairs.
Se cayó por las escaleras.

(un edificio) caerse, desplomarse
The building fell down.
El edificio se desplomó.

(un edificio) estar en malas condiciones
The building is falling down.
El edificio se está viniendo abajo.

(un plan) fallar, fracasar
This is where you always fall down.
Aquí es donde siempre fallas.

fall for *tragar*
He'll never fall for that trick.
No se lo tragará.

enamorarse
She fell for him in a big way.
Se enamoró de él locamente.

fall in *desplomarse*
He's sure the roof is going to fall in.
Está seguro de que el tejado se va a hundir.

(tropas) formar filas
The soldiers fell in.
Los soldados formaron filas.

fall in with *juntarse con*
She eventually fell in with the idea of robbing the bank.
Finalmente se apuntó a la idea de robar el banco.

fall into *dividirse en*
This paper falls into four parts.
Este documento se divide en cuatro partes.

(una conversación) entablar
I fell into conversation with her.
Entablé una conversación con ella.

fall off *desprenderse*
The wheel has fallen off my bike.
Mi bici ha perdido una rueda.

(temperatura, etc) bajar
Unemployment is falling off again.
La tasa de desempleo está bajando otra vez.

fall on *caer sobre*
The plant pot fell on the businessman.
La maceta cayó encima del empresario.

(una fecha, etc) incidir en, caer
The tax bill falls on March.
El pago del impuesto cae en marzo.

(responsabilidad) (re)caer en
Responsibility falls on her.
La responsabilidad recae en ella.

atacar, caer sobre
They fell on the enemy troops and killed them all.
Cayeron sobre las tropas enemigas y mataron a todos.

(mirada) caer sobre
His eyes fell on the money.
Su mirada cayó sobre el dinero.

<u>fall out</u> *reñir*
They fell out over the inheritance.
Se pelearon por la herencia.

caer(se)
His hair fell out.
Se le cayó el pelo.

(las tropas) romper filas
The soldiers fell out.
Los soldados rompieron filas.

<u>fall over</u> *caerse*
She tripped and fell over.
Dio un traspié y se cayó.

tropezar
She fell over the tree trunk.
Tropezó con el tronco de un árbol.

desvivirse por hacer algo
They were falling over themselves to help.
Se desvivían por ayudar.

<u>fall through</u> *no materializarse, no llevar(se) a cabo*
The deal fell through because of a lack of funding.
El acuerdo no se llevó a cabo por falta de dinero.

<u>fall to</u> *corresponder a, tocar a*
That job falls to you.
Esa tarea te corresponde a ti.

<u>fall under</u> *(un libro) estar clasificado como*
That book falls under crime not horror.
Ese libro viene en la sección de crimen y no de terror.

Fan *(n) abanico*

<u>fan out</u> *desplegarse (en forma de abanico)*
The troops fanned out to the east.
Las tropas se desplegaron hacia el este.

Farm *(n) granja*

<u>farm out</u> *(un trabajo) subcontratar*
They prefer to do the work in-house rather than farm it out.
Prefieren hacer el trabajo dentro de la empresa en vez de contratarlo fuera.

Fart *(n) pedo*

fart about/around *perder el tiempo a lo tonto*
They've been farting about all day.
Llevan todo el día perdiendo el tiempo a lo tonto.

Fasten *cerrar, abrochar*

fasten down *cerrar*
They fastened the blind down.
Cerraron bien la persiana.

fasten on to/onto *pegarse a, (fig) fijarse en*
He fastened on to me.
Se me pegó como una lapa.

(a una idea) agarrarse, aferrarse
They've fastened themselves onto the idea and they won't let go.
Se han aferrado a la idea y no cambiarán de opinión.

fasten up *abotonar(se), abrochar(se)*
Fasten your coat up.
Abróchate el abrigo.

Fathom *(n) (medida) braza*

fathom out *(misterio) desentrañar, (a una persona) entender*
We couldn't fathom the mystery out.
No pudimos desentrañar el misterio.

Fatten *engordar, cebar*

fatten up *engordar, cebar*
This calf needs fattening up.
Hay que engordar esta ternera.

Fear *temer*

fear for *temer por*
We fear for their safety.
Tememos por su seguridad.

Feed *alimentar*

feed back *proporcionar, facilitar*
They fed the information back to us instantaneously.
Nos proporcionaron la información instantáneamente.

feed in *(introducir una cinta, cable) alimentar, (datos) introducir*
It was difficult but we managed to feed the wire into the hole.
Fue difícil, pero conseguimos meter el cable en el agujero.

feed on *alimentarse de*
The shark feeds on seals.
El tiburón se alimenta de focas.

feed up *(a un animal o persona) cebar*
You're looking a bit thin – we need to feed you up.
Pareces un poco delgado, hay que alimentarte bien.

Feel *sentir*

feel for *sentir*
We really feel for you guys.
Lo sentimos mucho por vosotros.

feel out *sondear la opinión de alguien, tantear a alguien*
They were trying to feel us out.
Intentaron tantearnos.

feel up *meter mano a alguien*
He was feeling her up.
Le estaba metiendo mano.

apetecer
I don't really feel up to it.
No me apetece hacerlo.

Fence *(n) valla*

fence in *encerrar con una valla, cercar*
The little garden was fenced in with wire.
El pequeño jardín estaba cercado con alambre.

fence off *separar con una valla, cercar, vallar*
They fenced off the field.
Separaron el campo con una valla.

Fend *arreglárselas*

fend off *(un ataque) rechazar, (un problema) eludir*
She managed to fend them off with her wit and charm.
Consiguió defenderse de ellos con su ingenio y encanto.

Ferret *(n) hurón*

ferret out *encontrar, desenterrar, dar con*
We are trying to ferret out any missing details.
Estamos intentando encontrar los datos que faltan.

Fetch *recoger*

fetch in *(a una persona) hacer entrar*
It's time to eat. Could you fetch the children in?
Es la hora de comer. ¿Podrías decir a los niños que entren?

fetch up *ir a parar*
He spent three months travelling around before fetching up in Valencia.
Pasó tres meses viajando antes de ir a parar a Valencia.

Fiddle *jugar nerviosamente*

fiddle about/around *perder el tiempo, manosear*
Stop fiddling around with that remote control.
Deja de juguetear con el mando a distancia.

Fight *luchar*

fight back *responder, (lágrimas) tratar de contener*
She tried hard to fight back the tears.
Contenía las lágrimas a duras penas.

defenderse, contraatacar
They fought back ferociously.
Se defendieron con uñas y dientes.

fight down *reprimir*
He had to fight down the desire to run.
Tuvo que reprimir el deseo de huir.

fight off *luchar para no sucumbir ante, librarse de*
She couldn't fight the infection off.
Luchaba por vencer la infección.

rechazar
She fought the attacker off.
Rechazó al agresor.

fight on *seguir luchando*
We will fight on.
Seguiremos luchando.

fight out *decidir algo por medio de la lucha*
They left me to fight it out alone.
Me dejaron para que peleara yo solo.

Figure *suponer*

figure on *contar con*
We hadn't figured on so many problems.
No habíamos contado con tantos problemas

figure out *(un problema) entender, resolver*
We couldn't figure out the answer.
No pudimos encontrar la respuesta.

File *(n) carpeta*

file away *archivar*
They filed the report away.
Archivaron el informe.

file for *presentar una demanda*
He filed for divorce.
Presentó una demanda de divorcio.

file in/out *entrar/salir en fila*
The children filed in to class.
Los niños entraron en clase en fila.

Fill *llenar*

fill in *llenar*
They filled the hole in with cement.
Llenaron el agujero con cemento.

(un agujero, espacio, formulario) rellenar
Please fill in the form.
Por favor, rellene el formulario.

poner a alguien al tanto
Could you fil me in on the situation?
¿Me podrías informar de la situación?

(tiempo) matar, llenar
They find it hard to fill in their time.
Les resulta difícil llenar su tiempo.

sustituir a alguien
Could you fill in for me next week?
¿Podrías sustituirme la semana que viene?

fill out *(un formulario) rellenar*
Please fill the form out with a black pen.
Por favor, rellene el formulario con bolígrafo negro.

engordar
She has really filled out since I last saw her.
Realmente ha engordado desde la última vez que la vi.

fill up *llenar*
Fill the tank up with petrol, please.
Lleno, por favor.

darse un atracón, llenarse el estómago
That cake really filled me up.
Ese pastel me acabó de llenar del todo.

(espacio) ocupar
All this furniture is filling the room up.
Todos estos muebles están ocupando mucho espacio.

(un local) llenarse
The place filled up really quickly.
El local se llenó muy rápidamente.

(tiempo) ocupar
They like to fill up the day with lots of interesting activities.
Les gusta ocupar su día con muchas actividades interesantes.

(un formulario) rellenar
Please fill up the form.
Por favor, rellene el formulario.

Filter *filtrar*

filter out *(noticias) filtrar(se)*
They filtered out the news.
Filtraron las noticias.

filter out *(luz, líquido) filtrar*
These glasses filter out any harmful sun rays.
Estas gafas filtran los rayos dañinos del sol.

Find *encontrar*

find against *fallar en contra de*
The jury found against the defendant.
El jurado falló en contra de la defensa.

find for *fallar a favor de*
The jury found for the prosecution.
El jurado falló a favor de la acusación.

find out *descubrir, averiguar*
We want to find out what happened.
Queremos descubrir qué pasó.

descubrir a alguien
He was found out in the end.
Al final le descubrieron.

Finish *acabar*

finish off *matar, terminar con*
He finished it off with a spade.
Lo remató con una pala.

terminar
We need to finish off this work.
Tenemos que terminar este trabajo,

acabar haciendo algo
We finished off by going to bed late.
Acabamos yendo a la cama muy tarde.

acabar con algo
They finished off all the food.
Acabaron con toda la comida.

dar el toque final
They finished it off with little turrets.
Lo remataron con pequeñas torretas.

finish up *terminar por completo, acabar*
Finish up your food now, please.
Termina de comer ya, por favor.

acabar haciendo algo
They finished up getting married.
Al final se casaron.

ir a parar, acabar en un sitio
They finished up in London.
Acabaron en Londres.

finish with *terminar (de hablar) con alguien*
I haven't finished with you yet.
Todavía no he terminado (de hablar) contigo

Fire *disparar*

fire away *disparar sin cesar*
They were firing away until they had no ammunition left.
Siguieron disparando hasta que se les acabó la munición.

fire off *(una pregunta) disparar*
He fired off a quick succession of questions.
Disparó una serie de preguntas inesperadas.

(un arma) disparar
They fired the gun off at 5 in the morning.
Dispararon el cañón a las cinco de la madrugada.

Firm *(adj) firme*

firm up *fortalecer, reforzar*
This treatment will help firm your muscles up.
Este tratamiento te ayudará a fortalecer los músculos.

firm up *(un plan) concretar*
We need to firm up our plans for the future.
Tenemos que concretar los planes de futuro.

Fish *pescar*

fish for *tratar de pescar algo*
They were fishing for compliments.
Trataban de pescar elogios.

fish out *sacar*
We fished it out from the bottom of the lake.
Lo sacamos del fondo del lago.

Fit *caber*

fit in *(en la agenda) hacer un hueco*
I'll see if I can fit you in some time next week.
A ver si te hago un hueco la semana que viene.

llevarse bien con los demás
She fits in really well here.
Encaja muy bien aquí.

encajar
Now I understand how it all fits in.
Ahora entiendo cómo encaja todo esto.

fit in to/into *encajar*
He doesn't fit into ordinary society.
No encaja en la sociedad normal.

(una persona) encajar, pintar
How does he fit into all this?
¿Qué pinta él en todo esto?

fit in with *encajar, entrar*
That doesn't fit in with our plans.
Eso no entra en nuestros planes.

fit on *caber, ir, entrar*
This top fits on here.
Este tapón entra aquí.

fit out *(un barco) equipar, armar*
They fitted the boat out.
Armaron el barco.

fit up *equipar*
She fitted her car up with all the latest gadgets.
Equipó el coche con todas las últimas novedades.

hacer una declaración falsa/un montaje contra alguien
The police fitted him up.
La policía le tendió una trampa.

Fix *arreglar*

fix on *(una fecha) escoger, fijar*
They fixed on May to have the wedding.
Escogieron mayo para la boda.

fix up *(una reunión) preparar*
I fixed up an appointment to see him.
Preparé una cita con él.

reparar, arreglar
The building is being fixed up.
Están reparando el edificio.

proveer
We'll fix you up with everything you need.
Te daremos todo lo que necesites.

Fizzle *estar en efervescencia*

fizzle out *(plan, proyecto) no dar resultado, quedarse en agua de borrajas*
The project just fizzled out.
El proyecto fracasó.

(entusiasmo, interés) disiparse
They were enthusiastic at first but it soon fizzled out.
Al principio estaban muy entusiasmados, pero pronto se enfriaron.

Flag *(n) bandera*

flag down *hacer señales a alguien para que se detenga*
He flagged down a taxi.
Hizo señales para parar el taxi.

Flail *agitar(se)*

flail about/around *(brazos, piernas) mover sin control*
She was flailing her arms about.
Movía los brazos descontroladamente.

Flake *(piel) descamarse, (pintura) desconcharse*

flake off *(pintura) desconcharse*
The paint was flaking off.
La pintura se estaba desconchando.

flake out *quedarse dormido/roque*
I'm going to flake out before the end of this film.
Me voy a quedar dormido antes de que acabe la película.

Flare *llamear*

flare out *(la cola de un pájaro) abrirse*
The bird's feathers flared out.
La cola del pájaro se desplegó.

flare up *llamear*
The fire flared up.
El fuego se avivó.

(ira) estallar
All of a sudden he flared up.
De repente estalló.

(violencia) estallar
Violence flared up during the meeting.
Durante la reunión estalló la violencia.

Flash *destellar*

flash back *volver, retroceder*
His mind flashed back to the time when he...
Su mente retrocedió al periodo cuando...

Flatten *aplastar, allanar*

flatten out *allanar*
The road flattens out further along.
Más adelante la carretera es más llana.

Flesh *(n) carne*

flesh out *(planes) precisar, definir*
This story needs fleshing out.
Hay que definir mejor esta historia.

Flick *dar un capirotazo*

flick off *apagar con el dedo, pulsar para apagar algo*
He flicked the light off.
Pulsó el interruptor para apagar la luz.

flick on *encender*
The light just flicked on.
La luz se encendió.

flick over *cambiar de canal*
She flicked over to the other channel.
Cambió de canal.

flick through *hojear rápidamente*
He flicked through the magazine.
Hojeó la revista rápidamente.

Fling *tirar*

fling down *tirar*
He flung the book down on the floor.
Tiró el libro al suelo.

fling into *meterse de lleno en algo*
She flung herself into work.
Se metió de lleno en el trabajo.

fling off *(la ropa) quitarse deprisa*
He flung his clothes off.
Se deshizo de la ropa deprisa.

<u>fling out</u> *(a una persona) echar, (un objeto) tirar*
They flung him out of the club.
Le echaron del club.

Flip *(n) (de un disco) cara*

<u>flip through</u> *hojear, echar un vistazo*
She flipped through the magazine.
Hojeó la revista.

Flirt *flirtear, coquetear*

<u>flirt with</u> *coquetear con*
She was flirting with him.
Coqueteaba con él.

Float *flotar*

<u>float around</u> *circular*
There are some rumours floating around that you stole the money.
Circulan rumores de que fuiste tú quien robó el dinero.

andar por ahí
My keys are floating around somewhere.
Mis llaves están por ahí.

<u>float away/off</u> *irse a la deriva*
The dinghy floated off.
El bote de vela se fue a la deriva.

Flood *inundar*

<u>flood in to/into</u> *entrar a raudales*
The people were flooding in to the stand.
La gente entraba a raudales en las gradas.

<u>flood out</u> *inundar*
The river floods the town out every few years.
El río inunda el pueblo cada cierto tiempo.

Flop *fracasar*

<u>flop down</u> *caerse pesadamente*
She flopped down in the chair.
Se dejó caer pesadamente en la silla.

Flounder *(en el barro, agua) debatirse*

flounder about/around *quedarse indeciso*
He was floundering about trying to get organised.
Se quedó indeciso intentando organizarse.

Flow *(un río) fluir*

flow away *irse, desaparecer*
The river flows away into the sea.
El río se pierde en el mar.

alejarse flotando
They watched the feather flow away.
Miraron cómo la pluma se alejó flotando en el aire.

flow from *provenir de, fluir de*
The liquid was flowing from the container.
El líquido salía del contenedor.

flow in *entrar sin parar*
Money is just flowing in.
El dinero está entrando en caja sin parar.

flow over *desbordarse*
Waves were flowing over the edge of the boat.
Las olas entraban por la borda del barco.

Fluff *(n) pelusa*

fluff out/up *(pelo) encrespar, esponjar*
He fluffed his hair up.
Se esponjó el pelo.

Flunk *catear*

flunk out *(US) abandonar el colegio sin recibir el título correspondiente*
He flunked out of college.
Abandonó el colegio sin recibir el título.

Flush *limpiar con un chorro de agua*

flush away *tirar por el fregadero/retrete/alcantarilla*
They made him flush the drugs away.
Le obligaron a tirar las drogas al retrete.

flush out *poner al descubierto, hacer salir*
They flushed the criminal out of hiding.
Hicieron salir del escondite al criminal.

Flutter *(un pájaro) aletear, revolotear*

flutter about/around *agitarse, (fig) hacer mucho ruido*
He was fluttering about.
Hacía mucho ruido.

flutter down *caer balanceándose*
The feather fluttered down.
La pluma se deslizaba en el aire.

Fly *volar*

fly at *atacar a alguien*
He flew at her when he found out.
Cuando se enteró, fue a por ella.

fly away *salir volando*
The little bird flew away.
El pajarito se fue volando.

fly back *(en avión) regresar*
We're flying back on the 17th.
Tenemos el vuelo de vuelta el día 17.

fly in *(en avión) llegar*
What time are you flying in?
¿A qué hora llega vuestro avión?

fly into *(al aeropuerto) llegar*
We flew into Gatwick airport at 5.15 in the afternoon.
Aterrizamos en Gatwick a las 5,15 h de la tarde.

(furioso, etc) ponerse
He would often fly into a rage when he lost.
Cuando perdía, se solía poner furioso.

fly off *(en avión) irse*
They flew off at 6.
Se fueron en el vuelo de las 6,00 h.

desprenderse, separarse, salirse de
The handle just flew off.
Me quedé con el pomo en la mano.

fly out *enviar por avión, partir en avión*
They are going to fly some food out for them.
Les van a enviar comida por avión.

<u>fly over</u> *sobrevolar*
They flew over a bridge.
Sobrevolaron un puente.

Fob *(n) cadena*

<u>fob off</u> *quitarse a alguien de encima con algo, colocarle algo a alguien*
They tried to fob us off with some story about the bus breaking down.
Intentaron colocarnos la historia de que el autobús se había estropeado.

endilgarle algo a alguien
They wanted to fob their old clothes off on us.
Querían endilgarnos su ropa vieja.

Foist *imponer*

<u>foist on/upon</u> *colocarle algo a alguien*
They tried to foist a second hand car on us.
Intentaron colocarnos un coche de segunda mano.

They tried to foist the kids on us.
Intentaron colocarnos a los niños.

Fold *doblar*

<u>fold away</u> *doblar para guardar*
She folded all the old newspapers away.
Dobló todos los periódicos antiguos para guardarlos.

<u>fold in</u> *mezclar*
Fold in the flour with the other ingredients.
Mezcla la harina con los demás ingredientes.

<u>fold in to/into</u> *mezclar, añadir*
Fold the butter into the mixture.
Añade la mantequilla a la mezcla.

<u>fold up</u> *(una silla) doblar, plegar*
Can you fold the chair up please?
¿Podrías plegar la silla, por favor?

acabar
They folded the business up.
Cerraron el negocio.

Follow *seguir*

<u>follow about/around</u> *seguir a todas partes*
Stop following me around.
Deja de seguirme a todas partes.

follow in *entrar detrás de alguien*
He followed her in.
Entró detrás de ella.

follow into *entrar en un sitio detrás de alguien*
He followed her into the room.
La siguió a la habitación.

follow on *seguir*
We'll follow on later.
Nosotros seguiremos más tarde.

follow out *seguir*
He didn't follow out her instructions.
No siguió sus instrucciones.

salir detrás de alguien
He followed her out.
Salió detrás de ella.

follow through *terminar, llevar a cabo*
She trained to be a journalist but she never followed it through.
Estudió periodismo, pero nunca lo terminó.

follow up *reiterar, repasar, hacer un seguimiento de*
We'll follow it up next week.
Lo repasaremos la semana que viene.

(una pista) seguir, investigar
The police had a few leads but no one bothered to follow them up.
La policía tenía algunas pistas, pero nadie se molestó en investigarlas.

Fool *(n) tonto*

fool about/around *hacer el tonto*
Stop fooling around.
Deja de hacer el tonto.

Force *forzar*

force back *reprimir*
He had to force back tears.
Tuvo que contener las lágrimas.

force back *hacer retroceder*
They forced the soldiers back.
Hicieron retroceder a los soldados.

force down *hacer bajar por la fuerza*
The food was disgusting and I really had to force it down.
La comida estaba asquerosa y tuve que forzarme para tragarla.

force in *introducir por la fuerza*
It didn't really fit and we had to force it in.
No cabía muy bien y lo tuvimos que meter a la fuerza.

force in to/into *(la entrada) forzar*
They forced their way into the house.
Entraron en la casa por la fuerza.

obligar a alguien a hacer algo
They forced him into doing it.
Le obligaron a hacerlo.

force on to/onto *imponer, forzar*
They forced peace onto the warring nations.
Impusieron la paz a las naciones en guerra.

force out *hacer salir, empujar hacia fuera*
They forced him out.
Le obligaron a salir.

force up *hacer subir*
Inflation has been forcing prices up.
La inflación ha hecho subir los precios.

Forge

forge ahead *progresar a pasos agigantados*
They promised to forge ahead with the new plans.
Prometieron un salto adelante con los nuevos planes.

For *(n) tenedor*

fork out *(dinero) aflojar, apoquinar*
She'll have to fork out for the treatment.
Tendrá que aflojar pasta por este tratamiento.

Form *formar*

form up *(las tropas) alinearse, formar*
The troops formed up.
Las tropas se alinearon.

Foul *ensuciar*

foul up *echar a perder, estropear, arruinar*
They fouled up the analysis results.
Echaron a perder los resultados del análisis.

Freak *(n) monstruo*

freak out *afectar mucho, meter canguelo*
I freaked out the first time I did it.
La primera vez que lo hice estaba aterrado.

Free *liberar*

free up *hacer más libre, liberalizar*
These policies are designed to free up the market.
Estas medidas están diseñadas para liberalizar más el mercado.

Freeze *congelar*

freeze out *marginar, apartar, excluir*
They wanted to freeze us out of the organisation.
Querían apartarnos de la organización.

freeze over *helarse, congelarse*
The river froze over.
El río se congeló.

freeze up *helarse*
The pipes freeze up in the winter.
Las tuberías se helaron durante el invierno.

Freshen *refrescar*

freshen up *arreglarse, refrescarse*
I need to freshen up.
Tengo que arreglarme.

Frig about/around *hacer gilipolleces*

Stop frigging about.
Deja de hacer gilipolleces.

Frighten *asustar*

frighten away *ahuyentar*
She frightened us away.
Nos ahuyentó.

Fritter *(n) buñuelo*

fritter away *(dinero) despilfarrar, (tiempo) desperdiciar*
Her son frittered all the money away.
Su hijo despilfarró todo el dinero.

Frost *(n) escarcha*

frost over/up *(un cristal) cubrirse de escarcha*
The windows have frosted up.
Los cristales de las ventanas se han cubierto de escarcha.

Frown *fruncir el ceño*

frown on/upon *desaprobar*
We frown upon that sort of behaviour.
Desaprobamos este tipo de comportamiento.

Fry *freír(se)*

fry up *freír*
They fried up all the food.
Frieron toda la comida.

Fuck *(tabú) joder*

fuck about/around *joder a alguien, hacer el gilipollas*
Stop fucking around.
Deja de hacer el gilipollas.

fuck off *expresión*
Fuck off!
¡Vete a la mierda!

fuck up *joderla*
You fucked up.
La has jodido.

Fuss *preocuparse*

fuss about/around *estar inquieto, preocuparse*
Sit down and stop fussing around.
Siéntate un rato y deja de preocuparte tanto.

fuss over *mimar con exceso*
Stop fussing over the kids.
Deja de mimar a los niños.

G

Gad about *zascandilear*

Stop gadding about.

Deja de zascandilear.

Gain *conseguir*

gain on *ganar terreno a*

Quick! They're gaining on us.

¡Rápido! Nos van ganando terreno.

Gallop *galopar*

gallop off *alejarse a galope*

She galloped off.

Se alejó galopando.

gallop up *llegar a galope*

He galloped up and jumped off the horse.

Llegó a galope y bajó del caballo de un salto.

Gamble *apostar*

gamble away *(dinero) perder en el juego*

She gambled all her money away.

Perdió todo su dinero en el juego.

gamble on *apostar a algo*

She gambled on the horse and won.

Apostó al caballo y ganó.

apostar por algo
We had gambled on her giving it back, but she didn't.
Confiábamos en que lo iba a devolver, pero no lo hizo.

Gang *(n) pandilla*

gang together *formar un grupo*
They ganged together to rob banks.
Formaron una banda para robar bancos.

gang up *conspirar, confabularse contra/con alguien*
They are always ganging up against him.
Siempre están conspirando contra él.

Gather *reunirse*

gather (a)round *agruparse en torno a algo/alguien, formar corro*
They gathered round the teacher.
Formaron corro alrededor del profesor.

gather in *(impuestos, beneficios) recoger, recaudar, cosechar*
It's time to gather the crops in.
Es la hora de recoger las ganancias.

gather together *reunirse, juntarse*
They gathered together for a reunion.
Se juntaron para la reunión.

gather up *recoger*
Gather up your things – we've got to go.
Recoge tus cosas, nos tenemos que ir.

Gear *(n) velocidad, marcha*

gear down *reducir*
They want to gear production down.
Quieren reducir la producción.

gear to/towards *estar orientado/dirigido a alguien/algo*
This magazine is geared towards the young professional woman.
Esta revista va dirigida a las profesionales jóvenes.

gear up *prepararse*
The country is geared up for an election.
El país se está preparando para las elecciones.

Gen *(n) (GB) información*

gen up *estar bien enterado*
I'm genned up on the legal position.
Domino la situación legal.

Get *conseguir*

get about/around *salir*
She likes to get about.
Le encanta salir.

get about/around *(después de una enfermedad) recuperarse*
He can get about by himself now.
Ya puede valerse por sí mismo.

(un rumor) saberse, divulgarse, difundirse
How did the news get about?
¿Cómo se supieron las noticias?

get above *superar, ir delante de*
We mustn't let them get above us in the league.
Debemos impedir que vayan por delante de nosotros en la liga.

get across *explicar*
The teacher failed to get the idea across to them.
El profesor no consiguió explicarse.

cruzar
How are we going to get across this river?
¿Cómo vamos a cruzar el río?

get after *perseguir*
The police got after the robbers.
La policía persiguió a los ladrones.

get ahead *abrirse paso/camino*
It's hard to get ahead these days.
Es difícil tener éxito hoy en día.

get along *progresar*
They're getting along just fine.
Están progresando mucho.

llevarse bien
They get along really well.
Se llevan muy bien.

irse
I must be getting along.
Tengo que irme.

get at *(un objeto) alcanzar*
I can't get at that book that's on the top shelf.
No alcanzo el libro que está en la estantería de arriba.

pincharle a alguien
Stop getting at me for no reason.
Deja de meterte conmigo sin motivo.

entender/saber la verdad
We want to get at the truth.
Quermos saber la verdad.

querer decir
What's she getting at?
¿Qué quiere decir?

get away *escaparse*
Three prisoners got away last night.
Anoche se escaparon tres prisioneros.

marcharse, irse, escaparse
The meeting was really boring but we finally managed to get away.
La reunión fue muy aburrida, pero finalmente conseguimos escaparnos.

tomarse unas vacaciones
We managed to get away for three days last week.
Conseguimos tomarnos unas vacaciones de tres días la semana pasada.

expresión
Get away!
¡No te creo!

get away with *salirse uno con la suya, salir impune de*
She won't get away with it.
No se saldrá con la suya.

get back *volver a hacer algo*
I couldn't get back to sleep.
No pude volver a dormir.

volver
How did you get back home after the party?
¿Cómo volviste a casa después de la fiesta?

recuperar

Did you get your car back?

¿Recuperaste el coche?

vengarse de alguien

She got back at him by pouring acid on his car.

Se vengó de él vertiendo ácido sobre su coche.

devolver

Did you get the books back on time?

¿Devolviste los libros a tiempo?

apartarse

Get back!

¡Apartaos!

volver

I'd like to get back to your previous point.

Me gustaría volver a su tema anterior.

devolver una llamada

I'll get back to you tomorrow.

Te devolveré la llamada mañana.

get back into *adaptarse*

It's hard to get back into work after the holidays.

Es difícil adaptarse al trabajo después de las vacaciones.

get behind *quedarse atrás*

You'll have to work hard if you don't want to get behind.

Tendrás que trabajar duro si no quieres quedarte atrás.

get beyond *ir más allá*

We can't seem to get beyond the first level.

No conseguimos pasar del primer nivel.

get by *arreglárselas*

We don't have much money but we manage to get by.

No tenemos mucho dinero, pero nos las arreglamos.

pasar

He wanted to get by but they wouldn't let him.

Quería pasar, pero no le dejaron.

get down *bajar*

Can you help me get down from this tree?

¿Me ayudas a bajar de este árbol?

tragar
I've been having difficulty getting my food down.
He tenido problemas al tragar la comida.

deprimir
This weather gets me down.
Este tiempo me deprime.

apuntar, anotar
I've been getting the story down on paper.
He estado escribiendo la historia.

(la mesa) abandonar
Mummy, can we get down?
¿Mamá, podemos abandonar la mesa?

get down to *ponerse a*
Get down to work.
Ponte a trabajar.

get in *llegar*
When does the train get in?
¿Cuándo llega el tren?

ser elegido, ganar las elecciones
The Labour party got in.
El Partido Laborista ganó las elecciones.

hacer entrar en
I can't get this key in.
Esta llave no entra.

entrar en
I couldn't get in the house.
No podía entrar en casa.

meter dentro
You must get the washing in.
Tienes que recoger la ropa tendida.

encargarse de pedir algo
I'll get in the drinks.
Yo me encargo de las bebidas.

comprar
We need to get some more milk in.
Tenemos que comprar más leche.

llamar
We need to get the plumber in.
Tenemos que llamar al fontanero.

(un deporte) practicar
Did you get any tennis in?
¿Alguna vez jugaste al tenis?

hablar, (en una conversación) meter baza
I couldn't get a word in.
No pude meter baza.

<u>**get in on**</u> *ser parte de algo, participar*
She wanted to get in on the act.
Quería formar parte del negocio.

<u>**get in with**</u> *congraciarse con*
She got in with a really bad crowd.
Se juntó con muy malas compañías.

<u>**get into**</u> *llegar a*
I got into work late.
Llegué tarde al trabajo.

meterse en
How did you get into politics?
¿Cómo te metiste en política?

(en un lío, apuros) meterse
He got into trouble.
Se metió en un lío.

interesarse por
I couldn't get into it.
No conseguía despertar mi interés por ello.

(en la universidad) conseguir plaza
She got into university.
Consiguió una plaza en la universidad.

(ropa) ponerse
I can't get into these clothes – I'm too fat.
No entro en esta ropa, estoy demasiado gordo.

expresión
What has got into him?
¿Qué mosca le ha picado?

get off *bajar de*
Get off at the next stop.
Baja en la parada siguiente.

salir de
Get off my land!
¡Sal de mi tierra!

librarse de
She managed to get off lightly.
Se libró de un castigo severo.

(una prenda) quitarse
Can you help me get this jersey off?
¿Me ayudas a quitarme el jersey?

soltar
Get off!
¡Suelta!

irse
I have to be getting off.
Tengo que irme.

(una carta) mandar
Did you get that letter off?
¿Mandaste esa carta?

apartar/alejar a alguien de algo
I couldn't get her off the phone.
No podía apartarla del teléfono.

conseguir algo de alguien
Did you get the money off them?
¿Les sacaste dinero?

dejar de hacer algo
I got off work early today.
Hoy salí pronto del trabajo.

dejar de hablar de algo
Let's get off this subject.
Dejemos de hablar de este tema.

dormirse
I couldn't get off to sleep last night.
Anoche no podía dormirme.

get off on *pirrarse por*
They get off on violence.
Les mola la violencia.

get off with *ligar con*
He got off with someone last night.
Anoche ligó con alguien.

get on *subir*
Quick! Get on the bus before it goes.
¡Rápido! Sube al autobús antes de que se vaya.

seguir
Get on with your work.
Sigue con tu trabajo.

llevarse bien
He gets on well with most people.
Se lleva bien con casi todo el mundo.

hacerse viejo
She's getting on a bit now.
Está envejeciendo.

(ropa) ponerse
Get your coat on.
Ponte el abrigo.

llegar a ser algo, progresar
I want to get on in life.
Quiero llegar a ser algo en la vida.

arreglárselas
We get on as best we can.
Vamos tirando lo mejor que podemos.

ser parte de
He got a part in the show.
Le dieron un papel en la serie.

(tiempo) pasar
Time is getting on.
Se está haciendo tarde.

expresión
How are you getting on?
¿Cómo te van las cosas?

expresión
Let's get on with it.
Vamos.
Acabemos de una vez.

get on at *criticar, atacar*
Stop getting on at me.
Deja de meterte conmigo.

get on for *ser cerca de*
It's getting on for three o'clock.
Son casi las tres.

get on to *empezar a hablar de algo*
We got on to the subject of money.
Empezamos a hablar de dinero.

ponerse en contacto con alguien
We got on to him and told him what he had to do.
Nos pusimos en contacto con él y le dijimos lo que tenía que hacer.

llamar a
She got on the phone to the minister.
Llamó al ministro.

regañar
Stopping getting on to me!
¡Deja de regañarme!

get out *(por la noche, de copas, etc) salir*
She likes to get out.
Le gusta salir.

evacuar
They got the wounded out.
Evacuaron a los heridos.

sacar al mercado
They got another book out.
Publicaron otro libro.

quitar
I couldn't get the stain out.
No podía quitar la mancha.

(en deportes) eliminar
They got him out by catching the ball.
Le eliminaron al coger la pelota.

<u>**get out of**</u> *(una noticia) hacerse público, filtrarse*
News got out of their marriage.
Se filtró la noticia de su boda.

salir de
I've got to get out of here.
Tengo que salir de aquí.

librarse de hacer algo
She always gets out of doing the washing up.
Siempre se libra de fregar los platos.

sacar
Please get my bag out of the cupboard.
Por favor, saca mi bolso del armario.

(ventaja, placer) sacar
Do you get any pleasure out of doing that?
¿Sacas algún placer haciendo eso?

(la verdad) sacar, arrancar
We'll get the truth out of you eventually.
Al final te sacaremos la verdad.

(una palabra de alguien) sacar, arrancar
I couldn't get a word out of him.
No pude sacarle ni una palabra.

(contacto) perder
They got out of touch.
Perdieron el contacto el uno con el otro.

(una costumbre) perder
I got out of the habit of getting up early.
Perdí la costumbre de levantarme temprano.

<u>**get over**</u> *superar*
Don't worry, you'll get over it.
No te preocupes, lo superarás.

comunicar, transmitir, hacer llegar
Did you manage to get the message over?
¿Conseguiste transmitir el mensaje?

ir a casa de alguien
You should get over to my place sometime.
Deberías venir a mi casa un día.

get over with *terminar, concluir*
Let's get it over with!
¡Terminemos de una vez!

get past *pasar*
Can I get past?
¿Me deja pasar?

get round *(un asunto, problema) abordar*
We don't know how to get round the problem.
No sabemos cómo abordar el problema.

(un circuito) recorrer
He got round the circuit in just three minutes.
Recorrió el circuito en tan sólo tres minutos.

get round to *tener tiempo para hacer algo*
I haven't got round to fixing it yet.
Todavía no he tenido tiempo para arreglarlo.

convencer
We'll have to get him round to our point of view.
Tendremos que convencerle de que tenemos razón.

get through *terminar*
I'll never get through all this work.
Nunca terminaré todo este trabajo.

superar, sobrevivir
We'll never get through this alive.
Nunca vamos a salir vivos de esto.

consumir
We got through three packets of biscuits a day.
Consumimos tres paquetes de galletas al día.

aprobar
Did you get through the entrance exam?
¿Aprobaste el examen de ingreso?

(por teléfono) comunicarse
I couldn't get through.
No conseguí comunicarme.

atravesar, abrirse camino
The ambulance couldn't get through the crowd.
La ambulancia no podía abrirse camino entre la multitud.

get through to *comunicarse con alguien, hacer ver/entender a alguien*
I can't get through to her.
No consigo comunicarme con ella.

(una prueba) pasar, superar
She got through to the second round.
Pasó a la segunda vuelta.

get to *llegar*
What time did you get to the office?
¿A qué hora llegaste a la oficina?

empezar a hacer algo involuntariamente
We got to thinking about him.
De repente empezamos a pensar en él.

get together *reunirse*
The ex-pupils got together over lunch.
Las ex-alumnas se reunieron para comer.

(dinero) reunir
They got enough money together.
Reunieron suficiente dinero.

juntar, formar
We got a band together.
Formamos un grupo musical.

controlarse, guardar la compostura
Get yourself together!
¡Contrólate!

get up *(de la cama) levantarse*
What time did you get up today?
¿A qué hora te levantaste hoy?

(de una silla) levantarse
She got up from the chair.
Se levantó de la silla.

(una tormenta) levantarse, formarse, prepararse
A storm was getting up.
Se estaba formando una tormenta.

organizar algo rápidamente, improvisar
They got a protest up.
Organizaron rápidamente una protesta.

vestirse
She was got up in strange clothes.
Iba vestida de forma muy extraña.

get up to *llegar*
We got up to page 54.
Llegamos hasta la página 54.

(a un lugar) ir, llegar
Did you get up to London?
¿Llegaste a Londres?

hacer
What did you get up to at weekend?
¿Qué hiciste el fin de semana?

get with *expresión*
Get with it!
¡Espabílate!

Ginger *(n) jengibre*

ginger up *animar*
We need to ginger the team up.
Tenemos que animar al equipo.

Give *dar*

give away *regalar*
Did they give anything away?
¿Regalaron algo?

(en deportes) regalar
We gave away a silly goal.
Regalamos un gol estúpido.

descubrir, delatar
They tried to appear very rich, but their old shoes gave them away.
Aparentaban ser ricos, pero sus zapatos viejos les delataron.

(en una boda) ser el padrino
Who is going to give the bride away in the wedding?
¿Quién va a ser el padrino de la novia en la boda?

revelar
They didn't give anything away.
No revelaron nada.

give back *devolver*
Give it back when you've finished with it.
Devuélvelo cuando hayas terminado.

give in *darse por vencido*
He finally gave in and let her win.
Finalmente se dio por vencido y la dejó ganar.

entregar
Give the work in next week.
Entrega el trabajo la semana que viene.

give off *(calor) despedir*
This radiator gives off a lot of heat.
Este radiador despide mucho calor.

desprender, emanar
He likes to give off an air of importance.
Le gusta darse importancia.

give onto *(una casa, ventana) dar a*
The window gives onto a lovely square.
La ventana da a una plaza maravillosa.

give out *fallar*
At last her heart gave out.
Finalmente le falló el corazón.

revelar
She wouldn't give out any information.
No revelaba nada.

distribuir, repartir
Please give the papers out.
Por favor, reparte los papeles.

(una máquina) estropearse
The machine gave out.
La máquina se estropeó.

(luz) emitir
The torch gave out a very weak light.
La linterna emitía una luz muy débil.

give over *dejar de hacer algo irritante*
I'll hit you if you don't give over.
Te voy a dar si no dejas de hacerlo.

expresión
Give over!
Déjalo ya, ¿quieres?

give over to *dedicar a*
Much of the land was given over to vegetables.
Gran parte de la tierra se dedicó al cultivo de verduras.

(una responsabilidad) entregar, traspasar
He gave the shop over to his daughter.
Traspasó la tienda a su hija.

give up *dejar de hacer algo*
He gave up smoking.
Dejó de fumar.

(una profesión) abandonar
She gave up nursing.
Dejó la enfermería.

(a la policía, etc) entregarse
She gave herself up.
Se entregó a la policía.

rendirse por agotamiento físico
I give up.
Me rindo; ya no puedo más.

give up on *dejar algo/a alguien por imposible*
I'm giving up on golf – it's just too difficult.
Dejo el golf; sencillamente, es demasiado difícil.

give up to *entregarse a*
She gave herself up to the police.
Se entregó a la policía.

ofrecer a
He gave his seat up to the pregnant woman.
Ofreció su asiento a una mujer embarazada.

(la vida) dedicar a
She gave her life up to helping the poor.
Dedicó su vida a ayudar a los pobres.

Glance *mirar*

glance (a)round *echar un vistazo alrededor*
They glanced round.
Echaron un vistazo alrededor.

glance away *apartar la mirada*
She glanced away when she saw what she had done.
Apartó la mirada cuando vio lo que había hecho.

glance down *bajar la vista*
He glanced down when he saw them.
Cuando los vio, bajó la vista.

glance off *rebotar*
The bullet glanced off the wall.
La bala rebotó contra la pared.

glance up *mirar hacia arriba, levantar la mirada*
She glanced up.
Miró hacia arriba.

Glaze *(una ventana) acristalar*

glaze over *(los ojos) velarse*
His eyes glazed over.
Se le velaron los ojos.

Glory *(n) gloria, esplendor*

glory in *deleitarse, regocijarse con*
They are glorying in their new found happiness.
Están disfrutando de su reciente felicidad.

Gloss *(n) lustre, brillo*

gloss over *mencionar algo muy de pasada*
She tried to gloss over the difficulties.
Intentó que las dificultades pareciesen menores.

Gnaw *roer*

gnaw away *(una duda) albergar*
Doubts were gnawing away at the back of his mind.
En el fondo de su mente albergaba dudas.

Go *ir*

go about *haber, circular*
There's a lot of flu going about.
Hay mucha gripe.

(rumores) correr, circular
News of their divorce is going about.
Corren rumores de su divorcio.

dar vueltas
The cat went about the house.
El gato daba vueltas por la casa.

(una tarea) abordar
How do I go about voting?
¿Qué hay que hacer para ir a votar?

ocuparse uno de sus asuntos
We were just going about our business when they suddenly attacked us.
Estábamos inmersos en nuestras cosas cuando de repente nos atacaron.

hacer cosas malas
You can't go about doing that.
No puedes ir haciendo eso.

ir haciendo algo
He went about on one foot.
Iba saltando sobre un pie.

go across *cruzar*
Go across the river on the bridge.
Cruza el río por el puente.

go after *buscar*
He went after a job in Albania.
Se fue a buscar trabajo en Albania.

perseguir/buscar a
They went after him with a vengeance.
Le buscaban con sed de venganza.

go against *ir (en) contra de*
It goes against my principles.
Esto va en contra de mis principios.

(en una guerra) perder
The war is going against them.
Están perdiendo la guerra.

(una decisión, sentencia) ser desfavorable
The verdict went against her.
Fallaron en su contra.

go ahead *adelantarse*
I'll go ahead and get the tickets.
Me adelantaré para comprar las entradas.

continuar
The meeting went ahead as planned.
La reunión siguió adelante según estaba previsto.

ir delante
The car went ahead of us.
El coche iba delante de nosotros.

go along *hacer algo sobre la marcha*
He makes it up as he goes along.
Improvisa sobre la marcha.

ir
She went along to the meeting to explain the new proposal.
Fue a la reunión para explicar la nueva propuesta.

ir bien
Things are going along very well.
Las cosas van muy bien.

ir a lo largo de
He was singing as he went along the side of the building.
Cantaba mientras pasaba al lado del edificio.

go along with *dejarse llevar por*
He went along with the flow of things.
Se dejó llevar por los acontecimientos.

estar de acuerdo con
We didn't go along with it.
No estábamos de acuerdo con ello.

go around/round *(comida, bebida) haber suficiente para todos, llegar, alcanzar*
Is there enough wine to go around?
¿Hay vino para todos?

ir
We went round to his house at 6pm.
Fuimos a su casa a las seis de la tarde.

ir vestido de una manera extraña
He goes round with a red scarf all the time.
Siempre lleva una bufanda roja.

(rumores) circular
News is going round that you are leaving.
Circulan rumores de que te vas a ir.

visitar
They went around the country.
Visitaron el país.

ver, inspeccionar
They went around the house.
Inspeccionaron la casa.

(fig y literalmente) ir haciendo círculos
They went around in circles.
Iban haciendo círculos.

go at *atacar*
They went at him with an axe.
Le atacaron con un hacha.

go away *irse de vacaciones*
I'm going away next week.
Me voy de vacaciones la semana que viene.

(un problema) resolverse, desaparecer
The problem won't go away if you just sit there.
El problema no desaparecerá si te quedas ahí sentado.

expresión
Go away!
¡Lárgate!

go back *volver*
What time shall we go back?
¿A qué hora volveremos?

(un reloj) retrasarse
The clocks go back today.
Hoy se retrasan los relojes.

go back on *no cumplir con*
She went back on the agreement.
No cumplió con lo convenido.

go back over *remover el pasado*
There's no point going back over it now.
No vale la pena remover el pasado ahora.

go back to *volver a*
Let's go back to the start.
Volvamos al principio.

volver a ser
Things never went back to normal.
Las cosas nunca volvieron a la normalidad.

(al cole) volver
The children go back to school in September.
Los niños vuelven al cole en septiembre.

regresar
They built a time machine and went back to the 1960s.
Construyeron una máquina del tiempo y regresaron a los años 60.

volver a salir con alguien después de una ruptura
She went back to him.
Volvió con él.

descender
His family goes back to the Normans.
Su familia desciende de los normandos.

go before *(ante un juez) defender(se)*
She went before the judge to plead her case.
Defendió su caso ante el juez.

ir delante, preceder
What goes before this letter?
¿Qué letra precede a ésta?

go below *sumergirse, bajar*
She went below to check the fuel levels.
Bajó a la cubierta inferior para comprobar el nivel de combustible.

go beyond *ir más allá de*
This goes beyond what we expected.
Esto es más de lo que esperábamos.

go by *pasar*
A car went by.
Pasó un coche.

(tiempo) pasar
He got fatter and fatter as the years went by.
Pasaban los años y cada vez estaba más gordo.

visitar, ir
Let's go by the museum tomorrow morning.
Vayamos al museo mañana.

guiarse por, basarse en
It's not much to go by.
No hay mucho en qué basarnos para investigar este asunto.

go down *resultar gracioso*
I don't think that joke went down very well.
No creo que ese chiste hiciese mucha gracia.

ir hacia abajo
She went down the hill.
Bajó la colina.

ir
I need to go down to the shops.
Tengo que ir de compras.

(precios) bajar
Prices have gone down recently.
Los precios han bajado recientemente.

(un equipo de fútbol en una liga) bajar
They went down to the third division.
Bajaron a tercera división.

(bajar de nivel) deteriorarse
This area has really gone down.
Esta área se ha deteriorado.

(el sol) ponerse
What time does the sun go down?
¿A qué hora se pone el sol?

apagarse
The computers went down for about half-an-hour.
Los ordenadores se apagaron durante media hora.

desinflarse
The tyres have gone down.
Los neumáticos se han desinflado.

(temperatura) descender, (comida) digerir, bajar
That food went down really well.
Esa comida fue fácil de digerir.

seguir luchando hasta el final
They went down fighting.
Siguieron luchando hasta el final.

(GB) dejar la universidad
He went down in 1987.
Dejó la universidad en 1987.

pasar a la historia
That will go down as one of the highlights of my life.
Eso pasará a la historia como uno de los momentos estelares de mi vida.

go down with *(la gripe) coger*
She has gone down with flu again.
Ha vuelto a coger la gripe.

hundirse
The ship went down with all hands on board.
El barco se hundió con todo el mundo a bordo.

go for *ir a por algo*
He's gone for the paper.
Ha ido a por el periódico.

valer para
That goes for everyone.
Eso vale para todos.

(una postura) adoptar
They tried to persuade him to go for a more subtle approach.
Intentaron persuadirle para que adoptara una postura más sutil.

elegir
We decided to go for the second option.
Elegimos la segunda opción.

gustar
She goes for tall dark men.
Le gustan los hombres altos y morenos.

atacar
She went for me with a knife.
Me atacó con un cuchillo.

tener uno a su favor
He's got a lot going for him.
Tiene mucho a su favor.

go forward *desarrollarse*
Plans are going forward as planned.
Los planes se desarrollan según lo previsto.

adelantar, proponer
His name is going forward as a candidate for the party.
Se propone su nombre como candidato del partido.

(un reloj) adelantar(se)
The clocks go forward tomorrow.
Mañana se adelantan los relojes.

go in *entrar*
He went in the house.
Entró en la casa.

empezar, iniciarse
She went in at the bottom.
Empezó en la empresa ocupando el puesto más bajo.

(una ley) entrar en vigor
They were much happier after the new system went in.
Estaban mucho más felices después de la entrada en vigor del nuevo sistema.

ir
The cheese goes in the fridge.
El queso va en la nevera.

go in for *(una competición) presentarse a, tomar parte en*
She went in for the competition.
Tomó parte en la competición.

(en el hospital) ingresar
She went in for treatment.
Ingresó en el hospital para empezar el tratamiento.

go in with *juntarse con alguien*
We're going in with her to form a new company.
Vamos a juntarnos con ella para formar una nueva empresa.

go into *entrar en*
She went into the room.
Entró en la habitación.

(un asunto) entrar en, tratar
I'm not going into details right now.
No voy a entrar en detalles ahora.

(un ejército) entrar en, ocupar
The soldiers went into the zone.
Los soldados ocuparon la zona.

(una carrera) entrar, meterse en
She decided to go into politics.
Decidió meterse en política.

meter, entrar
I think there's something wrong – the car won't go into first gear.
Creo que algo va mal; no entra la primera.

partirse de risa, darle a uno un ataque de risa
She went into fits of laughter.
Le dio un ataque de risa.

esconderse de la policía o un peligro
He went into hiding.
Se escondió.

(a las elecciones) presentarse
They went into the election with less candidates.
Se presentaron a las elecciones con menos candidatos.

invertir
How much money has gone into this?
¿Cuánto se ha invertido en esto?

acabar en, ir a parar a
The pen went into my bag.
El boli acabó en mi bolso.

go off *explotar*
A bomb went off last night.
Anoche explotó una bomba.

(bien/mal) salir
It all went off really well.
Todo salió realmente bien.

dejar de gustarle algo a alguien
I've gone off him a bit lately.
Ya no me gusta como antes.

(la alarma) sonar, saltar
The alarm went off really early.
La alarma sonó muy temprano.

(la luz) apagarse
The light suddenly went off.
De repente se apagó la luz.

(la comida) pasarse, estropearse
I think this food has gone off.
Creo que esta comida está estropeada.

irse, marcharse
They went off early.
Se fueron temprano.

(una carretera) desviarse
This road goes off to the right.
Esta carretera se desvía a la derecha.

dejar de gustar
She went off him a bit.
Le dejó de gustar.

(una medicina, etc) dejar de tomar
She went off the pill.
Dejó de tomar la píldora.

go off with *marcharse con un(a) amante*
He went off with his boss.
Se marchó con su jefe.

sustraer, quitar, robar
Someone's gone off with my calculator.
Alguien me ha quitado la calculadora.

go on *seguir, continuar*
You go on, I'll catch you up later.
Tú sigue, yo te alzanzaré después.
This road goes on for ever.
Esta carretera no termina nunca.
He went on talking all night.
No paró de hablar en toda la noche.

pasar, ocurrir
What's going on here?
¿Qué pasa aquí?

decir a continuación
He went on to talk about politics.
A continuación empezó a hablar de política.

ir a
She goes on to France tomorrow.
Mañana se va a Francia.

(el dinero) irse en
All our budget went on publicity.
Todo nuestro presupuesto se fue en publicidad.

reñir, regañar
Stop going on at me!
¡Deja de meterte conmigo!

guiarse por
The police don't have much to go on.
La policía carece de pistas para seguir investigando.

encenderse
The light suddenly went on.
De repente se encendió la luz.

(tiempo) pasar
As the day went on she got more and more bored.
A medida que pasaba el día, se aburría cada vez más.

entrar
The top went on easily.
La tapa entró fácilmente.

(un medicamento) empezar a tomar
She went on the pill.
Empezó a tomar la píldora.

(a una edad) aproximarse
He's going on forty.
Tiene casi cuarenta años.

expresión
Go on! It's fun.
¡Venga! Es divertido.

go on with *(el tiempo) ocupar*
That's enough to be going on with.
Eso es suficiente para tenerte ocupado.

go out *salir*
They went out at six.
Salieron a las seis.

Did you go out last night?
¿Saliste anoche?

salir con alguien
They went out together for three years.
Salieron durante tres años.

(luz) apagarse
The light suddenly went out.
De repente se apagó la luz.

emitirse
The message went out at 3pm.
El mensaje se emitió a las tres de la tarde.

pasar de moda
This kind of activity went out years ago.
Este tipo de actividades no está de moda desde hace años.

(en deportes) quedar eliminado
They went out in the last round.
Fueron eliminados en la última vuelta.

viajar, ir
She went out to Paraguay.
Viajó a Paraguay.

(la marea) subir
What time does the tide go out?
¿A qué hora sube la marea?

go over *registrar*
The police went over the apartment very carefully.
La policía registró el apartamento minuciosamente.

traicionar, pasarse a las filas del enemigo
She went over to the enemy.
Se pasó al enemigo.

revisar
They went over the plan once more.
Revisaron el plan una vez más.

acercarse a alguien
She went over to him.
Se fue hacia él.

ir a la casa de alguien
He went over to her house.
Fue a su casa.

ir al extranjero, cruzar el mar
They went over to France.
Se fueron a Francia.

cambiar de
They went over to a different system.
Cambiaron de sistema.

go round ⇨ go around

go through *sufrir, pasar*
She's been going through a bad patch.
Ha pasado una mala racha.

(sin permiso) registrar
Someone has been going through my things.
Alguien ha estado registrando mis cosas.

repasar
We'll have to go through this list till we find the name.
Tendremos que repasar la lista hasta encontrar el nombre.

aprobarse
The law went through and now it's official.
La ley se aprobó y ahora es oficial.

seguir adelante
They've decided not to go through with the divorce.
Decidieron no seguir adelante con el divorcio.

(requisitos) cumplir con
They had to go through lots of red tape.
Tuvieron que cumplir con el papeleo.

(comida, dinero) gastar, acabar con
They went through huge amounts of money.
Gastaron una fortuna.

(aduana, etc) pasar
They went through passport control.
Pasaron el control de pasaportes.

consultar a/con
She had to go through head office to get it approved.
Tuvo que consultar con la central para que lo aprobaran.

pasar por
You have to go through the kitchen to get to the toilet.
Para llegar al baño tienes que pasar por la cocina.

(un país) atravesar
They went through France on their way to Spain.
De camino a España atravesaron Francia.

(ejercicios) hacer, realizar
They went through a series of warm-up exercises.
Hicieron una serie de ejercicios de calentamiento.

(la tela) romperse
The elbow on my jacket has gone through.
Ha aparecido un agujero en el codo de la chaqueta.

go through with *llevar a cabo/término*
She couldn't go through with it.
No pudo llevarlo a cabo.

go together *ir bien, pegar*
Those two go really well together.
Esos dos pegan muy bien.

go towards *destinar a*
This money will go towards our honeymoon.
Este dinero irá para nuestra luna de miel.

go under *quebrar, ir a la quiebra*
The company went under after just three weeks.
La empresa quebró en sólo tres semanas.

(un barco) hundirse, (una persona) naufragar
The ship went under.
El barco se hundió.

go up *subir*
The balloon is going up in the air.
El globo está subiendo.

(precios) subir
Prices are going up.
Los precios están subiendo.

(el telón) levantarse
The curtain went up.
Se levantó el telón.

(una bomba) explotar
The bomb went up.
La bomba explotó.

(GB) empezar un curso universitario
The students went up in October.
Los estudiantes empezaron el curso en octubre.

go up to *(escaleras) subir*
She went up to his bedroom.
Subió a su cuarto.

acercarse
She went up to him.
Se le acercó.

llegar hasta
This road goes up to Newcastle.
Esta carretera llega hasta Newcastle.

(en la liga) subir, ascender
The team went up to the first division.
El equipo ascendió a la primera división.

go with *pegar con*
That hat goes well with those trousers.
Ese sombrero conjunta bien con esos zapatos.

llevar aparejado
The car goes with the job.
El puesto lleva aparejado coche de empresa.

ser compatible con
Happiness doesn't necessarily go with wealth.
A la felicidad no necesariamente le acompaña la riqueza.

(un plan) adoptar, compartir
We're going to go with the president's plan.
Vamos a adoptar el plan del presidente.

go without *pasar sin, privarse de*
I can't go without television.
No puedo vivir sin televisión.

Goad *incitar, provocar*

goad into *incitar a alguien a hacer algo*
They goaded him into doing it.
Le incitaron a hacerlo.

Gobble *engullir*

gobble down *(comida, bebida) engullir, beberse*
She gobbled down all the wine.
Se bebió todo el vino.

gobble up *(comida) engullir, (dinero, recursos) consumir en exceso*
He gobbled up all the food.
Engulló toda la comida.

Goof *(n) bobo, idiota*

goof about/around *hacer el tonto*
Stop goofing around.
Deja de hacer el tonto.

goof off *no hacer nada*
I'm going to goof off for a while.
Voy a dejar de trabajar un rato.

Grab *agarrar*

grab at *agarrar*
She grabbed at his hand.
Agarró su mano.

Grapple *forcejear*

grapple with *(un problema) batallar con, esforzarse por resolver*
They were grappling with a moral dilemma.
Batallaban con un dilema moral.

Grasp *asir, agarrar*

grasp at *asir*
She grasped at his hand.
Asió su mano.

Grass *(n) hierba*

grass on *chivarse de alguien, delatar a alguien*
He grassed on her.
La delató.

Grind *moler*

grind away *trabajar como un esclavo*
We've been grinding away at grammar all day.
Llevamos todo el día machacando la gramática.

grind down *desgastar, tratar mal, minar*
They want to grind us down.
Quieren desgastarnos.

pulverizar, machacar
You need to grind the pepper down to powder.
Hay que moler los granos de pimienta.

grind on *seguir, proseguir machaconamente*
This case has been grinding on for years.
Este caso lleva arrastrándose durante años.

grind out *trabajar mecánica o laboriosamente*
She just grinds out films to support her lifestyle.
Produce películas de manera mecánica para poder pagar su tren de vida.

grind up *moler*
You need to grind up the coffee beans.
Tienes que moler el café.

Grope *ir a tientas*

grope about *buscar a tientas*
They've been groping about for a solution to the problem.
Llevan tiempo buscando a tientas una solución al problema.

Grow *crecer*

grow apart *separarse, distanciarse paulatinamente*
She and her husband grew apart.
Se distanció de su marido.

grow away from *perder el contacto con*
I've grown apart from my old school friends.
He perdido el contacto con mis antiguos compañeros del colegio.

grow into *crecer*
The jacket is a bit big, but she'll grow into it.
La chaqueta es un poco grande, pero cuando crezca un poco será perfecta.

grow on *gustar cada vez más*
This book is growing on me.
Este libro me gusta cada vez más.

grow out of *quedarse pequeño*
I've grown out of these trousers.
Estos pantalones se me han quedado pequeños.

(una costumbre) perder
He still hasn't grown out of his childish habits.
Todavía no ha perdido sus costumbres infantiles.

surgir
The idea grew out of a dream.
La idea surgió de un sueño.

grow up *(una persona) crecer, hacerse hombre/mujer*
He grew up in Sheffield.
Creció en Sheffield.

(una ciudad) aparecer, crecer
Cities are growing up all over the place.
Crecen ciudades por todas partes.

expresión
Oh, just grow up!
¡Deja de actuar como un niño!
¡No seas crío!

grow up on *crecer a base de*
She grew up on vegetarian food.
Creció a base de comida vegetariana.

Grub *(n) larva, gusano*

grub about/around *rebuscar*
They were grubbing about in the rubbish bins looking for food.
Iban rebuscando en la basura esperando encontrar algo de comer.

Guard *guardar, proteger*

guard against *evitar*
They were guarding against retaliation.
Estaban intentando evitar represalias.

Guess *adivinar*

guess at *hacer conjeturas, suposiciones*
They guessed at his age.
Adivinaron su edad.

Gulp *(n) trago*

gulp down *tragar(se), engullir*
She gulped the medicine down.
Se tragó la medicina.

Gum *(n) encía*

<u>gum up</u> *pegar*
My eyes are all gummed up.
Se me pegaron los párpados.

Gun *(n) arma de fuego*

<u>gun down</u> *abatir a tiros*
They gunned them down in broad daylight.
Les abatieron a tiros a plena luz del día.

<u>gun for</u> *andar a la caza de, perseguir, tenerla tomada con*
They're gunning for him.
La tienen tomada con él.

H

Hack *cortar, despedazar*

<u>**hack about**</u> *(un texto) (re)cortar*
They hacked about at the text.
Iban cortando el texto.

<u>**hack at**</u> *(la vegetación) cortar*
They hacked at the vegetation.
Iban cortando la vegetación.

<u>**hack away**</u> *abrirse paso a machetazos*
She started to hack away at the vegetation with a machete.
Empezó a abrirse paso a machetazos entre la vegetación.

<u>**hack down**</u> *(un árbol) cortar, talar*
They hacked the tree down.
Talaron el árbol.

<u>**hack into**</u> *(en un sistema informático) entrar*
They hacked into the computer system.
Consiguieron entrar en el sistema del ordenador.

<u>**hack off**</u> *cortar*
They hacked off her hair.
Le cortaron el pelo.

<u>**hack through**</u> *abrirse camino a través de*
They hacked their way through the jungle.
Se abrieron camino a través de la jungla.

Hail *llamar, aclamar*

hail as *ensalzar, aclamar, proclamar*
She was hailed as a heroine.
La saludaron como a una heroína.

hail from *proceder de*
He hails from Manchester.
Es de Manchester.

Ham *(n) jamón*

ham up *sobreactuar*
They hammed the sketch up for the benefit of the spectators.
Sobreactuaron el sketch para agradar a los espectadores.

Hammer *(n) martillo*

hammer away *ponerse en serio con algo*
She kept hammering away at the report.
Trabajaba sin cesar en el informe.

hammer down *asegurar/cerrar con clavos*
They hammered the coffin down with six strong nails.
Cerraron el ataúd con seis clavos muy grandes.

hammer out *(un acuerdo) alcanzar, llegar a*
The details of the agreement were hammered out last week.
Los detalles del acuerdo fueron elaborados la semana pasada.

hammer together *juntar con clavos, clavar*
She hammered the two pieces of wood together.
Juntó las dos tablas de madera con clavos.

Hand *poner en manos de, entregar*

hand (a)round *pasar de mano en mano*
Hand the papers round, please.
Reparte los papeles, por favor.

hand back *devolver*
You've got to hand the key back next week.
Tienes que devolver la llave la semana que viene.

hand down *dejar en herencia, (tradiciones) transmitir*
They hand down the knowledge from generation to generation.
Transmiten sus conocimientos de generación a generación.

(un objeto) bajar
Could you hand that box down?
¿Me podrías bajar esa caja?

fallar, condenar
They handed down a severe sentence.
Emitieron una sentencia muy severa.

hand in *entregar*
I have to hand in the work next week.
Tengo que entregar el trabajo la semana que viene.

(la dimisión) presentar, dimitir
He handed in his notice.
Dimitió.

hand on *(un objeto) pasar*
She handed on the company car and the portable computer to her successor.
Pasó el coche de empresa y el ordenador portátil a su sucesor.

hand out *distribuir*
I've got to hand out the prizes.
Tengo que distribuir los premios.

(un consejo) dar
She was handing out a lot of useful advice.
Daba muchos consejos útiles.

fallar, condenar
They handed out severe sentences.
Emitieron unas sentencias muy severas.

hand over *entregar*
She handed the letter over.
Entregó la carta.

(responsabilidad) ceder/delegar
She didn't want to hand over responsibility for the project.
No quiso delegar la responsabilidad sobre el proyecto.

hand over to *(la palabra), dar*
I'd just like to hand over to Mike who's got something to say about this.
Me gustaría dar la palabra a Mike que tiene algo que decir al respecto.

Hang *colgar*

hang about/around *no hacer nada, esperar*
He was hanging around with nothing to do.
Esperaba sin tener nada que hacer.

frecuentar, rondar, merodear
They like to hang around here.
Les gusta frecuentar este lugar.

She hangs around with really strange people.
Va con gente muy rara.

hang back *resistirse, vacilar, dudar*
We should stop hanging back and just sign the contract.
Deberíamos dejarnos de titubeos y firmar el contrato.

echarse atrás
He was nervous about it so he hung back.
Estaba nervioso, así que se echó atrás.

quedarse atrás
She likes to hang back after class to talk to the teacher.
Le gusta quedarse después de la clase para hablar con el profesor.

hang on *esperar*
Can you hang on for a minute?
¿Podrías esperar un minuto?

aguantar, resistir
He was badly injured but he managed to hang on till the ambulance arrived.
Estaba gravemente herido, pero consiguió aguantar hasta que llegó la ambulancia.

mantenerse, resistirse a los cambios
She wants to hang on to the power she has here.
Quiere mantenerse en el poder.

guardar, conservar
You should hang on to that chair – it might be worth something in a few years.
Deberías conservar esa silla, quizás valga algo dentro de un par de años.

depender de
Our future hangs on the success of this new product.
Nuestro futuro depende del éxito de este nuevo producto.

<u>hang onto</u> *conservar*
She wants to hang onto her position.
Quiere conservar su posición.

<u>hang out</u> *tender*
It looked like it was going to rain so he didn't hang out the washing.
Parecía que iba a llover, así que no tendió la ropa.

<u>hang out</u> *pasar el rato*
They like hanging out here.
Les gusta pasar el rato aquí.

soltarse el pelo
You should let all your hair hang out.
Deberías soltarte el pelo un poco.

<u>hang over</u> *(un problema) pender, amenazar*
The problem is hanging over us.
Tenemos un problema a la vista.

<u>hang together</u> *mantenerse unidos*
She urged them to hang together.
Les rogó que se mantuvieran unidos.

encajar, concordar
His ideas didn't hang together very well.
Sus ideas no tenían mucha lógica.

<u>hang up</u> *(teléfono) colgar*
Please don't hang up.
Por favor, no cuelgues.

(un objeto) colgar
Can you hang your coat up, please.
¿Podrías colgar el abrigo, por favor?

estar acomplejado por algo
He's all hung up about the size of his ears.
Está acomplejado por el tamaño de sus orejas.

<u>hang up on</u> *(teléfono) colgar*
Please don't hang up on me.
Por favor, no me cuelgues.

Hank after *desear*

We hank after a home of our own.
Deseamos tener una casa propia.

Happen *ocurrir, suceder*

happen on/upon *encontrarse, toparse con*
We happened upon them in the street.
Nos topamos con ellos en la calle.

Hare *(n) liebre*

hare off *irse rápidamente*
They hared off at top speed.
Se fueron volando.

Hark *(exclamación)* ***¡hark!*** *¡escucha!*

hark back *recordar*
He harked back to the time he was in Paris.
Recordó su estancia en París.

Harp *(n) harpa*

harp on about *machacar*
Stop harping on about it.
Deja de dar la matraca con esto.

Hatch *incubar*

hatch out *salir del cascarón*
The baby crocodiles hatched out.
Los pequeños cocodrilos salieron del cascarón.

Haul *llevar, arrastrar*

haul in *arrestar*
They hauled him in for drunk driving.
Le arrestaron por conducir bajo los efectos del alcohol.

haul up *llevar ante*
She was hauled up in a court of law.
La llevaron ante el tribunal.

Have *poseer, tener*

have against *tener en contra*
What have you got against me?
¿Qué tienes en contra de mí?

have away/off *echar un polvo*
They had it off.
Echaron un polvo.

<u>have down</u> *invitar*
We're having Mike and Sue down for a few days.
Hemos invitado a Mike y Sue a pasar unos días con nosotros.

<u>have in</u> *llamar*
We had to have the doctor in.
Tuvimos que llamar al médico.

hacer entrar
Let's have her in!
¡Que entre!

invitar
We're having them in for supper.
Les hemos invitado a cenar.

tener manía a alguien
They have it in for me.
Me tienen manía.

<u>have off ⇨ have away</u>

coger vacaciones
He had last week off.
Estaba de vacaciones la semana pasada.

<u>have on</u> *tomar el pelo*
She's having you on.
Te está tomando el pelo.

(ropa) llevar
What did she have on?
¿Qué llevaba puesto?

tener muchos compromisos
I had a lot on this week.
Esta semana estaba muy ocupado.

(un aparato) tener enchufado
She had the radio on.
Tenía la radio enchufada.

tener información comprometida sobre alguien
They have something on you.
Tienen algo sobre ti.

have out *sacar*
I had a tooth out.
Me sacaron una muela.

resolver un problema hablando claramente
I'm going to have it out with him.
Voy a ponerle las cosas en claro.

have up *llevar a alguien ante los tribunales*
She was had up for shop-lifting.
Le procesaron por robar en tiendas.

Hawk *(n) halcón*

hawk about/around *hacer venta ambulante*
They are hawking some stolen goods around.
Están vendiendo la mercancía robada por las calles.

Head *dirigir*

head back *volver*
They headed back at 6pm.
Se dispusieron a volver a las seis de la tarde.

head for *dirigirse a*
They headed for Birmingham.
Se dirigieron a Birmingham.

head off *marcharse, emprender un viaje*
What time did they head off?
¿A qué hora emprendieron el viaje?

eludir, evitar
They managed to head off a disaster.
Consiguieron eludir el desastre.

head towards *acercarse a, encaminarse hacia*
We are heading towards new elections.
Nos encaminamos hacia unas nuevas elecciones.

head up *dirigir*
She's going to head up the new team.
Va a dirigir el nuevo equipo.

Heal *curar(se)*

heal over/up *curar(se), sanar*
The wounds haven't healed over yet.
Las heridas todavía no han cicatrizado.

Heap *amontonar*

heap on *colmar a*
The president heaped praise on the workers.
La presidenta colmó de alabanzas a los trabajadores.

heap up *amontonarse*
The rubbish has been heaping up.
La basura se ha amontonado.

Hear *oír*

hear about *saber sobre*
I've heard all about you.
Sé todo sobre ti.

hear from *tener noticias de*
Have you heard from Simon?
¿Has tenido noticias de Simon?

hear out *escuchar a alguien hasta el final*
Let's hear him out.
Que diga todo lo que quiera.

Heat *calentar*

heat up *calentar*
He's heating up the food.
Está calentando la comida.

(fig) calentarse, subir de tono
The situation is heating up.
La situación se está calentando.

Heave *llevar, arrastrar*

heave to *(un barco) estar/quedarse al pairo*
The ship heaved to.
El barco se quedó al pairo.

Hedge *(n) seto*

hedge in *atrapar en*
We're hedged in with problems.
Estamos rodeados de problemas.

hedge off *separar con un seto*
They hedged off the garden.
Separaron el jardín con un seto.

Help *ayudar*

help off with *ayudar a alguien a quitarse una prenda*
She helped him off with his trousers.
Le ayudó a quitarse los pantalones.

help on with *ayudar a alguien a ponerse una prenda*
He helped her on with her coat.
Le ayudó a ponerse el abrigo.

help out *ayudar*
She really helped me out.
Me ayudó mucho.

help to *servirse*
Help yourself to more biscuits.
Sírvete más galletas.

help up *ayudar a subir*
Could you help me up, please?
¿Me podrías ayudar a subir, por favor?

Hem *(n) dobladillo*

hem in *encerrar, cercar, rodear*
The troops were hemmed in.
Las tropas fueron rodeadas.

Herd *(n) rebaño*

herd together/up *reunirse en manada*
They herded together like sheep.
Eran como un rebaño de ovejas.

Hide *esconder, ocultar*

hide away *esconderse*
He's been hiding away for the past three weeks.
Lleva escondido tres semanas.

hide from *esconder de*
You can't hide the truth from me.
No puedes esconderme la verdad.

hide out *esconderse, desaparecer*
She's going to hide out till the situation has calmed down.
Va a desaparecer hasta que la situación se calme.

<u>hide up</u> *esconderse, enterrarse*
She hid up in a town in Texas.
Se escondió en un pueblo de Tejas.

Hike *aumentar*

<u>hike up</u> *(precios) subir de golpe, aumentar*
They always hike up prices before Christmas.
Los precios siempre suben antes de Navidad.

subir, levantar
She hiked her skirt up.
Se levantó la falda.

Hinge *(n) bisagra*

<u>hinge on/upon</u> *depender de*
Our success hinges on him.
Nuestro éxito depende de él.

Hint *(n) insinuación, indirecta*

<u>hint at</u> *hacer alusión a, aludir a*
They were hinting at a pay rise.
Aludían a un aumento de sueldo.

Hire *alquilar*

<u>hire out</u> *alquilar, (servicios) ofrecer*
They hire out motor boats.
Alquilan barcos a motor.

Hit *pegar, golpear*

<u>hit at</u> *(fig) golpear, dar*
They hit at him where it most hurt.
Le dieron donde más le dolía.

<u>hit back</u> *defenderse, devolver un golpe*
He used to hit his son until his son was old enough to hit back.
Solía pegar a su hijo, hasta que éste creció y pudo defenderse.

<u>hit off</u> *hacer buenas migas con alguien, caerse bien*
They really hit it off with one another.
Hicieron buenas migas.

<u>hit on</u> *ligar*
She was trying to hit on me.
Intentaba ligar conmigo.

hit on/upon *(una idea, solución) dar con*
They hit on an idea.
Se les ocurrió una idea.

hit out *lanzar golpes/ataques*
She used to hit out at him and throw plates.
Solía lanzarle golpes y tirarle platos.

atacar
He hit out at his critics.
Atacó a los que le criticaron.

Hitch *mover de un tirón*

hitch up *alzar, (falda, etc) subirse*
She had to hitch up her tights.
Tuvo que subirse las medias.

Hive *(n) colmena*

hive off *desprenderse de, vender*
They're going to hive off the underground to private companies.
Van a privatizar el metro.

Hold *sostener*

hold against *pensar mal de alguien, caer mal a alguien*
I was the winner. She's always held that against me.
Yo fui el ganador. Por eso siempre le caía mal.

hold back *refrenar*
She wasn't sure what to do so she held back.
No estaba segura de qué hacer, así que se quedó a la espera.

(fisicamente) frenar, retener
They held him back.
Le impidieron avanzar.

frenar, retrasar
The war is holding back a recovery in the economy.
La guerra está frenando la recuperación económica.

guardar
They're holding back reserves of petrol in order to provoke a price rise.
Están guardando las reservas de petróleo para provocar una subida de precios.

ocultar, no revelar
He seems to be holding something back.
Parece que oculta algo.

contener
He held back his tears.
Contuvo las lágrimas.

hold down *(un trabajo) conservar*
He finds it really hard to hold down a job.
Le es muy difícil conservar un trabajo.

oprimir
They've been holding us down for years – it's time for rebellion.
Llevan años oprimiéndonos; es la hora de rebelarse.

(precios) mantener
They are holding prices down.
Están manteniendo los precios.

reprimir
He couldn't hold his emotion down.
No pudo reprimir sus emociones.

(la comida) retener
He couldn't hold his food down.
No pudo retener la comida.

hold in *contener*
She was trying to hold her anger in.
Intentaba contener su enfado.

hold off *aplazar, posponer, retrasar*
They were worried about his health so they held off operating.
Les preocupaba su salud, así que aplazaron la operación.

defenderse contra, rechazar a
The soldiers managed to hold the attackers off for three days.
Los soldados consiguieron rechazar a los atacantes durante tres días.

(la lluvia) no decidirse
The rain held off.
No se decidía a llover.

hold on *aguantar, resistir*
Despite the difficult situation, they managed to hold on.
A pesar de la difícil situación, consiguieron resistir.

esperar
Hold on a minute!
¡Espera!

hold on to/onto *agarrarse a*
She was struggling to hold on to (onto) the rock.
Intentaba desesperadamente agarrarse a la roca.

aferrarse a
He's determined to hold on to his fortune.
Se aferra a su fortuna.

insistir en, aferrarse a
They mocked him but he held on to his beliefs.
Le tomaban el pelo, pero se aferraba a sus creencias.

guardar, conservar
You should hold on to that chair – it may be valuable one day.
Deberías conservar esa silla, algún día podría valer mucho.

guardar
Could you hold on to this for me?
¿Me podrías guardar esto?

hold out *(la mano) tender*
She held out her hand when she met him.
Cuando le conoció, le tendió la mano.

resistir hasta conseguir algo
He's holding out for a better deal.
No cejará hasta conseguir un mejor acuerdo.

resistirse
The rebels held out for three weeks.
Los rebeldes resistieron durante tres semanas.

ocultar
She's holding out on us.
Nos está ocultando algo.

aguantar
Supplies have held out.
Han quedado suficientes suministros.

esperar
They are holding out for a better deal.
Esperan un acuerdo mejor.

<u>hold over</u> *amenazar con*
Now he's got something to hold over us.
Ahora tiene algo con que amenazarnos.

posponer
The game will be held over till the following day.
Se pospone el partido hasta el día siguiente.

<u>hold to</u> *sostener*
He held her close to him.
La sostuvo cerca de él.

(la palabra, un acuerdo) cumplir
They won't hold to the agreement.
No cumplirán el acuerdo.

<u>hold together</u> *mantener unidos*
My uncle is the one who holds the family together.
Es mi tío quien mantiene unida a la familia.

no romperse
The car held together for the whole trip.
El coche aguantó bien durante todo el viaje.

<u>hold up</u> *(la mano) levantar*
The child wanted to answer the question so he held up his hand.
El niño quería contestar a la pregunta, así que levantó la mano.

apoyar, sujetar
The pillars were holding up the roof.
Los pilares sujetaban el techo.

bloquear, retener
Sorry, but I was held up by traffic.
Perdona, pero me retuvo el tráfico.

robar
The robbers held up the bank.
Los ladrones robaron el banco.

hacer que uno sea objeto de algo
The article held him up to ridicule.
El artículo le hizo quedar en ridículo.

(la presión) soportar bien
The company just couldn't hold up.
La empresa no pudo soportar la presión.

(una teoría) tenerse en pie
Your argument doesn't hold up.
Tu argumento no tiene lógica.

posponer
The launch of the product was held up.
Se pospuso el lanzamiento del producto.

poner a alguien como ejemplo
She was held up as the perfect example.
La pusieron como ejemplo perfecto.

hold with *aprobar, estar de acuerdo*
I don't hold with your ideas.
No estoy de acuerdo con tus ideas.

Hole *(n) agujero*

hole up *ocultarse, esconderse*
She holed up in Lisbon for three months to get away from everything.
Para huir de todo se ocultó en Lisboa durante tres meses.

Hollow *(n) hueco*

hollow out *vaciar, ahuecar*
They hollowed the inside out.
Vaciaron el interior.

Home *(n) casa, hogar*

home in on *fijarse en, (con)centrarse en*
The journalists wanted to home in on her relationship with the singer.
Los periodistas querían centrarse en su relación con el cantante.

home in on *buscar el blanco, apuntar a, dirigirse a*
The shark homed in on the trail of blood.
El tiburón se dirigió hacia la mancha de sangre.

Hook *enganchar*

hook up *conectar*
This computer is hooked up to a central one.
Este ordenador está conectado al ordenador central.

juntarse
They hooked up together and formed another band.
Se juntaron para formar otra banda.

Hoot *dar bocinazos*

hoot off *abuchear*
They hooted him off stage.
Le abuchearon hasta que abandonó el escenario.

Hop *saltar con un pie*

hop along *avanzar dando saltos/brincos*
The kangaroo hopped along.
El canguro avanzaba dando saltos.

hop off *largarse*
The frog hopped off.
La rana se largó de un salto.

bajar
I'm going to hop off at the next stop.
Voy a bajar en la siguiente parada.

hop on *subir*
Hop on the bus if you want to get home in time.
Sube al autobús si quieres llegar a casa a tiempo.

hop out *salir de un salto*
She hopped out of the back of the truck.
Saltó de la parte trasera del camión.

Hope *(tener esperanza) esperar*

hope for *esperar algo*
We were hoping for better results.
Esperábamos obtener mejores resultados.

Horse *(n) caballo*

horse about/around *hacer el indio*
He was horsing around with the children when he accidentally hurt one of them.
Estaba haciendo el indio con los niños y accidentalmente hirió a uno de ellos.

Hose *(n) manguera*

hose down *(la carrocería de un coche) limpiar con manguera*
She hosed the car down.
Limpió el coche con una manguera.

hose out *(el interior de algo) limpiar con manguera*
They hosed the boot of the car out.
Limpiaron el maletero del coche con una manguera.

Hot *(adj) caliente*

hot up *aumentar la tensión, (una situación) calentarse*
Things are starting to hot up.
Las cosas empiezan a calentarse.

Hound *acosar*

hound out *hacer que alguien abondone algo*
They hounded him out of his job.
Querían que abandonase el trabajo.

Howl *aullar*

howl down *acallar con gritos*
They howled him down.
Le acallaron con gritos.

Huddle *amontonarse*

huddle down/together/up *amontonarse, acurrucarse, apiñarse*
They huddled together for warmth.
Se apiñaron para entrar en calor.

Hunger *(n) hambre*

hunger after/for *ansiar algo*
They are hungering after victory.
Ansían la victoria.

Hunt *cazar*

hunt down *capturar, atrapar*
They hunted down and killed one of the terrorists.
Capturaron y mataron a uno de los terroristas.

hunt out *buscar, encontrar*
Could you hunt out those facts and figures I asked for?
¿Podrías buscar los datos que he pedido?

hunt up *cazar, dar con*
They're trying to hunt up some information about him.
Están intentando obtener alguna información sobre él.

Hurry *apresurarse*

hurry along *meter prisa a*
They hurried her along.
Le metieron prisa.

marcharse rápido

He hurried along.

Se fue deprisa.

hurry back *volver corriendo*

She hurried back home to talk to him.

Volvió corriendo a casa para hablar con él.

hurry on *seguir sin pararse, continuar haciendo algo deprisa*

She hurried on without stopping.

Seguía sin pararse.

hurry up *meter prisa a alguien, (trabajo) acelerar*

I really need to hurry the kids up in the morning.

Por las mañanas tengo que meter prisa a los niños.

expresión

Hurry up!

¡Date prisa!

Hush *callar*

hush up *encubrir, ocultar*

They tried to hush up the scandal at the palace.

En el palacio intentaron ocultar el escándalo.

callar/tapar la boca a alguien

They wanted to hush her up.

Querían taparle la boca.

Hustle *darse prisa*

hustle in *hacer entrar a empellones/empujones*

They hustled her in.

La hicieron entrar a empujones.

hustle out *hacer salir a empellones/empujones*

They hustled him out.

Le hicieron salir a empujones.

Hype *(n) propaganda, bombo*

hype up *exagerar, dar mucho bombo a*

They've really hyped the benefits of this medicine up.

Han exagerado mucho los beneficios de este medicamento.

I

Ice *(n) hielo*

<u>ice over</u> *(un lago) helarse, cubrirse de hielo*
The lake has iced over.
El lago se ha helado.

<u>ice up</u> *helarse*
The pipes have iced up.
Las tuberías se han helado.

Identify *identificar*

<u>identify with</u> *identificarse con*
I found it easy to identify with the baddie in that film.
Me identifiqué con el malo de esa película a la primera.

Idle *(adj) vago*

<u>idle away</u> *pasar el tiempo ociosamente*
She was idling the day away by reading a book.
Dejaba pasar el día leyendo un libro.

Impact *impactar*

<u>impact on</u> *causar un gran impacto en algo/alguien*
That really had an impact on her.
Eso le causó un gran impacto.

Impinge on *repercutir, influir en*

The cuts in defence spending have impinged on many companies.
Los recortes de gastos en defensa se han dejado sentir en muchas empresas.

Impose *imponer*

impose on/upon *imponer, abusar de*
They want to impose discipline on the children.
Quieren imponer disciplina a los niños.

Impress *impresionar*

impress on/upon *subrayar, recalcar*
We wanted to impress on them the dangers of skiing at this time of year.
Queríamos subrayarles los peligros de esquiar en esta época del año.

Improve *mejorar*

improve on/upon *mejorar, superar*
We need to improve on our previous performance.
Tenemos que superar nuestra última actuación.

Inch *(n) pulgada*

inch along/forward *avanzar muy despacio*
The soldiers slowly inched forward until they had surrounded the enemy.
Los soldados avanzaron lentamente hasta rodear al enemigo.

inch out *derrotar/ganar por muy poco*
Steve was inched out of the competition by Sandra.
Steve fue derrotado por Sandra por muy poco.

Include *incluir*

include in *incluir en*
We'd like to include you in the project.
Nos gustaría incluirte en el proyecto.

Indulge *satisfacer*

indulge in *darse el gusto/capricho, permitirse el lujo de*
He likes to indulge in a glass of whisky every night.
Le gusta darse el capricho de tomarse un vaso de whisky cada noche.

Infringe *infringir, (un derecho) violar*

infringe on *infringir*
I hate to infringe on your time, but I need some help.
Odio molestarte en tu tiempo libre, pero necesito ayuda.

Ink *poner tinta, pintar*

ink in *entintar*
You need to ink the drawing in now.
Ahora tienes que pintar el dibujo con tinta.

ink over *volver a escribir con tinta*
You need to ink over those lines.
Tienes que sobreescribir esas líneas con tinta.

Inquire *preguntar, informarse*

inquire after/about *preguntar por*
They inquired about prices.
Preguntaron por los precios.

inquire into *investigar, indagar*
The committee will be inquiring into the death of the aristrocrat.
El comité investigará la muerte del aristócrata.

Insist *insistir*

insist on *insistir en, exigir*
We insisted on doing it our way.
Insistimos en hacerlo a nuestra manera.

Insure *asegurar*

insure against *asegurar, hacer un seguro*
We've insured the house against fire and theft.
Hemos asegurado la casa contra incendio y robo.

Interfere *interferir*

interfere with *interferir, afectar a*
Stop interfering with my relationship.
Deja de interferir en mi relación.

Intrude *imponer*

intrude on *molestar, importunar a*
I hate to intrude on your privacy, but there's an emergency.
Siento molestarte, pero se trata de una emergencia.

Invite *invitar*

invite (a)round *invitar a alguien a casa*
We invited them around.
Les invitamos a venir a casa.

invite in *invitar a pasar*
We invited them in.
Les invitamos a pasar.

invite out *(al cine, a un restaurante, etc) invitar a salir*
She invited me out.
Me invitó a salir.

invite over *invitar a alguien a casa*
Let's invite the Smiths over for the weekend.
Invitemos a los Smiths a pasar el fin de semana en casa.

Iron *planchar*

iron out *(un problema) allanar, suavizar, solventar*
We've got to iron out a few difficulties.
Tenemos que allanar algunas dificultades.

Itch *picar*

itch for *tener muchas ganas de*
They are itching for a fight.
Tienen ganas de pelea.

J

Jack *(n) (herramienta) gato*

jack in *(un trabajo) dejar, abandonar*

I'm going to jack my job in.

Voy a dejar mi trabajo.

jack off *(US, ofensivo) hacerse una paja*

jack up *subir o levantar un coche con un gato*

We need to jack the car up.

Tenemos que levantar el coche con el gato.

(precios) alzar, (producción) aumentar

Inflation has jacked up interest rates.

La inflación ha hecho subir las tasas de interés.

(con jeringuilla) pincharse

Two drug addicts were jacking up in the park.

Dos drogadictos se pinchaban en el parque.

Jam *(n) mermelada*

jam in *meter por la fuerza, apretujar*

They jammed in as many people as they could.

Metieron dentro a tantas personas como pudieron.

jam on *(los frenos) pisar fuertemente*
She jammed on the brakes.
Frenó en seco.

jam up *atascar*
The machine has jammed up again.
La máquina se ha atascado otra vez.

Jazz *(n) jazz*

jazz up *animar*
I think the ad needs jazzing up.
Creo que el anuncio necesita más vida y más color.

Jerk *sacudir*

jerk off *(US, ofensivo) hacerse una paja*

jerk out *decir algo con voz entrecortada*
«I'm going», he jerked out, running off immediately afterwards.
«Me voy», dijo con voz entrecortada, y se fue corriendo.

Jet *(n) avión a reacción*

jet off *(en avión) salir de viaje*
They're jetting off to the Caribbean.
Se van de viaje al Caribe en avión.

Jiggle *menear(se)*

jiggle about/around *menear, sacudir, balancear*
He was jiggling the object about.
Estaba haciendo juegos malabares con el objeto.

Jockey *(n) jockey*

jockey for *maniobrar para/luchar por*
He's jockeying for a top job in the company.
Esta maniobrando para conseguir un puesto clave en la empresa.

Jog *hacer footing*

jog along *ir tirando*
We're jogging along very nicely.
Vamos tirando bien.

Join *juntar, unir*

join in *tomar parte, participar en*
Come and join in – you'll have fun.
Ven y participa; te lo pasarás bien.

colocar
This piece of wood joins on here.
Esta pieza de madera se coloca aquí.

join up *(en el Ejército) alistarse*
She joined up at the age of 17.
Se alistó a los 17 años.

unirse
Mike and Marta joined up in order to make it through the jungle together.
Mike y Marta se fueron juntos de viaje a la jungla.

Jolly *(adj) alegre, divertido*

jolly along *animar a*
We had to jolly them along.
Tuvimos que animarles.

Jot *(n) pizca*

jot down *apuntar, anotar*
I want to jot this joke down.
Quiero apuntar este chiste.

Juggle *hacer juegos malabares*

juggle with *falsear, falsificar*
They've been juggling with the figures.
Han estado falseando las cifras.

Jumble *(n) confusión*

jumble up *mezclar, confundir*
They've jumbled everything up.
Lo han confundido todo.

Jump *saltar*

jump about/around *dar saltos*
The children were jumping about.
Los niños daban saltos de alegría.

jump across *cruzar de un salto*
She jumped across the river.
Cruzó el río de un salto.

jump at *(una oportunidad) aprovechar*
He jumped at the offer.
No dejó escapar la oportunidad.

jump in *entrar deprisa*
The Government had to jump in to save the business.
El Gobierno tuvo que actuar con rapidez para salvar el sector.

jump on *saltar encima de*
She jumped on the chair.
Saltó encima de la silla.

echarse encima de, abroncar a
They jumped on him when he mentioned the possibility of a pay rise.
Se le echaron encima cuando mencionó la posibilidad de un aumento de salario.

jump out *saltar a la vista*
The poster really jumps out at you.
El póster salta mucho a la vista.

salir de un salto
He jumped out of bed.
Saltó de la cama.

jump over *saltar por encima de*
She jumped over the stream.
Saltó por encima del arroyo.

jump to *expresión*
Jump to it!
¡Date prisa!

jump up *ponerse de pie de un salto*
She jumped up when she saw the sergeant.
Cuando vio al sargento se puso de pie de un salto.

Jut out *sobresalir*

The land juts out into the sea.
La tierra sobresale en el mar.

K

Keel *(n) quilla*

keel over *(un barco) volcar, (una persona) derrumbarse*
The boat keeled over.
El barco volcó.

Keep *guardar, conservar*

keep at *perseverar*
Keep at it.
¡Continúa!
¡Sigue así!

keep away *mantener a distancia*
Keep that dog away from me.
Mantén a ese perro lejos de mí.

no dejar ir
They kept him away from school.
No le dejaron ir a la escuela.

evitar
Keep away from him.
Evítale.

keep back *ocultar*
You can't keep anything back from her.
No le puedes ocultar nada.

keep down *pasar desapercibido*
Keep your head down when she's around.
Procura pasar desapercibido cuando ella esté cerca.

mantener bajo, contener
They are trying to keep inflation down.
Están intentando mantener baja la inflación.

(comida) retener
He's finding it hard to keep his food down.
Le es difícil retener la comida.

keep from *ocultar*
She keeps lots of secrets from him.
Le oculta muchas cosas.

keep in *castigar sin salir*
He was kept in all day at school for being rude.
Le tuvieron castigado sin salir de la escuela por ser grosero.

mantener buenas relaciones con
You should keep in with them because they may be able to help you one day.
Deberías mantener buenas relaciones con ellos, porque un día podrían ayudarte.

keep off *no acercarse*
Keep off!
¡No acercarse!
¡No tocar!

Keep off the grass!
¡Prohibido pisar el césped!

keep on *mantener a alguien en el puesto*
She kept on only 30 of the 80 workers.
De los 80 obreros sólo mantuvo en el puesto a 30.

seguir
Keep on working.
Sigue trabajando.

insistir sobre
She kept on about it for ages.
Insistió sobre el tema durante mucho tiempo.

insistir/dar la lata a alguien para que haga algo
You've got to keep on at her, otherwise she won't do it.
Tienes que darle la lata, de lo contrario no lo hará.

keep out *excluir*
Keep me out of this.
No me metas en esto.

keep to *mantenerse*
Keep to the left.
Circule por la izquierda.

cumplir, respetar
You should always keep to the speed limit.
Siempre se debe respetar el límite de velocidad.

centrarse en, ceñirse a
Let's keep to the subject.
Ciñámonos al tema.

keep under *dominar a*
She keeps him under her thumb.
Lo tiene dominado.

keep up *seguir el ritmo*
I just can't keep up with you.
Simplemente no puedo seguir tu ritmo.

compensar
We need to increase our wages to keep up with inflation.
Tenemos que subir los salarios para compensar la inflación.

mantenerse informado
I like to keep up with the news.
Me gusta mantenerme informado.

mantenerse/estar al día
I have to work on the weekends in order to keep up with my work.
Tengo que trabajar los fines de semana para llevar el trabajo al día.

(el nivel) mantener
I've kept up my French.
He mantenido mi nivel de francés.

Key *(n) clave, llave*

key in *(en un ordenador) introducir datos, teclear*
You need to key your password in first.
Primero tienes que introducir tu contraseña.

key up *emocionar*
They are all keyed up.
Están muy emocionados.

Kick *dar un puntapié*

kick about *jugar con el balón*
Let's kick the ball about.
Juguemos con el balón.

sufrir malos tratos
He's been kicked about a lot.
Ha sufrido muchos malos tratos.

andar por ahí
It's kicking about there somewhere.
Andará por ahí.

kick against *protestar contra*
They were kicking against the new legislation.
Protestaban contra la nueva legislación.

kick around *darle vueltas a*
Let's kick some ideas around.
Vamos a pensar un poco.

tratar a alguien a patadas
She likes to kick people around.
Le gusta tratar a los demás a patadas.

kick away *apartar con el pie, dar una patada a*
She kicked the ball away.
Dio una patada al balón.

kick down *derribar a patadas*
The police kicked the door down.
La policía derribó la puerta a patadas.

kick in *tener efecto, entrar en vigor*
The new law should kick in next year.
La nueva ley entrará en vigor el año que viene.

romperle la cabeza a alguien
They kicked his head in.
Le rompieron la cabeza.

kick off *(en fútbol) hacer el saque inicial*
They kicked off half-an-hour ago.
El partido empezó hace media hora.

(un debate, una reunión) empezar
What time does the show kick off?
¿A qué hora empieza el espectáculo?

quitar con el pie
He lay down on the sofa and kicked his shoes off.
Se tumbó en el sofa y se sacudió los zapatos con los pies.

echar
The farmer kicked them off her land.
La granjera les echó de su tierra.

kick out *echar/darle la patada a alguien*
They kicked the ambassador out for spying.
Echaron al embajador por dedicarse al espionaje.

kick up *armar jaleo/lío*
They're really kicking up a fuss about it.
Están armando mucho jaleo con ello.

levantar polvareda
You could see the column of soldiers a mile away as they were kicking up dust.
La columna de soldados levantaba una polvareda que se podía ver a una milla de distancia.

Kill *matar*

kill of *exterminar, acabar con*
They've killed off all the animals that used to live in this forest.
Han exterminado a todos los animales que vivían antes en esta selva.

Kip *dormir*

kip down *dormir, pernoctar*
Do you mind if I kip down here tonight?
¿Te importa si me quedo aquí esta noche?

Kit *(n) equipo*

kit out *equipar con*
He was kitted out with winter clothes.
Estaba equipado con ropa de invierno.

Knit *hacer punto*

knit together *juntar, unir, soldar*
They've knitted the two different systems together.
Han unido los dos sistemas diferentes.

Knock *golpear*

knock about/around *pegar, maltratar*
She started knocking him around.
Empezó a pegarle.

holgazanear
She knocked around in India for a few years.
Holgazaneó en la India durante un par de años.

andar por ahí, pulular, circular
There are a few good copies of the record knocking around, but most of them are old and broken.
Circulan algunas copias buenas del disco, pero la mayoría están viejas y rotas.

ir con
She used to knock around with people from the other school.
Antes iba con los de la otra escuela.

knock back *beber de un trago*
She knocked back her fifth vodka.
Se bebió de un trago su quinta copa de vodka.

desconcertar
The bad news really knocked us back.
Las malas noticias nos desconcertaron mucho.

knock down/over *atropellar*
She was knocked down by a lorry.
Le atropelló un camión.

derribar
They're going to knock down the old cinema and build a new one.
Van a derribar el viejo cine y construir uno nuevo.

knock in *clavar*
She knocked the nail in with a hammer.
Clavó el clavo con un martillo.

chocar contra
Someone knocked in to her as she was walking down the street.
Alguien chocó contra ella cuando iba por la calle.

knock off *(el precio) (re)bajar*
Could you knock a bit off as it's not in perfect condition?
¿Podría rebajar un poco el precio ya que no está en perfectas condiciones?

(GB) robar, birlar

They knocked off thirty bikes from the school.

Birlaron treinta bicis de la escuela.

terminar de trabajar

What time do we knock off today?

¿A qué hora terminamos hoy?

matar

They're going to knock him off if he talks to the police.

Lo van a matar si habla con la policía.

tirar algo por accidente

She knocked one of the vases off the shelf.

Se le cayó uno de los floreros de la estantería.

knock out *dejar a alguien sin sentido/KO*

He knocked the other boxer out.

Dejó sin sentido al otro boxeador.

eliminar

They were knocked out in the last round.

Les eliminaron en la última vuelta.

dejar fuera de servicio

The planes knocked out the enemy radar system.

Los aviones dejaron fuera de servicio el sistema de radar enemigo.

dejar asombrado a

The news knocked me out.

Las noticias me dejaron pasmado.

knock over *atropellar*

The bus knocked her over.

La atropelló un autobús.

knock together *hacer algo deprisa*

Could you knock some food together?

¿Podrías hacer algo rápido para comer?

knock up *improvisar*

I've knocked up a model of the bank.

Improvisé una maqueta del banco.

despertar

They knocked me up at three in the morning.

Me despertaron a las tres de la madrugada.

Know *saber, conocer*

know about *saber acerca de*
Do you know anything about computers?
¿Sabes algo de ordenadores?

know of *saber acerca de*
I didn't know of their existence.
No sabía nada de su existencia.

know to *ser conocido como*
He's known to his friends as «Big Willy».
Sus amigos le conocen como «Big Willy».

Knuckle *mirar*

knuckle down *hacer algo con ahínco, dedicarse a algo en serio*
She needs to knuckle down and do some serious work.
Tiene que hincar bien los codos y ponerse a trabajar en serio.

knuckle under *darse por vencido, rendirse, pasar por el aro*
We won't knuckle under to your demands.
No nos dejaremos avasallar por tus exigencias.

L

Lace *(n) (de zapato) cordón*

<u>lace up</u> *(zapatos) atarse*
You need to lace your boots up.
Tienes que atarte las botas.

Ladle *(n) cazo*

<u>ladle out</u> *(sopa) servir*
He ladled out the soup.
Sirvió la sopa.

(simpatía, encanto) prodigar, derrochar
She loves to ladle out advice to everyone.
Le encanta prodigar consejos a todo el mundo.

Lag *(n) intervalo, lapso*

<u>lag behind</u> *retrasarse*
Stop lagging behind.
Deja de retrasarte.

quedarse atrás
We're lagging behind in scientific research.
En la investigación científica estamos en la cola.

Land *(n) tierra*

<u>land in</u> *acarrear, traer*
It'll land her in a mess if she's not careful.
Le traerá problemas si no tiene cuidado.

<u>land up</u> *acabar en, ir a parar a*
He landed up in Greenland.
Acabó en Groenlandia.

<u>land with</u> *endosar*
They landed us with all the problems.
Nos endosaron todos los problemas.

Lap *lamer*

<u>lap against</u> *(las olas) besar, tocar, lamer*
The waves were lapping against the side of the boat.
Las olas lamían el costado del barco.

<u>lap up</u> *aceptar con entusiasmo, absorber, aprender con facilidad*
Children lap up everything you tell them.
Los niños absorben todo lo que se les dice.

sorber con ganas
The cat lapped up the cream.
El gato sorbió la nata con mucho entusiasmo.

Lapse *(n) error*

<u>lapse into</u> *caer, sumirse en*
They lapsed into silence.
Se sumieron en el silencio.

Lark *(n) broma*

<u>lark about/around</u> *hacer trastadas, trastear, gastarse bromas*
Stop larking about.
Deja de hacer trastadas.

Lash *(n) látigo, azote*

<u>lash down</u> *(una embarcación) atar, amarrar*
We need to lash the motorboat down.
Tenemos que amarrar la lancha.

<u>lash out</u> *atacar, agredir a*
He just lashed out at me.
Intentó pegarme.

criticar fuertemente, arremeter contra alguien
She lashed out at the press.
Arremetió contra la prensa.

tirar la casa por la ventana
He's been lashing out on useless things.
Ha estado gastando mucho en cosas inútiles.

Last *durar*

last out *(dinero) llegar*
The money should last out till the end of the month.
El dinero debería llegarnos hasta fin de mes.

(persona) aguantar, resistir
We didn't think he'd last out.
No creíamos que iba a aguantar.

Latch *(n) picaporte*

latch on/onto *pegar*
You need to latch this part onto the top.
Tienes que pegar esta parte arriba del todo.

pegarse a
Mike latched on to me.
Mike se pegó a mí.

enterarse de
He never latched on to the truth.
Nunca supo la verdad.

Laugh *reírse*

laugh at *reírse de*
Stop laughing at me.
Deja de reírte de mí.

laugh down *ridiculizar a*
They laughed him down.
Le pusieron en ridículo.

laugh off *tomarse algo a risa/a la ligera*
You should try to laugh it off.
Deberías intentar tomártelo a risa.

Launch *lanzar*

launch into *(una actividad) emprender, embarcarse en*
She launched into a speech about children's rights.
Se embarcó en un discurso sobre los derechos de los niños.

Lay *(sobre una mesa) poner, extender*

lay aside *apartar, reservar*
She laid the cup aside.
Apartó la taza.

abandonar, dejar a un lado
They should lay aside their interests and come to talk.
Deberían dejar a un lado sus intereses y venir a hablar.

lay before *presentar, exponer*
The manager laid the new plan before her employees.
La jefa expuso el nuevo plan a sus empleados.

lay by *(dinero) guardar, ahorrar*
I've laid a bit of money by for my old age.
Ahorré algo de dinero para la vejez.

lay down *dejar, poner*
He laid his knife and fork down.
Dejó el tenedor y el cuchillo.

(una norma, ley) establecer
The new law lays down rules for dealing with this type of problem.
La nueva ley establece procedimientos para tratar con este tipo de problemas.

(armas) deponer
They have laid down their weapons.
Han depuesto las armas.

(la vida) dar
They are willing to lay down their lives for the cause.
Están dispuestos a morir por la causa.

lay in *(provisiones) abastecerse de*
They've laid in supplies in case of an emergency.
Se han abastecido de suministros por si hay una emergencia.

lay into *arremeter contra*
They laid into her and demanded to know what happened.
Arremetieron contra ella y exigieron saber qué ocurrió.

lay off *despedir*
300 workers were laid off.
Despidieron a 300 trabajadores.

(un vicio) dejar, abandonar
She's laid off drinking for a while.
Lleva una temporada sin beber.

expresión
Just lay off, will you?
¡Déjame en paz, por Dios!

lay on *ofrecer, organizar, preparar*
They laid on a fantastic party.
Ofrecieron una fiesta espléndida.

culpar a alguien, echarle la culpa a alguien
They are always trying to lay the blame on us.
Siempre intentan echarnos la culpa de todo.

exagerar
He loves to lay it on.
Le encanta exagerar.

lay out *colocar, poner*
Lay the pages out on the table, please.
Coloca las páginas en la mesa, por favor.

exponer
Monica laid out the plan in detail.
Monica expuso el plan con detalle.

distribuir, organizar, disponer
What's the best way to lay this room out?
¿Cuál es la mejor manera de organizar esta habitación?

gastar
Getting married means you have to lay out a fortune.
Casarse supone gastar una fortuna.

dejar fuera de combate
She hit him and laid him out.
Le pegó y le dejó fuera de combate.

lay up *estar enfermo*
She's laid up in bed with flu.
Está en la cama con gripe.

Lead *dirigir*

lead away *llevarse*
The police led him away.
Se lo llevó la policía.

lead back *llevar de vuelta*
This road leads you back to the main road.
Por este camino se vuelve a la carretera principal.

(a una conclusión) llevar
It all leads back to the maid.
Todo nos lleva de nuevo a la criada.

lead in *conducir, hacer entrar a alguien*
They led him in to the interview room.
Le condujeron hacia la sala de entrevistas.

(un tema) introducir
He used the joke as a way of leading in to the main topic.
Se sirvió de un chiste para introducir el tema principal.

lead off *(un pasillo, camino) comunicar, bifurcarse, salir*
Three rooms lead off from the dining room.
Tres habitaciones comunican con el comedor.

empezar
Who's going to lead off?
¿Quién va a empezar?

lead on *dar falsas esperanzas, engañar*
He led her on.
Fue dándole falsas esperanzas.

lead on to *generar, dar origen a, conducir a*
The discovery of the lost treasure lead on to more expeditions.
El descubrimiento del tesoro perdido dio origen a otras expediciones.

(una puerta, ventana) dar a
This door leads on to a balcony.
Esta puerta da a un balcón.

lead up to *llevar a, conducir a*
What were the events that lead up to her death?
¿Cuáles fueron los acontecimientos que le llevaron a la muerte?

preceder
I love the last few days that lead up to a holiday.
Me encantan los últimos días que preceden a las vacaciones.

(el terreno) preparar
She was slowly leading up to her main point.
Lentamente iba preparando el terreno para dar su punto de vista.

Leaf *(n) hoja*

leaf through *(un libro) hojear*
I caught her leafing through my diary.
La pillé hojeando mi diario.

Leak *tener gotera, (un barco) hacer agua*

leak away *perder líquido debido a una fuga*
The liquid was slowly leaking away.
El líquido se iba lentamente.

leak in *(un líquido) entrar*
The water was leaking in through the hole.
El agua iba entrando por el agujero.

leak out *(un líquido) irse, escaparse*
The water was leaking out through a hole in the pipe.
El agua se iba por un agujero en la tubería.

divulgarse, filtrarse sin autorización
News of the affair was leaked out.
Se filtraron las noticias sobre la relación.

Lean *inclinarse*

lean back *reclinarse*
She leant back and let the doctor examine her.
Se reclinó y dejó que el médico la examinara.

lean forward *inclinarse hacia delante, asomarse*
You'll have to lean forward if you want to see better.
Tendrás que asomarte si quieres ver mejor.

lean on *apoyar*
She was leaning her head on the pillar.
Apoyaba su cabeza en la columna.

intimidar, presionar
They're leaning on him – they're after more money.
Le están presionando; quieren más dinero.

lean out *asomarse*
You shouldn't lean out of the window – it's dangerous.
No deberías asomarte tanto por la ventana: es peligroso.

lean over *inclinarse/asomarse por encima de*
She leant over him to get the book.
Tuvo que inclinarse por encima de él para coger el libro.

Leap *saltar*

<u>leap about</u> *dar saltos, brincar*
The little lamb was leaping about.
El pequeño cordero brincaba.

<u>leap out at</u> *saltar*
The name leapt out at me.
El nombre me saltó a la vista.

<u>leap up</u> *ponerse de pie de un salto*
She leapt up when she heard him coming.
Cuando le oyó llegar se puso de pie de un salto.

Learn *aprender*

<u>learn off</u> *aprenderse de memoria*
She learned it off by heart.
Se lo aprendió de memoria.

Leave *abandonar*

<u>leave behind</u> *dejar, abandonar*
Some parents had to leave their children behind.
Algunos padres no pudieron llevarse a sus hijos.

dejarse algo
Oh no! I think I've left my keys behind.
¡Oh, no! Creo que me he dejado las llaves en casa.

dejar atrás
They're in danger of being left behind.
Se arriesgan a quedarse atrás.

<u>leave off</u> *excluir*
They deliberately left her off the list of participants.
Deliberadamente no la incluyeron en la lista de participantes.

terminar, parar, dejar de hacer algo
They went out when it left off raining.
Salieron cuando dejó de llover.

<u>leave on</u> *(una prenda) dejarse puesto*
You should leave your coat on – it's cold.
Deberías dejarte puesto el abrigo, hace frío.

(la televisión, luz) dejar encendido
Don't leave the light on – it wastes electricity.
No dejes la luz encendida, malgasta la electricidad.

leave out *excluir, omitir, dejar al margen de*
Why did they leave him out of the team?
¿Por qué no le incluyeron en el equipo?

dejar fuera/en la calle
We left the cat out last night.
Anoche dejamos el gato fuera.

expresión
Leave it out!
¡Vale ya!

leave over *quedar, sobrar*
Nothing's left over.
No ha sobrado nada.

Lend *prestar*

lend out *prestar, dejar llevar fuera*
How many books do they lend you out in this library?
¿Cuántos libros puedes llevarte de esta biblioteca?

Let *dejar, permitir*

let away *dejar salir*
What time did they let you away?
¿A qué hora te dejaron salir?

let by *dejar pasar*
She let that opportunity by.
Dejó pasar aquella oportunidad.

let down *desilusionar, fallar a*
They really let me down by not turning up.
El que no asistieran me desilusionó mucho.

let down *traicionar, descubrirse a sí mismo*
His bad temper really let him down.
Le traicionó su mal humor.

desinflar
He was so angry that he let the tyres down on her car.
Estaba tan enfadado que le pinchó las ruedas del coche.

bajar
I'm going to let the window down.
Voy a bajar la ventana.

let in *(luz) dejar entrar*
This window really lets the light in.
Esta ventana deja entrar mucha luz.

(a una persona) dejar entrar
They let me in to the house.
Me dejaron entrar en la casa.

let in for *meterse en*
Do you know what you're letting yourself in for?
¿Sabes en lo que te estás metiendo?

let in on *revelar, contar algo íntimo*
Are you going to let me in on your secret?
¿Vas a contarme tu secreto?

let into *revelar, contar algo íntimo*
I'll let you into a secret...
Te contaré un secreto...

dejar entrar
They let me into the building.
Me dejaron entrar en el edificio.

let off *dar vacaciones*
They let me off a few days.
Me dieron un par de días de vacaciones.

perdonar, dejar libre, exculpar
The judge let her off – she didn't even have to pay a fine.
El juez la exculpó; ni siquiera tuvo que pagar una multa.

(un arma) disparar, (una bomba) activar, poner
They let the bomb off during the evening.
Activaron la bomba por la tarde.

let on *(un secreto) revelar*
They never let on what it was about.
Nunca dijeron de qué se trataba.

let out *dejar escapar, soltar*
When he saw the rescue team arrive, he let out a long sigh of relief.
Cuando vio el equipo de rescate, dejó escapar un suspiro de alivio.

poner en libertad
They let him out after three days.
Le pusieron en libertad después de tres días.

acompañar a la salida
I'll let you out.
Te acompaño a la puerta.

alquilar
She let her flat out.
Alquiló su piso.

let past *(a una persona) dejar pasar*
You're going to have to let me past.
Tendrás que dejarme pasar.

let up *(un temporal) amainar*
The rain finally let up after four days.
Finalmente, después de cuatro días dejó de llover.

Level *nivelar*

level off/out *(el terreno) nivelarse, (precios) estabilizarse*
Unemployment figures seem to have levelled off.
Parece que las cifras de desempleo se han estabilizado.

level with *ser honesto/franco, hablar claro*
I've always levelled with you.
Siempre te he hablado con franqueza.

Lick *lamer*

lick off *quitar/secar/limpiar a lametazos*
She licked the milk off her lips.
Se lamió los restos de la leche de los labios.

Lie *tumbar*

lie about/around *dejar las cosas sin recoger*
She always leaves her things lying around.
Siempre deja sus cosas tiradas.

tumbarse a la bartola
We spent all day just lying around, doing nothing.
Pasamos el día tumbados a la bartola, sin hacer nada.

lie back *recostarse*
He lay back and closed his eyes.
Se recostó y cerró los ojos.

lie behind *estar detrás de*
What lies behind the student protests?
¿Qué hay detrás de las protestas de los estudiantes?

lie down *acostarse, tumbarse, echarse*
I think I'm going upstairs to lie down for a while.
Creo que subiré a acostarme un rato.

lie in *seguir en la cama, quedarse en la cama hasta tarde*
She lay in very late this morning.
Esta mañana se quedó en la cama hasta muy tarde.

lie up *esconderse*
She lay up in the mountains for a few days.
Se escondió en las montañas durante un par de días.

lie with *(responsibilidad) yacer, tener*
The responsibility for this lies with others.
Son otras las personas responsables de todo esto.

Lift *alzar, levantar*

lift down *bajar en brazos*
She lifted him down from the top of the cupboard.
La bajó en brazos desde la altura del armario.

lift off *despegar*
The plane lifted off and disappeared into the night.
El avión despegó y desapareció en la oscuridad.

lift out *sacar en brazos*
We lifted him out of the barrel.
Le sacamos del barril en brazos.

lift up *alzar, levantar, elevar*
We had to lift them up so they could see.
Tuvimos que levantarles para que pudieran ver.

Light *iluminar*

light on/upon *ver de repente, dar con la mirada*
The detective's eyes lit on the box of cigarettes next to the bed.
El detective vio de repente la caja de cigarrillos al lado de la cama.

light up *iluminarse*
The button lights up when someone is calling.
El botón se ilumina cuando alguien está llamando.

(la cara) iluminarse
Her face lit up when she saw him.
Se le iluminó la cara al verle.

(un cigarrillo) encender
He took off his jacket and lit up.
Se quitó la chaqueta y encendió un cigarrillo.

light upon *ver de repente, dar con la mirada*
Her eyes lit upon the newspaper headline.
Su mirada se posó en el titular del periódico.

Lighten *aclarar(se)*

lighten up *expresión*
Lighten up!
¡No te pongas así!

Liken *comparar*

liken to *comparar con*
They likened the sensation to the pain of childbirth.
Compararon la sensación con el dolor del parto.

Limber *(adj) flexible*

limber up *entrar en calor, precalentar*
We should limber up before starting the exercises.
Deberíamos hacer precalentamiento antes de empezar los ejercicios.

Line *alinear*

line up *alinearse, ponerse en fila*
The soldiers lined up for inspection.
Los soldados se pusieron en fila para la inspección.

alinear, colcar en línea
She lined all her books up on the shelf.
Alineó todos sus libros en la estantería.

organizar
She's lined up a three-month tour of the theatre group.
Organizó un viaje de tres días para el grupo de teatro.

apoyar
Many people have lined up behind the idea.
Muchos han apoyado la idea.

Linger *tardar*

linger behind *rezagarse*
She's always lingering behind.
Siempre se rezaga.

linger on *durar, persistir*
The smell of the smoke lingered on.
El olor del humo no se iba.

linger over *hacer un trabajo despacio, quedarse haciendo algo*
They were lingering over the work.
Tardaban mucho con el trabajo.

Link *vincular*

link together *juntar*
You need to link these two parts together with glue.
Hay que pegar estas dos piezas con cola.

link up *conectar*
This computer is linked up to a central one.
Este ordenador está conectado a un ordenador central.

unirse, fusionarse
The two companies linked up in order to form a bigger one.
Las dos empresas se fusionaron para formar otra más grande.

Listen *escuchar*

listen in *escuchar a escondidas*
She was listening in to our conversation.
Escuchó nuestra conversación a escondidas.

listen out for *estar a la escucha de, estar pendiente de*
Listen out for the group «Fork Fire» – they're the latest pop phenomenon.
Quédate pendiente del grupo «Fork Fire»: es el último fenómeno de la música pop.

listen to *escuchar a*
Are you listening to me?
¿Me estás escuchando?

Live *vivir*

live by *vivir de*
They live by their writing.
Viven de lo que escriben.

live down *enterrar, relegar al olvido*
He was never able to live down his reputation as a cheat.
Nunca logró borrar su fama de estafador.

live in *vivir en una residencia*
Did you live in while you were at university?
¿Viviste en una residencia cuando estudiabas en las universidad?

live off *vivir a costa de*
She lived off her parents all her life.
Vivió a costa de sus padres toda la vida.

live on *sobrevivir, perdurar*
She lived on another four years after the death of her husband.
Vivió otros cuatro años después de la muerte de su marido.

sobrevivir con
Most students have to live on just 4,000 euros a year.
La mayoría de los estudiantes viven con sólo 4.000 euros al año.

vivir de
Lots of people in this town live on welfare.
Muchas personas de esta ciudad viven de la seguridad social.

alimentarse de, vivir de
This shark lives on plankton.
Este tiburón se alimenta de plancton.

live out *acabar uno sus días*
She lived out the last twenty years of her life on a desert island.
Vivió los últimos veinte años de su vida en una isla desierta.

(una fantasía) hacer realidad, realizar
She wanted to live out her celebrity dream so she married a pop star.
Quería hacer realidad su sueño de ser famosa, así que se casó con una estrella de pop.

live through *vivir, experimentar*
I hope you never have to live through a world war.
Espero que nunca tengas que vivir una guerra mundial.

live together *convivir, vivir juntos*
How long have they been living together?
¿Desde cuándo viven juntos?

live up *pasarlo bien, divertirse*
They love to live it up.
Les encanta divertirse.

live up to *(expectativas) satisfacer, responder a*
I'll never be able to live up to your reputation.
Nunca podré estar a tu altura.

live with *vivir con, convivir*
I know you don't like the idea, but you'll just have to live with it.
Sé que no te gusta la idea, pero tendrás que acostumbrarte a ello.

Liven *animar*

liven up *animar(se)*
We need to liven this party up.
Hay que animar esta fiesta.

Load *cargar*

load down *cargar a alguien con un peso*
They loaded him down with three heavy bags.
Le cargaron con tres bolsas pesadas.

load up *cargar*
Load up the truck and let's get going.
Carga el camión y vámonos.

Loaf *(n) pan*

loaf about/around *holgazanear, gandulear*
Stop loafing about.
Deja de holgazanear.

Loan *prestar*

loan out *prestar*
Would you loan your car out?
¿Prestarías tu coche?

Lock *cerrar con llave*

lock away *guardar bajo llave*
He locked the diamond away in his safe.
Guardó el diamante en la caja fuerte.

encerrarse
She locked herself away in the attic where no one could find her.
Se encerró en el ático donde nadie podía encontrarla.

lock in *encerrar*
They locked him in, then went to look for the police.
Le encerraron y se fueron a buscar a la policía.

lock out *dejar fuera/en la calle*
He locked her out of the house and refused to let her in.
La dejó en la calle y se negó a dejarla entrar.

dejarse las llaves dentro de casa
Can you help me? I seem to have locked myself out.
¿Me podría ayudar? Me he dejado las llaves dentro de casa.

dejar sin trabajo por cierre patronal
The company locked the workers out.
La empresa dejó a los trabajadores sin trabajo por cierre patronal.

lock up *guardar bajo llave*
They locked up the documents and hid the key in the garden.
Guardaron los documentos bajo llave y la escondieron en el jardín.

encarcelar a
They should lock him up.
Deberían encarcelarlo.

cerrar con llave
Don't forget to lock up when you leave.
No olvides cerrar todo con llave cuando te vayas.

Log *apuntar, anotar, registrar*

log in/into/on *(informática) entrar, conectarse*
You can log into your account and find out how much you've got.
Puedes entrar en tu cuenta y mirar el saldo.

log out/off *(informática) salir, desconectarse*
Don't forget to log off when you aren't using the internet as it costs us.
No olvides desconectarte de Internet cuando no lo uses, porque cuesta dinero.

Loll *(la cabeza) colgar*

loll about/around *repantigarse, tumbarse a la bartola*
I love just lolling about in the sun.
Me encanta tumbarme al sol sin hacer nada.

Look *mirar*

<u>look after</u> *cuidar*
She asked me to look after her cat.
Me pidió que cuidara de su gato.

<u>look ahead</u> *mirar hacia delante/el futuro*
It's always good to look ahead and plan for the future.
Siempre conviene mirar hacia adelante y hacer planes para el futuro.

<u>look (a)round</u> *echar un vistazo*
Shopkeeper: Can I help you?
Customer: No, it's OK, I'm just looking around.
Dependienta: ¿Le puedo ayudar?
Cliente: No, gracias, sólo estoy echando un vistazo.

volver la cabeza
He looked around as he was walking away.
Cuando se alejaba volvió la cabeza.

<u>look at</u> *mirar*
That man is looking at me.
Ese hombre me está mirando.

examinar
We need to look carefully at this problem.
Tenemos que examinar cuidadosamente este problema.

enfocar
It depends how they look at it.
Depende de cómo lo enfoquen.

ver
Did you get a chance to look at the report?
¿Pudiste ver el informe?

(un motor, etc) revisar
That engine needs looking at.
Hay que revisar ese motor.

<u>look away</u> *apartar la mirada*
When I smiled at her, she looked away.
Cuando la sonreí, apartó la mirada.

<u>look back</u> *recordar*
She often looks back on the time when she lived on a farm.
A menudo recuerda la época en que vivía en una granja.

mirar atrás, volver la vista atrás
She looked back to see if he was still there.
Miró hacia atrás para ver si todavía seguía allí.

look down *mirar hacia abajo*
The cat looked down at me from the branch.
El gato me miró desde la rama de un árbol.

bajar la mirada/la vista
He looked down when they asked him about the money.
Bajó la mirada cuando le preguntaron por el dinero.

look down on *despreciar*
He looks down on the rest.
Desprecia a los demás.

(un edificio, una estructura) dominar
The castle looks down on the city.
El castillo domina la ciudad.

look for *buscar*
I'm looking for a new house.
Estoy buscando una nueva casa.

look forward to *alegrarse de antemano, estar deseando que suceda algo*
I look forward to hearing from you.
Quedo a la espera de recibir noticias suyas.

look in *hacer una breve visita a alguien*
I looked in on him to see if he was OK.
Le hice una breve visita para ver si estaba bien.

look into *investigar, examinar*
He is looking into the matter for me.
Está investigando el asunto para mí.

look on *quedarse mirando*
He just looked on while they played football.
Se quedó mirando mientras jugaban al fútbol.

look on/upon *considerar*
A lot of people look on weekend bar work as a way of getting some extra money.
Muchas personas consideran el trabajo de fin de semana en un bar como una manera de ganar dinero extra.

look onto *dar a*
The balcony looks onto the park.
La terraza da al parque.

look out *dar a*
The balcony looks out on the garden.
El balcón da al jardín.

expresión
Look out!
¡Cuidado!
¡Ojo!

look out for *buscar*
I'm looking out for some new door handles.
Estoy buscando unos nuevos tiradores para las puertas.

vigilar
She has to look out for her health.
Tiene que vigilar su salud.

ser atento, estar al tanto de
You need to look out for yourself here – it's dangerous.
Tienes que andarte con cien ojos por aquí: es un lugar peligroso.

cuidarse
You've got to look out for yourself.
Tienes que cuidarte.

look over *mirar por encima, repasar*
She looked over the report.
Miró el informe por encima.

look through *hojear, echar un vistazo*
Look through this book and tell me what you think.
Échale un vistazo a este libro y dime lo que piensas.

revolver
She looked through the objects to find the one she wanted.
Revolvió entre los objetos hasta encontrar lo que quería.

mirar sin ver
She just looked straight through me.
Me miró sin verme.

look to *fijar la mirada en*
We need to look to the future to find out what's going to happen.
Para saber lo que va a suceder debemos fijar nuestra mirada en el futuro.

tener puestas las esperanzas en
People these days are looking to solar energy as an alternative way of creating electricity.
Hoy en día la energía solar es considerada como un medio alternativo de generar energía eléctrica.

contar con alguien
Don't look to me for help.
Si piensas que te voy a ayudar, no cuentes conmigo.

look up *ir mejor*
Things are looking up.
Las cosas van mejor.

visitar
She wanted to look him up and ask him a few questions.
Quería visitarle y hacerle algunas preguntas.

(en un diccionario) buscar
I need to look up some information in the encyclopaedia.
Tengo que buscar unos datos en la enciclopedia.

look up to *admirar*
I look up to him.
Le admiro.

look upon *considerar*
He looks upon animals as his friends.
Considera a los animales como amigos.

Loom *surgir*

loom ahead *vislumbrarse, acechar*
Danger is looming ahead.
Un peligro nos acecha.

Loose *soltar*

loose off *disparar*
They loosed off a few rounds.
Dispararon algunas balas.

Loosen *aflojar*

loosen up *relajarse*
After his third drink, he was starting to loosen up.
Después de la tercera copa, empezó a relajarse.

(músculos) desentumecer, estirar
You need to loosen up your leg muscles.
Tienes que estirar los músculos de las piernas.

Lop *podar*

lop off *cortar*
They lopped the ends off.
Cortaron las puntas.

Lord *(n) lord, señor*

lord over *dominar, tratar despóticamente a*
Do you have to lord it over us all the time?
¿Nos tienes que mandar todo el tiempo?

Lose *perder*

lose out *salir perdiendo*
We really lost out on that deal.
En ese acuerdo salimos perdiendo.

Lounge *(n) salón*

lounge about/around *gandulear, holgazanear*
They've been lounging about all day.
Llevan todo el día sin hacer nada.

Lumber *(n) madero*

lumber about/
around *caminar pesadamente*
She was lumbering around in a daze.
Aturdida, caminaba pesadamente.

lumber back *volver a su sitio pesadamente*
He lumbered back to his seat.
Volvió a su sitio arrastrando los pies.

lumber with *cargar con*
I got lumbered with the baby all weekend.
Me cargaron con el bebé todo el fin de semana.

Lump *(n) masa*

lump together *poner juntos, tratar de la misma manera*
All the students were just lumped together, regardless of level.
Juntaron a todos los estudiantes, sin distinción de nivel.

Lure *atraer, tentar, seducir*

lure away *apartar, alejar*
She managed to lure him away and talk to him in private.
Se las arregló para apartarle y hablarle en privado.

Lust *(n) lujuria*

lust after/for *beber los vientos por alguien, desvivirse por algo/alguien*
All the class is lusting after him.
Toda la clase va detrás de él.

M

Magic *(adj) mágico*

magic away *hacer desaparecer*

She was hoping the drugs would magic the pain away, but it wasn't so easy.

Esperaba que las medicinas le aliviaran el dolor, pero no fue tan fácil.

Make *hacer*

make after *perseguir a*

The police made after her in a high speed chase.

La policía le persiguió a gran velocidad.

make away with *desaparecer con*

They made away with the stolen goods.

Desaparecieron con todo el botín.

make for *acarrear, crear*

His attitude will make for problems.

Su actitud acarreará problemas.

dirigirse hacia un sitio

He made for the chair before anybody else could get there.

Se dirigió hacia la silla antes de que nadie pudiera ocuparla.

make of *entender, interpretar*

What do you make of this?

¿Cómo lo interpretas?

make off *(un botín) llevarse*
He held up the bank and made off with the money.
Atracó el banco y se llevó el dinero.

escaparse, largarse
They made off in a stolen car.
Se escaparon en un coche robado.

make out *distinguir, reconocer*
I could make out the form of a figure in the distance.
Podía reconocer una silueta en la distancia.

considerar, entender
As far as I can make out, this painting is a fake.
Hasta donde alcanzan mis conocimientos, esta pintura es falsa.

(un cheque) extender
Just make the cheque out to «Hargreave Publishing».
Simplemente rellene un cheque a nombre de «Hargreave Publishing».

fingir, hacerse creer, aparentar ser
She made out she was rich.
Aparentaba ser rica.

irle a alguien
I wonder how they are making out.
Me pregunto cómo les va.

hacer creer, tomar por
They make him out to be an idiot.
Lo toman por idiota.

(US) darse el lote, meterse mano
They were making out behind a bus shelter.
Se estaban metiendo mano detrás de la marquesina de la parada del autobús.

make over *ceder en herencia*
The land was made over to her.
Heredó el terreno.

make up *inventar*
You just made that story up, didn't you?
Te acabas de inventar esa historia, ¿a que sí?

compensar, cubrir
Money from friends and relatives made up the difference.
El dinero de amigos y parientes compensó la diferencia.

(el tiempo) recuperar
You can make up the lost time over the weekend.
Puedes recuperar el tiempo perdido el fin de semana.

formar, completar
We need two more people to make up the group.
Necesitamos dos personas más para formar el grupo.

maquillarse
You don't need to make yourself up.
Tú no necesitas maquillarte.

hacer las paces, reconciliarse
Have you made up with Fred yet?
¿Ya has hecho las paces con Fred?

(la cama) preparar, hacer
They made up a bed for him in the dining room.
Le prepararon la cama en el salón.

integrar
These are the parts which make it up.
Éstas son las piezas que lo integran.

make up for *compensar*
Nothing can make up for the loss.
Nada puede compensar esa pérdida.

(el tiempo) recuperar
We can't do anything to make up for the time we lost doing this.
No hay nada que podamos hacer para recuperar el tiempo que perdimos haciéndolo.

make up to *congraciarse con*
I'll try and make it up to him next week.
Intentaré congraciarme con él la semana que viene.

Map *(n) mapa*

map out *proyectar, trazar, preparar, (una ruta) indicar en un mapa*
The plan had been carefully mapped out.
El plan había sido trazado minuciosamente.

March *marchar*

march in *entrar decididamente/con energía*
He marched in to the office and demanded an apology.
Entró en la oficina enérgicamente y exigió una disculpa.

march off *llevar a alguien por la fuerza*
They marched him off.
Se lo llevaron por la fuerza.

irse, marcharse
We marched off.
Nos marchamos.

march on *seguir marchando*
They marched on to the sound of the drums.
Siguieron marchando al son de los tambores.

march out *salir decididamente/con energía*
She marched out of the office.
Salió enérgicamente de la oficina.

march up to *acercarse decididamente a alguien*
She marched up to the policewoman and demanded an explanation.
Se acercó decididamente a una agente de policía y exigió una explicación.

Mark *marcar*

mark down *apuntar, anotar*
I'll have to mark the measurements down, otherwise I'll forget them.
Tendré que apuntar las medidas, de lo contrario, las olvidaré.

tomar a alguien por, tener a alguien fichado como
I had marked him down as dishonest, but it turns out he was very trustworthy.
Lo había tomado por un mentiroso, pero resulta que era muy honrado.

rebajar
They've marked down the price.
Han rebajado los precios.

(la puntuación) bajar
She marked them down for cheating during the exam.
Les bajó la puntuación por copiar durante el examen.

mark off *señalar, poner una marca en*
Read the story and mark off the parts you like best.
Lee la historia y marca las partes que más te gustan.

distinguir
Her sensual voice marked her off from the rest of the singers.
Su sensual voz la distinguía de los demás cantantes.

poner un señal, tachar
You need to mark the days off on the calendar.
Tienes que tachar los días en el calendario.

(una carretera, área) delimitar
You need to mark off the area where you are going to build the house.
Tienes que delimitar el área donde vas a construir la casa.

mark out *distinguir, denotar, señalar*
From the outside there's nothing that marks it out as a club.
Desde fuera, no hay nada que indique que se trata de un club.

mark up *(el precio) aumentar*
They marked up the price by 20%.
Subieron los precios en un veinte por ciento.

Marry *casar*

marry off *emparejar, casar*
She married off her son to the daughter of a rich chief.
Casó a su hijo con la hija de un jefe ricachón.

Mash *mezclar*

mash up *hacer un puré de*
You need to mash up the potatoes.
Tienes que hacer un puré de patatas.

Match *hacer juego con*

match up *hacer juego con, combinar, (versiones) coincidir*
The dress matches up with your shoes.
La falda hace juego con los zapatos.

buscar
We'll try to match you up to the type of job you want.
Intentaremos buscarte el tipo de trabajo que quieres.

match up to *estar a la altura de*
He never matched up to the expectations of his parents.
Nunca estuvo a la altura de las expectativas de sus padres.

Measure *medir*

measure off *medir*
You need to measure the lawn off before you plant the grass.
Antes de plantar el césped tienes que medirlo.

measure out *marcar*
For the game, you need to measure out two squares.
Para poder jugar, tienes que marcar dos cuadros.

measure up *dar la talla*
I never really measure up to her expectations of me.
Nunca estoy a la altura de sus expectativas.

medir
I measured up the room.
Medí la habitación.

Meddle *entrometerse*

meddle with *meterse*
Don't meddle in other people's business.
No te metas en los asuntos de los demás.

meddle with *manosear*
Who's been meddling with my things?
¿Quién ha estado tocando mis cosas?

Meet *encontrar(se)*

meet up *reunirse, encontrarse, quedar con*
What time do you want to meet up?
¿A qué hora quieres quedar?

juntarse, empalmar con
That road meets up with the main road.
Esta calle empalma con la principal.

Melt *fundir, derretir, disolver*

melt away *(nieve) derretirse, (oposición) desaparecer, disiparse*
The group of people at the airport melted away.
El grupo de personas en el aeropuerto se dispersó.

melt down *(metal) fundir*
The weapons were melted down and the metal was used to make toys.
Fundieron las armas y utilizaron el metal para hacer juguetes.

melt in *confundirse con, desaparecer*
The robbers melted into the crowd.
Los ladrones se confundieron con la multitud.

Mess *confusión, lío*

mess about/around *hacer el tonto/tonterías*
Stop messing about and go and tidy your room.
Deja de hacer tonterías y ve a ordenar tu cuarto.

toquetear
Who's been messing about with my computer? Now it's got a virus.
¿Quién ha estado toqueteando mi ordenador? Ahora tiene un virus.

mess up *echar a perder, estropear*
They really messed that meeting up.
Realmente echaron a perder aquella reunión.

desordenar
I think the child has messed your computer disks up.
Creo que el niño ha desordenado tus disquetes.

traumatizar
She's been really messed up ever since he left her.
Desde que la dejó, está traumatizada.

mess with *meterse con*
Don't mess with me.
No te metas conmigo.

Mete out *(castigo) dar, imponer, (justicia) aplicar*

They meted out severe punishments.
Impusieron unos castigos muy severos.

Mill *(n) molino*

mill about/around *circular en masa, pulular*
The crowd were just milling around.
La multitud sencillamente circulaba.

Mind *preocuparse*

mind out *expresión*
Mind out!
¡Cuidado!

Minister *(n) ministro*

minister to *ocuparse de, atender*
He'll minister to your needs.
Él se ocupará de tus necesidades.

Miss *omitir*

miss out *omitir*
You missed out three words.
Omitiste tres palabras.

pasar por alto
They missed him out of the trip.
No le incluyeron en el viaje.

miss out on *perderse, dejar pasar*
You missed out on a wonderful chance to really learn something.
Perdiste una gran oportunidad de aprender algo de verdad.

Mist *(n) niebla*

mist over/up *(un espejo) empañarse, velarse*
My goggles keep misting up.
Mis gafas de esquiar siguen empañándose.

mist over/up *(los ojos) llenarse de lágrimas*
His eyes misted over.
Sus ojos se llenaron de lágrimas.

Mix *mezclar*

mix in *añadir, echar*
Mix in three litres of vodka.
Añade tres litros de vodka.

mezclarse, ir con
At parties, they prefer to stay as a group – they don't like mixing in.
En las fiestas prefieren mantenerse como un grupo; no les gusta mezclarse con los demás.

mix up *confundir*
People mix me up with the actor, Andy García.
La gente me confunde con el actor Andy García.

mezclar
He recorded some traditional musical sounds and mixed them up with modern rock rounds.
Grabó algunos sonidos tradicionales y los mezcló con los cánones del rock moderno.

meterse en
She's mixed up in the affair.
Está metida en el asunto.

Model *(n) modelo, maqueta*

model on *seguir el ejemplo de*

This building was modelled on a similar one in Rome.

Este edificio se construyó imitando a otro de Roma.

Monkey *(n) mono*

monkey about/around *hacer travesuras/el indio/el tonto, juguetear*

Stop monkeying about and come to eat.

Deja de hacer el tonto y ven a comer.

manosear, toquetear, hurgar

Who's been monkeying around with my stereo system?

¿Quién ha estado toqueteando mi equipo de música?

Mooch about/around *no saber qué hacer, no tener nada que hacer*

She's been mooching about on her own all day.

Lleva todo el día dando vueltas sin tener nada que hacer.

Moon *(n) Luna*

moon about/around *andar pensando en las musarañas, vagar*

He was mooning about by himself.

Andaba solo pensando en las musarañas.

Mop *(n) fregona*

mop up *limpiar, enjuagar*

Can you mop that milk up, please?

¿Podrías limpiar esa leche con la fregona, por favor?

(un enemigo) terminar con

The troops mopped up all areas of resistance.

Las tropas limpiaron todas las áreas de resistencia.

Mope *estar deprimido*

mope about/around *andar alicaído/como alma en pena*

He was moping around the office.

Andaba por la oficina como alma en pena.

Mount *(n) monte*

mount up *aumentar, crecer*

Bills have been mounting up.

Las facturas se han acumulado.

Mourn *llorar*

mourn for *llorar la pérdida de algo/la muerte de alguien*
They are mourning the loss of their mother.
Están llorando la pérdida de su madre.

mourn over *afligirse por*
It's no good mourning over it.
De nada sirve afligirse por ello.

Mouth *(n) boca*

mouth off *hablar más de la cuenta*
He's been mouthing off about how much money they paid him.
Ha estado hablando más de la cuenta sobre cuánto le pagaron.

Move *mover*

move about/around *cambiar de lugar/casa*
I've moved around a lot since I was a child.
De niño me mudé de casa muchas veces.

(a un empleado) trasladar
I'm sick of being moved about.
Estoy harto de tantos traslados.

moverse, trajinar
Stop moving about!
¡Deja de moverte tanto!
¡Estate quieto!

move along *seguir andando*
Move along, please sir.
Caballero, siga circulando, por favor.

avanzar
We're moving along at a very slow pace.
Avanzamos muy lentamente.

move aside *apartar*
She moved the glass aside.
Apartó el vaso.

quitarse de en medio
Please move aside.
Por favor, quitaos de en medio.

move away *alejarse*
He moved away from the city and went to live in the country.
Se alejó de la ciudad y se fue a vivir al campo.

move back *volver*
We moved back home because it was too expensive.
Volvimos a casa, porque era demasiado caro.

retroceder
They moved the date back to the beginning of June.
Retrocedieron la fecha hasta principios de junio.

move down *descender, bajar*
Her favourite football team moved down to the second division.
Su equipo favorito descendió a segunda división.

move forward *avanzar*
They moved forward to get a better view.
Avanzaron para ver mejor.

adelantar
They brought the time of the meeting forward.
Adelantaron la hora de la reunión.

move in *mudarse, instalarse*
When did you move in?
¿Cuándo te mudaste?

intervenir
Police moved in to disperse the crowd.
La policía intervino para dispersar a la muchedumbre.

flirtear con
Look, they're moving in on our boyfriends.
Mira, están flirteando con nuestros novios.

move into *mudarse, instalarse*
We moved into the house last week.
Nos instalamos en esta casa la semana pasada.

move off *ponerse en marcha*
The horse moved off very slowly.
Muy lentamente, el caballo se puso en marcha.

move on *avanzar*
He's tired of living here – he wants to move on.
Está cansado de vivir aquí; quiere marcharse a otro lugar.

(una muchedumbre) dispersar
The police moved us on.
La policía nos dispersó.

cambiar de trabajo
I'd like to move on to a new job.
Me gustaría cambiar de trabajo.

move out *mudarse*
We had to move out because of the noise.
Tuvimos que mudarnos por el ruido.

move over *pasarse a, cambiarse a*
They're trying to move over to a democratic system.
Están intentando cambiarse a un sistema democrático.

cambiar de puesto, abdicar
She should move over and let her son become king.
Debería abdicar y dejar el trono a su hijo.

correrse a un lado
Could you move over a bit please? There's no space here.
¿Podrías correrte a un lado, por favor? Aquí no hay sitio.

move towards *pasarse a, cambiarse a*
He put forward a proposal to move towards changing the system.
Propuso iniciar el cambio a un nuevo sistema.

move up *hacer sitio*
Please move up so we can sit down too.
Por favor, haz sitio para que podamos sentarnos también.

(precios) subir
Share prices have been slowly moving up all month.
Las acciones han estado subiendo lentamente todo el mes.

(en deportes) ascender
The football team moved up to the first division.
El equipo ascendió a la primera división.

Mow *(hierba) cortar*

mow down *matar, segar la vida de*
They mowed down all the prisoners.
Fusilaron a todos los prisioneros.

Muck *(n) porquería*

<u>muck about/around</u> *hacer tonterías/el tonto*
Stop mucking around with that plug – it's dangerous.
Deja de hacer tonterías con ese enchufe: es peligroso.

fastidiar
He's been mucking me about.
Me ha estado fastidiando.

hurgar en
She's been mucking about with the engine.
Ha estado hurgando en el motor.

<u>muck in</u> *ayudar, arrimar el hombro*
You are expected to muck in when we need help.
Esperamos que nos eches una mano cuando necesitemos ayuda.

<u>muck out</u> *limpiar*
You've got to muck out the stable.
Tienes que limpiar el establo.

<u>muck up</u> *fallar, echar a perder*
I mucked up and we were eliminated.
Fallé y fuimos eliminados.

ensuciar
Look! You're mucking up your clothes.
¡Mira! Te estás ensuciando la ropa.

Muddle *embrollar, confundir*

<u>muddle along</u> *ir tirando*
You ought to take your studies more seriously instead of just trying to muddle along.
Deberías tomar más en serio tus estudios en vez de intentar sólo salir del paso.

<u>muddle through</u> *arreglárselas*
We didn't have the right equipment, but we managed to muddle through.
No teníamos el equipo adecuado, pero nos las arreglamos.

<u>muddle up</u> *confundir*
She always muddles our names up.
Siempre confunde nuestros nombres.

desordenar
Who's muddled up my files? They were in perfect order.
¿Quién ha desordenado mis ficheros? Estaban en perfecto orden.

liarse, estar hecho un lío
Now you're really muddled up.
Ahora estás hecho un lío de verdad.

Muffle *envolver*
muffle up *abrigarse bien*
He was muffled up.
Iba bien abrigado.

Mug *(n) taza*
mug up *(GB) empollar*
I need to mug up on my French.
Tengo que empollar el francés.

Mull *(vino) calentar junto con especias*
mull over *meditar, darle vueltas a*
I've been mulling over this idea for ages.
Llevo mucho tiempo dándole vueltas a la idea.

Muscle *(n) músculo*
muscle in *(GB) entrometerse*
He's trying to muscle in on my relationship with the boss.
Está intentando entrometerse en mi relación con el jefe.

Muster *(n) asamblea*
muster up *(valor) cobrar, reunir*
He couldn't muster up the courage to ask her out.
No conseguía reunir el valor para invitarla a salir.

N

Naff *(adj) (GB) cutre, hortera, de mal gusto*

naff off *(ofensivo) expresión*
Naff off!
¡Vete a paseo!
¡Que te den!

Nail *(n) clavo*

nail down *identificar*
You need to nail down the source of the problem.
Hay que identificar la raíz del problema.

(un acuerdo) cerrar
They managed to nail down an agreement.
Consiguieron cerrar el acuerdo.

fijar con clavos
They nailed the boards down.
Clavaron las tablas.

nail up *fijar con clavos*
She nailed the sign up on the wall.
Clavó el cartel en la pared.

sujetar con clavos
He nailed the container up.
Sujetó el contenedor con clavos.

Name *(n) nombre*

name after *nombrar por*
They named the building after the person who built it.
Pusieron al edificio el nombre de su constructor.

Narrow *(adj) estrecho*

narrow down *reducir, limitar*
The question narrows down to this: ...
La pregunta se reduce a esto: ...

Nestle *acomodarse*

nestle up *recostarse en alguien*
They nestled up to one another.
Se recostaron cómodamente el uno en el otro.

Nibble *mordisquear*

nibble at *mordisquear a*
She nibbled at the food.
Dio un mordisquito a la comida.

Nip *(GB) correr, ir a toda velocidad*

nip in (into) *entrar un momento*
I'm just going to nip in the shop to buy some chocolate.
Voy a entrar en la tienda un momento para comprar chocolate.

nip off *cortar, despuntar*
Nip the ends of the celery off.
Corta las puntas del apio.

nip out *salir*
I have to nip out for a minute.
Tengo que salir un momento.

Nod *asentir con la cabeza*

nod off *quedarse dormido*
She nodded off during the film.
Se quedó dormida durante la película.

Nose *(n) nariz*

nose about/around *curiosear, fisgonear*
The security guards were nosing around.
Los guardias de seguridad fisgoneaban.

<u>nose out</u> *encontrar, descubrir*
She always manages to nose out the truth.
Siempre descubre la verdad.

Notch *hacer una muesca en*

<u>notch up</u> *(un éxito, una victoria) apuntarse*
They notched up six consecutive victories.
Se apuntaron seis victorias consecutivas.

Note *(n) misiva, recado*

<u>note down</u> *apuntar*
She noted down all her observations.
Apuntó todas sus observaciones.

Number *(n) número*

<u>number among</u> *figurar entre*
She numbers among one of the best chess players in the world.
Figura entres las mejores jugadoras de ajedrez del mundo.

O

Object *(n) objeto*

<u>object to</u> *oponerse a*

She objected to his habit of putting his feet on the table.

Se opuso a su costumbre de poner los pies sobre la mesa.

Occur *ocurrir*

<u>occur to</u> *ocurrírsele a uno*

It never occurred to me.

Nunca se me había ocurrido.

Offer *ofrecer*

<u>offer up</u> *(un rezo) ofrecer, dedicar*

She offered up a prayer to the dead.

Dedicó una oración a los muertos.

Ooze *rezumar*

<u>ooze away</u> *agotarse poco a poco*

His energy was slowly oozing away.

Sus energías iban agotándose poco a poco.

<u>ooze out</u> *(líquido) salirse, rezumar, brotar*

A red-colourd liquid was oozing out of the container.

Un líquido de color rojo rezumaba del contenedor.

Open *abrir*

<u>open out</u> *(una carretera) ensancharse*
The road opens out further down.
Más adelante la carretera se ensancha.

(una persona) hacerse menos reservado, abrirse
She's been opening out a bit more.
Se está haciendo menos reservada.

(un libro, paraguas, plano, mapa) abrir
She opened the map out on the table.
Abrió el mapa en la mesa.

(una flor) abrirse
The flower opened out in the sun.
La flor se abrió con el sol.

desarrollar, extender
We need to open out this debate.
Hay que desarrollar más este debate.

<u>open onto</u> *(una ventana, terraza) dar a*
The window opens onto the street.
La ventana da a la calle.

<u>open up</u> *(una botella, caja, carta, un paquete, sobre) abrir*
She opened the letter up.
Abrió la carta.

(una ruta, calle bloqueada) despejar
The police opened the road up.
La policía despejó la carretera.

(un país) abrir
They have been opening up to world trade.
Se han abierto al comercio exterior.

(oportunidades) crear
The change of Government has opened up new possibilities.
El cambio de Gobierno ha creado nuevas expectativas.

(un negocio) empezar
She opened up the business in 1989.
Empezó el negocio en 1989.

(una tienda) abrir

She opened up the shop.

Abrió la tienda.

(fig) abrirse a los demás, sincerarse

He finds it difficult to open up and discuss his problems.

Le es difícil sincerarse y hablar de sus sentimientos.

disparar, abrir fuego

They opened up as the convoy passed.

Abrieron fuego al paso del convoy.

acelerar

She opened up on the motorway.

Aceleró mucho en la autopista.

ponerse algo más emocionante

The game opened up in the second half.

El partido se puso más emocionante en la segunda mitad.

Operate *operar*

operate on *operar a*

They operated on her.

La operaron.

Oppose *oponerse a*

oppose to *oponerse a, estar en contra de*

They are opposed to the agreement.

Se oponen al acuerdo.

Opt *optar*

opt for *optar por*

They opted for the cheapest model.

Optaron por el modelo más barato.

opt out *optar por dejar algo, decidir no hacer algo*

They opted out of the scheme.

Optaron por abandonar el proyecto.

Order *mandar*

order about/around *mandar de acá para allá, no parar de dar órdenes*

Stop ordering me about!

¡Deja de darme órdenes!

order back *mandar volver*
They ordered the troops back to base.
Mandaron a las tropas de vuelta a la base.

order in *mandar entrar*
They ordered her in.
La mandaron entrar.

order off *mandar irse*
The farmer ordered him off the land.
El granjero le dijo que abandonara las tierras.

order out *mandar salir*
The teacher ordered the pupil out of the class.
La profesora echó al alumno de la clase.

Own *poseer*

own up *confesar*
We are waiting for someone to own up.
Estamos esperando a que alguien confiese.

P

Pace *(n) paso*

pace out/off *medir con pasos*
She paced the ground out.
Midió el campo con pasos.

Pack *llenar*

pack away *guardar*
She packed the boxes away.
Guardó las cajas.

pack in *(GB) (un trabajo) dejar, abandonar*
I'm thinking of packing my job in.
Estoy pensando en dejar el trabajo.

meter
They packed in as many people as they could.
Metieron a tantas personas como pudieron.

llenar por completo
I try to pack in as much as I can in to my free time.
Intento llenar mi tiempo libre por completo.

pack into *meter*
They packed more than ten people into the small car.
Metieron en un coche pequeño a más de diez personas.

pack off *despachar, mandar*
She packed the children off to bed.
Mandó a los niños a la cama.

pack out *llenar por completo*
The club was packed out.
El club estaba lleno hasta la bandera.

pack up *embalar, preparar la mudanza*
She went home and packed up her things in boxes.
Se fue a casa y empaquetó sus cosas en cajas.

(GB) (una máquina) estropearse, escacharrarse
This machine has packed up.
Esta máquina se ha estropeado.

Pad *almohadillar, acolchar*

pad out *(un discurso) rellenar*
She padded the speech out with a lot of jokes.
Rellenó el discurso con muchos chistes.

Paint *pintar*

paint in *rellenar con pintura*
We'll have to paint those blank spaces in.
Tendremos que pintar esos espacios en blanco.

paint over *volver a pintar, pintar encima*
I need to paint over those stains on the wall.
Tengo que volver a pintar esas manchas en la pared.

Pair *(n) pareja*

pair off *emparejar*
They tried to pair her off with an old man.
Intentaron emparejarla con un viejo.

pair up *formar pareja*
Pair up with the person next to you.
Forma pareja con la persona que está a tu lado.

Palm *(n) palma*

palm off on *endilgar a*
She managed to palm him off on her friends.
Le endilgó a sus amigas.

Pan *(n) cazuela*

pan out *resultar, salir*

None of our carefully prepared plans panned out well.

Ninguno de nuestros planes elaborados minuciosamente salió bien.

Pander to *complacer a*

The staff in the club pander to their client's every desire.

Los empleados del club tratan de satisfacer todos los deseos de los clientes.

Paper *(n) papel*

paper over *disimular*

Differences between the two groups were papered over.

Se disimularon las diferencias entre los dos grupos.

Parcel *(n) paquete*

parcel out *repartir, dividir*

They parcelled out the land between the three daughters.

Repartieron la tierra entre las tres hijas.

parcel up *empaquetar, embalar*

They parcelled up all the presents.

Envolvieron todos los regalos.

Pare *pelar, (re)cortar*

pare down *reducir al mínimo, recortar*

They want to pare down their involvement in the project.

Quieren reducir al mínimo su participación en el proyecto.

Part *(n) parte*

part from *separarse de*

They parted from each other.

Se separaron.

part with *ceder, entregar, desprenderse de*

He didn't want to part with his car.

No quería desprenderse de su coche.

Partake *participar*

partake in *participar en*

They partake in the decision making.

Participan en la toma de decisiones.

partake of *(formal) (alimentos) tomar, ingerir*
They invited us to partake of the food.
Nos invitaron a comer.

Partition *(n) tabique*

partition off *dividir/separar con tabiques*
They partitioned off the room.
Dividieron la habitación con tabiques.

Pass *pasar*

pass along *pasar al lado*
She passed along the side of the houses.
Pasó al lado de los edificios.

pass away *fallecer*
He passed away last night.
Falleció anoche.

pass back *devolver*
Could you pass the ball back, please?
¿Puedes devolver el balón, por favor?

pass by *pasar de largo*
She passed it by without even noticing.
Pasó de largo sin darse cuenta.

(el tiempo, la vida) pasar, transcurrir
His life was passing by.
Su vida transcurría.

pass down *bajar*
He passed the books down from the loft.
Bajó los libros del altillo.

(una costumbre) transmitir
The custom had been passed down through generations.
La costumbre se ha ido pasando de generación en generación.

pass off *transcurrir, ir pasando*
It all passed off without incident.
Todo transcurrió sin incidentes.

hacerse pasar por
He passed himself off as an army officer.
Se hizo pasar por un oficial del Ejército.

(un efecto, achaque) pasarse
The asthma attack passed off quickly.
El ataque de asma se pasó rápidamente.

pass on *(una noticia) pasar, transmitir*
Could you pass the message on as soon as you see him?
¿Podrías darle el recado tan pronto como lo veas?

traspasar
He passed the business on to his daughter.
Traspasó el negocio a su hija.

(por teléfono) pasar con
I'll pass you on to him.
Te lo paso.

morir, fallecer
He passed on during the night.
Murió durante la noche.

pass out *desmayarse*
He passed out in the heat.
Se desmayó del calor.

distribuir, repartir
Pass the papers out, please.
Reparte los papeles, por favor.

(un cadete) graduarse
She passed out from West Point.
Se graduó en West Point.

pass over *(por teléfono) pasar con*
Pass me over to your boss.
Pásame con tu jefe.

entregar
I passed the document over to my boss.
Entregué el documento a mi jefe.

olvidar a alguien para el ascenso
She thought she was being passed over when it came to promotions.
Creía que la excluían de la política de ascensos de la empresa.

pass round *hacer circular*
They passed the glass round so they could all try it.
Hicieron circular la copa, de modo que todos pudieron probarlo.

pass through *estar de paso*
I'm just passing through.
Sólo estoy de paso.

pass to *pasar a*
Pass the ball to me.
Pásame la pelota.

All his property will pass to his daughter.
Todos sus bienes pasarán a su hija.

pass under *pasar por debajo de*
They passed under a bridge.
Pasaron por debajo de un puente.

Paste *(con pegamento) pegar*

paste up *(carteles) pegar*
They pasted up posters all over the town.
Pegaron los carteles por toda la ciudad.

Patch *(n) parche*

patch together *(un trato) cerrar*
They patched together a deal.
Cerraron un trato.

patch up *(amistad, matrimonio) arreglar*
They went away to patch up their marriage.
Se fueron para tratar de arreglar su matrimonio.

(un hueco, agujero) tapar
We need to patch up that hole.
Hay que tapar ese agujero.

hacer algo provisionalmente
They patched up a compromise.
Se comprometieron de un modo provisional

Pave over *pavimentar*

They paved over the path.
Pavimentaron el sendero.

Pay *pagar*

pay back *(dinero) devolver*
He promised to pay back all the money he had borrowed.
Prometió devolver todo el dinero que había pedido prestado.

vengarse
I'll pay him back for what he did.
Me las pagará por lo que hizo.

pay for *pagar*
They paid for the drinks.
Pagaron las bebidas.

pagar por
She will pay for her mistake.
Pagará por su error.

pay in *(dinero) ingresar*
She paid the money in by cheque.
Ingresó el dinero con un cheque.

pay into *(dinero) ingresar*
She paid the money into the bank.
Ingresó el dinero en el banco.

pay off *(una deuda) saldar*
It's going to take twenty years to pay off that debt.
Llevará veinte años saldar esa deuda.

(con dinero) sobornar, untar a
She paid the blackmailer off.
Pagó al chantajista para hacerle callar.

pagar el finiquito a
They paid the workers off.
Pagaron el finiquito a los trabajadores.

(un esfuerzo) dar fruto
It was a risk but it paid off.
Fue arriesgado, pero todo salió bien.

pay out *hacerse efectivo*
The policy pays out after a twelve year period.
La póliza de seguros se hace efectiva tras un periodo de doce años.

pagar
We paid out a lot of money to send you to a good school.
Pagamos mucho dinero por mandarte a un buen colegio.

pay up *pagar*
They refused to pay up.
Se negaron a pagar.

Paw *(n) pata*

paw at *(una puerta) tocar con la pata*
The dog pawed at the door.
El perro rascó la puerta con la pata.

Peel *pelar*

peel away *(la piel, cáscara) pelar*
She peeled the skin of the orange away.
Peló la naranja.

peel off *(una prenda ajustada) quitarse, despojarse de*
He peeled his gloves off.
Suavemente se quitó los guantes.

separarse, echarse a un lado
We peeled off from the main road.
Nos separamos de la carretera principal.

contar
She peeled off thirty notes.
Contó hasta treinta billetes.

peel out *repicar*
The bells peeled out around the village.
Las campanas repicaron en todo el pueblo.

Peep *echar una ojeada*

peep out *asomarse*
She peeped out from behind the door.
Se asomó por detrás de la puerta.

Peg *(n) clavija*

peg away *persistir en*
They've been pegging away at it all day.
Llevan todo el día con ello.

peg down *fijar con estacas*
They pegged the tent down.
Fijaron la tienda de campaña con estacas.

peg out *marcar con estacas*
They pegged the area out.
Marcaron el área con estacas.

(GB) morir
He pegged out at the age of 104.
Murió a la edad de 104 años.

(la ropa) colgar y sujetar con pinzas
He pegged the clothes out.
Sujetó la colada con pinzas.

Pelt *ir a máxima velocidad*
pelt down *(GB) (lluvia) caer*
It was pelting down.
Llovía a cántaros.

Pen *(n) redil, corral*
pen in *(animales, personas) encerrar*
They penned the sheep in.
Metieron a las ovejas en el redil.

Pencil *(n) lápiz*
pencil in *apuntar con carácter provisional*
I'll pencil you in for next week.
Te apunto provisionalmente para la semana que viene.

Pension *(n) jubilación*
pension off *jubilar*
He doesn't want to be pensioned off at 60.
No quiere que le jubilen a los 60 años.

Pep *(n) ánimo, energía*
pep up *animar, alegrar*
She pepped the talk up with a few jokes.
Animó el discurso con algunos chistes.

Pepper *(n) pimienta*
pepper with *acribillar a*
They peppered him with bullets.
Le acribillaron a balazos.

Perk *(n) beneficio*
perk up *animarse*
She perked up when she heard that her son was better.
Se animó cuando le dijeron que su hijo estaba mejor.

Peter out *agotarse, acabarse*

The conversation petered out.
La conversación decayó.

Phase *(n) fase*

phase in *introducir poco a poco*
The new law will be phased in gradually.
La nueva ley se introducirá gradualmente.

phase out *eliminar gradualmente*
They want to phase the law out gradually.
Quieren eliminar la ley gradualmente.

Phone *llamar por teléfono*

phone (a)round *hacer una ronda de llamadas*
She phoned round to see who wanted to come to the party.
Llamó a todo el mundo para saber quién quería venir a la fiesta.

phone back *devolver la llamada*
I'll phone you back later.
Te llamaré más tarde.

phone for *llamar para solicitar algo*
She phoned for a taxi.
Llamó al Radio-Taxi.

phone in *llamar al trabajo*
She phoned in to say she was sick.
Llamó al trabajo para decir que estaba enferma.

phone up *llamar a*
Phone him up and invite him over for dinner.
Llámale e invítale a cenar.

Pick *escoger, elegir*

pick at *comer con poco apetito*
Stop picking at your food.
Deja de picotear la comida.

rascarse
Stop picking at that spot.
Deja de rascarte ese grano.

pick off *matar de un tiro*
They picked off the ducks from 300 metres.
Iban abatiendo a los patos desde una distancia de 300 metros.

recoger
They picked it off the ground.
Lo recogieron del suelo.

pick on *abusar, perseguir, criticar, fastidiar, atacar (física o verbalmente)*
They like to pick on people who are weaker than them.
Les gusta meterse con las personas más débiles que ellos.

escoger, elegir
We don't want to make the meal too complicated – let's pick on simple ingredients.
No queremos complicar demasiado la comida: escojamos unos ingredientes básicos.

pick out *destacar, distinguir*
You could never pick her out of a crowd – she looks so normal.
Nunca destaca entre la multitud; parece tan normal.

escoger
She was picked out to represent the company at the meeting.
La escogieron para representar a la empresa en la reunión.

reconocer, identificar, distinguir
I could pick out the shape of a figure.
Pude distinguir la forma de una persona.

pick over *examinar*
Pick over the fruit and choose the best pieces.
Examina la fruta y escoge las mejores piezas.

pick up *recoger*
She picked her bag up from the floor.
Recogió su bolso del suelo.

I'll pick you up at 6.
Te recojo a las seis.

levantarse
He picked himself up off the floor.
Se levantó del suelo.

arrestar
The police picked her up at her home.
La policía la arrestó en su casa.

ligar
She picked him up at a disco.
Ligó con él en una discoteca.

(una enfermedad) coger
I've picked up a really nasty illness.
He cogido una enfermedad muy desagradable.

(una emisora) captar, sintonizar
I can pick up a French television channel on my TV.
Mi televisor puede sintonizar un canal de la televisión francesa.

destacar, subrayar
I would like to pick up your point and add something.
Me gustaría destacar su punto de vista y añadir algo más.

ir mejor
The economy seems to be picking up.
Parece que la economía va mejor.

reponerse
This medicine will help pick you up.
Este medicamento te ayudará a reponerte.

reprender, criticar
I'd like to pick you up on that point.
Permíteme criticar su punto de vista.

empezar de nuevo
Who's going to pick up the pieces after this mess?
¿Quién va a arreglar este lío?

(velocidad) cobrar, acelerar
The car was picking up speed.
El coche iba acelerando.

(una conversación) reanudar
They picked up where they had left off.
Reanudaron la conversación donde la habían dejado.

pagar
I'll pick this one up.
Yo pagaré esto.

(un sueldo) ganar
A good plumber can pick up 100,000 euros a year.
Un buen fontanero puede ganar unos 100.000 euros al año.

detectar
The dogs picked up the scent of the prisoner.
Los perros detectaron el olor del prisionero.

aprender
We picked up a few good tricks.
Aprendimos algunos trucos muy buenos.

Piece *(n) pieza*

piece together *reconstruir, recomponer*
We managed to piece the story together.
Conseguimos reconstruir toda la historia.

(una máquina) montar, ensamblar
We pieced the machine together.
Montamos la máquina.

Pile *(n) montón*

pile into *entrar atropelladamente*
The children piled into the class.
Los niños entraron en la clase en tropel.

(un coche) chocar contra
The car piled into a lorry.
El coche chocó contra un camión.

pile on *(GB) exagerar*
She loves to pile it on.
Le encanta exagerar.

pile out *salir en desorden*
The children piled out of the van.
Los niños salieron de la camioneta en tropel.

pile up *amontonar*
Letters were piling up at the office.
Las cartas se amontonaban en la oficina.

acumular
She piled up huge debts.
Se le fueron acumulando las deudas.

empotrarse
The car piled up against the truck.
El coche se empotró contra el camión.

Pin *(n) alfiler*

pin back *expresión*
Pin your ears back.
Escuchadme muy atentos.

pin down *precisar*
We can't pin down the exact location of the plane.
No podemos precisar en qué lugar exacto se encuentra el avión.

(una idea, un concepto) comprender
It's a difficult idea to pin down.
Es un concepto difícil de comprender.

inmovilizar, atrapar
We were pinned down by the bombardment.
El bombardeo nos atrapó.

pin on *culpar a*
They tried to pin it on us.
Intentaron culparnos.

fijar, poner
Pin the badge on to your jacket.
Ponte la chapa en la chaqueta.

(la esperanza) basar, poner en
She pinned all her hopes on the launch of the product.
Puso todas sus esperanzas en el lanzamiento del producto.

pin together *grapar*
Could you pin these papers together, please?
¿Podrías grapar estos papeles, por favor?

pin up *fijar con chinchetas*
I pinned the poster up on the board.
Fijé el anuncio en el tablón con chinchetas.

(pelo) recoger
She's pinned her hair up.
Se ha recogido el pelo con una horquilla.

(un dobladillo) recoger con alfileres
She pinned up the hem of her dress.
Recogió el borde de la falda con alfileres.

Pine *(n) pino*

pine away *languidecer, consumirse de pena*
She lost the will to live and pined away.
Perdió las ganas de vivir y se consumió.

Pipe *(n) tubo*

pipe down *(GB) callarse, cerrar el pico*
I told the children to pipe down.
Les dije a los niños que se callaran.

pipe up *(GB) hacerse oír*
Towards the end of the debate she suddenly piped up and gave us her opinion.
Al final del debate de repente tomó la palabra y nos dio su opinión.

Piss *mear*

piss about/around *(GB) (ofensivo) hacer el gilipollas*
Stop pissing about!
¡Deja de hacer el gilipollas!

(perder tiempo) tocarse los huevos
Let's stop pissing about and get down to some real work.
Dejemos de tocarnos los huevos y pongámonos a trabajar en serio.

piss down *(GB) (ofensivo) llover mucho*
It was pissing down.
Llovía a cántaros.

piss off *(GB) (ofensivo) sacar de quicio, cabrear*
It really pisses me off when they talk like that.
Me sacan de quicio cuando hablan así.

expresión
Piss off!
¡Vete a tomar aire!

Pit *(n) hoyo*

pit against *enfrentarse con*
They pitted her against a first class player.
Tuvo que enfrentarse con un jugador de primera categoría.

Pitch *lanzar, tirar, arrojar*

pitch for *buscar*
They were pitching for business.
Estaban buscando trabajo.

pitch forward *caerse de cabeza*
The crane pitched forward and fell down.
La grúa se tambaleó hacia delante y se cayó.

pitch in *cooperar, echar una mano*
Everyone pitched in.
Todo el mundo cooperó.

pitch off *quitarse de encima*
The horse pitched him off.
El caballo le tiró.

pitch out *(a una persona) echar, expulsar, poner de patitas en la calle*
They pitched him out of the bar.
Le echaron del bar.

pitch over *(un vehículo) volcar*
The car pitched over.
El coche volcó.

expresión
Pitch the magazine over here!
¡Pásame la revista!

Pivot *(n) pivote*

pivot on *depender de*
Your whole future pivots on a single exam.
Todo tu futuro depende de un único examen.

Plague *(n) plaga*

plague with *plagar de*
The project was plagued with difficulties from start to finish.
El proyecto estaba plagado de problemas de principio a fin.

plague with *(con preguntas) asediar*
They plagued her with questions.
La asediaron con preguntas.

Plan *planear*

plan ahead *hacer planes para el futuro*
It's important to plan ahead.
Es importante hacer planes para el futuro.

plan for *pensar en*
We've planned for every eventuality.
Hemos pensado en toda eventualidad.

plan on *tener intención de hacer algo*
We plan on leaving next month.
Tenemos la intención de irnos el mes que viene.

contar con
We hadn't planned on the weather being so bad.
No habíamos contado con tan mal tiempo.

plan out *planificar con detalle*
We need to plan out our strategy.
Tenemos que planificar detalladamente nuestra estrategia.

Plant *plantar*

plant out *(semillas) trasplantar*
We need to plant out the greenhouse plants.
Hay que trasplantar las plantas del invernadero.

Play *jugar*

play about/around *manosear, juguetear*
Stop playing around with your food!
¡Deja de jugar con la comida!

explorar, pensar
We need to play around with these ideas a bit more to find the best solution.
Hay que analizar bien estas ideas para encontrar la mejor solución.

(sexualmente) juguetear, retozar
His mother caught them playing around.
Su madre les pilló retozando.

play along *seguir la corriente a*
It's best to play along with him until you get a bit more power.
Es mejor que le sigas la corriente hasta que tengas un poco más de poder.

play at *jugar, fingir ser*
They were playing at soldiers.
Jugaban a ser soldados.

play back *repetir, reproducir*
He played back all his messages and listened to them one by one.
Escuchó todos sus mensajes uno por uno.

play down *restar importancia, minimizar*
She tried to play down the rumours.
Intentó quitar importancia a los rumores.

play in *tocar mientras alguien entra*
The band played the queen in.
El grupo tocó cuando entró la reina.

play off *(en deportes) competir, disputarse*
The two teams are playing off for third place.
Los dos equipos se disputan el tercer puesto.

play off against *enfrentar a*
She was trying to play them off against each other.
Intentaba enfrentarles.

play on *aprovechar*
The election campaign was playing on the electors' fear.
La campaña electoral aprovechó los temores de los electores.

poner los nervios de punta, sacar de quicio
The kids have been playing on my nerves all afternoon.
Los niños llevan toda la tarde poniéndome los nervios de punta.

tratar
The writer plays on a historical theme.
El escritor trata temas históricos.

seguir tocando/jugando
She played on for three hours.
Siguió tocando durante tres horas.

play out *desarrollarse, tener lugar*
A power struggle is being played out in the country.
Se está librando una lucha por el poder en el país.

tocar mientras alguien sale
They played the procession out.
Tocaron mientras salía la procesión.

representar, llevar a cabo
They played out their fantasies about revenge.
Representaron sus fantasías sobre la venganza.

play through *ensayar*
Let's play the song through once more.
Ensayemos otra vez la canción.

play up *exagerar*
His past has been played up.
Han exagerado su pasado.

causar problemas
The computer has been playing up all afternoon.
El ordenador lleva toda la tarde causando problemas.

dar guerra
Children love to play up when it's time to go to school.
A los niños les encanta dar guerra a la hora de ir a la escuela.

presumir delante de
The actors love playing up to an audience.
A los actores les encanta presumir delante de su público.

play with *jugar*
He is playing with his friends.
Está jugando con sus amigos.

(fig) jugar
I don't like the way he plays with her.
No me gusta cómo juega con ella.

juguetear
She was playing nervously with the bottle.
Jugueteaba nerviosamente con la botella.

tratar de
The writer was playing with themes of love and death.
El escritor trataba temas del amor y de la muerte.

Plod *caminar con paso lento*

plod away *trabajar pacientemente*
He's been plodding away at his work.
Ha estado trabajando pacientemente.

<u>plod on</u> *seguir a pesar de las dificultades*
She's been plodding on with the work.
Ha seguido trabajando con esfuerzo.

Plonk *(n) golpe seco*

<u>plonk down</u> *dejar algo de golpe*
She plonked herself down in the chair.
Se dejó caer en la silla.

Plot *(n) complot*

<u>plot against</u> *conspirar*
They plotted against the king.
Conspiraron contra el rey.

<u>plot out</u> *(un plan) desarollar, idear*
They plotted out an idea to get the painting back.
Idearon un plan para recuperar el cuadro.

Plough *arar*

<u>plough ahead</u> *seguir adelante*
They ploughed ahead despite the difficulties.
Siguieron adelante a pesar de las dificultades.

<u>plough back</u> *reinvertir*
Almost all profit is ploughed back into the company.
Casi todos los beneficios se reinvierten en la empresa.

<u>plough into</u> *atropellar*
A car ploughed into them as they were crossing the road.
Un coche les atropelló cuando cruzaban la carretera.

(dinero) invertir
They ploughed in huge sums of money to save the company.
Invirtieron una gran cantidad de dinero para salvar la empresa.

<u>plough on</u> *esforzarse en seguir adelante*
They decided to plough on, even though things were going badly.
Decidieron seguir adelante, aunque las cosas iban mal.

<u>plough through</u> *devorar*
They ploughed through all the videos and books.
Devoraron todos los vídeos y libros.

plough up *roturar*
They had to plough up the land.
Tuvieron que roturar la tierra.

Pluck *coger, tirar de*

pluck at *tirar de, dar un tirón a*
The boy plucked at her sleeve.
El niño le tiraba de la manga.

pluck off *arrancar con los dedos*
She plucked the leaves off the plant.
Arrancó las hojas de la planta.

pluck out *arrancar de un tirón*
He plucked the hair out of his nose.
Se arrancó el pelo de la nariz de un tirón.

pluck up *(re)coger bruscamente*
She plucked the book up from the table.
Recogió bruscamente el libro de la mesa.

armarse de valor
She couldn't pluck up enough courage to ask him out.
No conseguía armarse de valor para invitarle a salir.

Plug *(un agujero) tapar, llenar*

plug away *trabajar con tesón*
You've got to keep plugging away at it.
Tienes que seguir trabajando en ello.

plug in *enchufar*
It doesn't work because you haven't plugged it in.
No funciona porque no lo has enchufado.

sintonizar con, conectar con
He's plugged in to the youth of today.
Ha sabido conectar con los jóvenes de hoy.

plug into *conectar con*
You can plug into the central computer system from here.
Puedes conectarte con el sistema central desde aquí.

plug up *(un agujero) tapar*
We need to plug this hole up.
Tenemos que tapar este agujero.

Plumb in *conectar con el suministro de agua*

Have you plumbed the house in yet?

¿Has instalado ya el agua en casa?

Plump *(adj) rechoncho*

plump down *dejarse caer*

She plumped herself down into the chair.

Se dejó caer en la silla.

plump for *optar por, votar por*

I'll be plumping for you at the next election.

Votaré por ti en las próximas elecciones.

plump up *(una almohada, un cojín) sacudir*

You need to plump the pillow up a bit more.

Hay que sacudir la almohada un poco más.

Point *señalar*

point out *recalcar, subrayar*

I should point out that these figures are just provisional.

Debería subrayar que estas cifras son provisionales.

señalar, indicar

During the tour she pointed out everything of interest.

Durante el viaje señaló todas las cosas de interés.

point to *indicar*

All the evidence points to the same conclusion – it was murder.

Todas las pruebas nos llevan a la misma conclusión: fue un asesinato.

point up *destacar, subrayar*

Seeing the two paintings side by side really pointed up the difference.

Ver los dos cuadros a la vez subrayó las diferencias.

Poke *empujar con un dedo*

poke about/around *husmear, fisgar*

We caught him poking around in our cupboard.

Le pillamos fisgando en nuestro armario.

poke at *comer muy poco, picotear*

She poked at her food with the fork.

Picoteaba la comida con el tenedor.

reírse de
They like to poke fun at her.
Les gusta reírse de ella.

poke out *(la cabeza) sacar, asomar*
His head was poking out.
Estaba asomando la cabeza.

poke through *(la cabeza) sacar, asomar*
His head was poking through the window.
Su cabeza asomaba por la ventana.

poke up *(la cabeza) sacar, asomar*
He poked up his head.
Asomó la cabeza.

(la lumbre) avivar
She poked up the fire.
Avivó la lumbre.

Polish *(zapatos) limpiar, abrillantar*

polish off *(comida, bebida) acabar con todo, despachar*
She polished off all the food.
Acabó con toda la comida.

polish up *(conocimientos) perfeccionar*
This course will help you polish up your computer skills.
Este curso te ayudará a mejorar tus conocimientos de informática.

Ponce *(n) chulo*

ponce about/around *(GB) no hacer nada, holgazanear*
She spent all summer poncing about on the beach.
Pasó todo el verano en la playa sin hacer nada.

Pop *estallar, reventar*

pop back *volver*
I'll pop back in an hour.
Volveré en una hora.

volver a poner
Just pop the lid back on.
Simplemente vuelve a poner la tapa.

pop in *entrar de repente*
She popped in to say hello.
Entró de repente para saludar.

pop off *morir*
She looks like she's about to pop off.
Parece que está a punto de morir.

irse
I'm just popping off for a while.
Voy a salir un rato.

pop on *(la tetera) poner a calentar*
Could you pop the kettle on?
¿Podrías poner a calentar la tetera?

(el sombrero) ponerse
I popped my hat on.
Me puse el sombrero.

pop out *salir un momento*
I'm just popping out for a while.
Voy a salir un momento.

pop up *aparecer inesperadamente*
Another problem has popped up.
Inesperadamente ha aparecido otro problema.

Pore *(n) poro*

pore over *estudiar detenidamente*
They pored over the map.
Estudiaron el mapa con detenimiento.

Portion *(n) porción*

portion out *repartir*
They portioned out the food carefully.
Repartieron la comida con cuidado.

Potter *(n) alfarero*

potter about/around *no hacer nada en particular*
He's been pottering about in the garden all day.
Lleva todo el día entreteniéndose en el jardín.

Pounce *saltar*

pounce on/upon *abalanzarse sobre*
The lion pounced on the giraffe.
El león se abalanzó sobre la jirafa.

Pound *(corazón) palpitar*

pound away *latir fuertemente*
Her heart was pounding away after all the exercise.
Su corazón latía fuertemente después del ejercicio.

pound down *moler, aplastar, machacar*
You need to pound the garlic down to a paste.
Hay que reducir el ajo a una pasta.

pound on *aporrear*
He was pounding on the drum.
Aporreaba el tambor.

Pour *(un líquido) verter*

pour away *vaciar, verter*
She poured the liquid away.
Virtió el líquido.

pour down *llover a cántaros*
It's been pouring down all day.
Lleva todo el día lloviendo a cántaros.

pour forth *salir en tropel*
People were pouring forth from the stadium.
La gente salía en tropel del estadio.

pour in *entrar a raudales, acudir en tropel*
Tourists are pouring in from Eastern Europe.
Las turistas de la Europa del Este están entrando a raudales.

pour into *(dinero) invertir*
They've poured money into the business in an attempt to save it.
Han invertido una gran cantidad de dinero para salvar el negocio.

pour off *verter, tirar*
You need to pour some of the liquid off.
Hay que quitar algo de líquido.

pour out *servir*
She poured out four glasses of champagne.
Sirvió cuatro vasos de champán.

expresar efusivamente
She poured out her thanks.
Expresó efusivamente su gratitud.

(una multitud) invadir las calles
The crowd poured out into the streets.
La multitud invadió las calles.

(un secreto) revelar
The butler poured out secrets about the royal family.
El mayordomo reveló muchos secretos sobre la familia real.

Preside *presidir*

preside over *presidir*
She presided over the meeting.
Presidió la reunión.

Press *apretar*

press ahead *seguir adelante*
The organisers of the protest are determined to press ahead, despite opposition.
Los organizadores de la protesta están decididos a seguir adelante a pesar de la oposición.

press back *empujar hacia atrás*
The police pressed the crowd back.
La policía empujó a la multitud hacia atrás.

(un ejército, un ataque) rechazar
The soldiers pressed the attackers back.
Los soldados rechazaron a los atacantes.

press down *apretar, pisar*
You need to press down on the clutch in order to change the gear.
Tienes que pisar el embrague si quieres cambiar de marcha.

aplastar
They press the grapes down with their feet to make the wine.
Aplastan las uvas con los pies para hacer vino.

press for *exigir*
They are pressing for higher wages.
Exigen salarios más altos.

press into *obligar a*
They pressed him into doing it.
Le obligaron a hacerlo.

press on *avanzar*
It was getting late, but they decided to press on.
Se hacía tarde, pero decidieron seguir avanzando.

seguir adelante
They pressed on with the work.
Siguieron trabajando.

press out *(una naranja) exprimir*
You need to press the orange out.
Hay que exprimir la naranja.

Prey *(n) presa*

prey on/upon *alimentarse de*
This eagle preys on small birds.
Esta águila se alimenta de pájaros pequeños.

explotar
They prey on people's fear of death.
Explotan el miedo a la muerte.

atormentar
A strong feeling of guilt preyed on his mind.
Le atormentaba una fuerte sensación de culpabilidad.

Price *(n) precio*

price down *(precios) rebajar*
They've priced everything down.
Han rebajado todo.

price out *dejar de ser competitivo*
She priced herself out of the market by asking for such a high price.
Dejó de ser competitiva al poner un precio tan alto.

price up *(precios) aumentar, subir*
They've priced everything up.
Han subido el precio de todo.

Prick *pinchar*

prick up *aguzar el oído, prestar atención*
She pricked up her ears.
Empezó a prestar atención.

Print *imprimir*

print off *imprimir*
How many copies shall I print off?
¿Cuántas copias debo imprimir?

print out *imprimir*
We need to get this printed out.
Tenemos que imprimir esto.

print up *imprimir*
We need to get forteen thousand copies printed up.
Hay que imprimir catorce mil copias.

Prise *(GB) forzar*

prise off *arrancar*
She prised the lid off.
Arrancó la tapa.

prise open *abrir con fuerza*
She prised the jar open.
Forzó el bote.

Prop *apoyar*

prop up *apuntalar*
These pillars are propping up the building.
Estas columnas apuntalan el edificio.

respaldar
The unions propped up the Government.
Los sindicalistas respaldaron al Gobierno.

Protect *proteger*

protect against *proteger contra*
This insurance scheme protects you against fire or theft.
Esta póliza de seguro te protege contra el fuego o el robo.

protect from *proteger de*
This device protects you from danger by emiting a loud noise.
Este aparato te protege del peligro al emitir un sonido muy fuerte.

Provide *suministrar*

provide against *prepararse para, prevenir*
They insist on a deposit in order to provide against non-payment.
Exigen un depósito para prevenir posibles impagos.

provide for *ofrecer*
They provide extra classes for children with learning difficulties.
Ofrecen clases extras a los niños con problemas de aprendizaje.

prever, contemplar
They didn't provide for a rise in inflation.
No previeron la subida de la inflación.

provide with *suministrar, proporcionar*
They provided us with a gun.
Nos suministraron una pistola a cada uno.

Psych *(n) psique*

psych out *desquiciar, poner nervioso*
They were trying to psych each other out.
Intentaban sacarse de quicio el uno al otro.

psych up *mentalizarse*
I need to psych myself up before I go into the boxing ring.
Necesito mentalizarme antes de entrar en el ring.

Puff *soplar*

puff along *(tren) avanzar bufando, (persona) correr jadeando*
He was puffing along the road.
Corría jadeando por la carretera.

puff away *fumar sin cesar*
She was puffing away.
Fumaba sin cesar.

puff out *(las mejillas) hinchar, inflar*
He puffed out his cheeks.
Hinchó las mejillas.

puff up *hincharse, inflamarse*
Her legs puffed up.
Se le hincharon las piernas.

Pull *tirar*

pull about *manosear, zarandear, maltratar*
Stop pulling the toy about – it'll break.
Deja de toquetear el juguete; lo vas a romper.

pull ahead *tomar la delantera*
The blue car managed to pull ahead.
El coche azul consiguió tomar la delantera.

ponerse por delante de
She pulled ahead of him in the quiz by answering all the questions correctly.
Se puso por delante de él en el concurso al contestar bien todas las preguntas.

pull along *arrastrar*
He pulled the cart along behind him.
Arrastró el carrito detrás de él.

pull apart *romper, hacer trizas*
He pulled the doll apart.
Destrozó la muñeca.

desmontar
We need to pull the machine apart.
Tenemos que desmontar la máquina.

criticar duramente
She pulled him apart.
Le criticó sin piedad.

pull aside *llevar a un lado, apartar*
She pulled him aside in order to talk to him.
Le apartó para hablar con él.

pull at *tirar de*
The child was pulling at his shirt sleeve.
El niño le tiraba de la manga de la camisa.

pull away *alejarse*
The train slowly pulled away.
El tren se alejó lentamente.

arrancar
He pulled the doll's arm away.
Arrancó el brazo de la muñeca.

(un coche) adelantarse
The car pulled away.
El coche se adelantó.

seguir haciendo algo
They were pulling away at the oars.
Tiraban enérgicamente de los remos.

apartarse bruscamente
She pulled her hand away.
Apartó bruscamente la mano.

pull back *retirar*
They've pulled back all their support.
Han retirado su apoyo.

retener
We should get rid of them because they are pulling us back.
Deberíamos deshacernos de ellos porque nos están reteniendo.

(cortinas) descorrer
Can you pull the curtains back please?
¿Podrías descorrer las cortinas, por favor?

(en fútbol) remontar un gol
They pulled back in the second half.
Remontaron el gol en la segunda mitad.

pull down *hacer caer, derribar*
They are going to pull the old church down.
Van a derribar la vieja iglesia.

(el sombrero) calarse
She pulled her hat down.
Se caló el sombrero.

pull down *(re)bajar*
Her mark in History pulled her down.
Su nota en Historia rebajó su nota final.

pull for *apoyar, ofrecer un apoyo moral*
We'll be pulling for you in your times of trouble.
Cuenta con nuestro apoyo en caso de necesidad.

pull in *arrestar, detener*
They pulled in three suspects.
La policía detuvo a tres sospechosos.

(un tren) llegar
What time does the train pull in?
¿A qué hora llega el tren?

(un coche) parar
The car pulled in to the garage.
El coche paró en la gasolinera.

(dinero) ganar
They were pulling in lots of money.
Ganaban mucho dinero.

pull into *(autobús, tren) llegar*
The train pulled into the station.
El tren llegó a la estación.

arrastrar a
They got pulled into the war.
Se vieron arrastrados a la guerra.

llevarse a la fuerza
They pulled him into the car.
Le metieron en el coche a la fuerza.

pull off *(ropa) quitarse*
She pulled her jumper off.
Se quitó el jersey.

lograr, hacer algo con éxito
How did you manage to pull it off?
¿Cómo lo has logrado?

arrancar
He pulled the doll's leg off.
Arrancó la pierna de la muñeca de un tirón.

(de un carril) salirse
The bus pulled off the main road.
El autobús se salió de la carretera principal.

(un trato, acuerdo) cerrar
They pulled the deal off.
Cerraron el trato con éxito.

pull on *(ropa) ponerse deprisa*
He pulled his trousers on.
Se puso los pantalones deprisa.

tirar de
They pulled on the rope.
Tiraron de la cuerda.

(a un cigarrillo) dar una calada
She pulled on the cigarette.
Dio una calada al cigarrillo.

pull out *sacar*
They pulled one of his wisdom teeth out.
Le sacaron la muela de juicio.

llamar a la huelga
They pulled the workers out on strike.
Llamaron a los obreros a la huelga.

(un ejército) retirarse
They pulled the troops out of the country.
Retiraron las tropas del país.

(un tren, coche) salir
The train pulled out of the station.
El tren salió de la estación.

(de un acuerdo) salir, retirarse
They've pulled out of the agreement.
Se han retirado del acuerdo.

pull over *(un coche) parar en el arcén*
The police pulled us over for speeding.
Nos paró la policía por exceso de velocidad.

acercar arrastrando
He pulled the box over to where he was lying.
Arrastró la caja hasta donde estaba tumbado.

derribar, volcar
The child pulled the shelf over.
El niño volcó la estantería.

pull round *reponerse, recuperarse*
The drug helped to pull him round.
La medicina le ayudó a reponerse.

pull through *(una persona enferma) salir adelante, recuperarse*
Do you think he'll pull through?
¿Crees que se va a recuperar?

(un trance difícil) superar
It was his experience that helped him to pull through.
Fue su experiencia lo que le ayudó a salir del apuro.

pull to *pararse*
The ship pulled to.
El barco se paró.

<u>pull together</u> *recobrar la calma, serenarse*
You need to pull yourself together.
Tienes que serenarte.

Pull yourself together!
¡Cálmate!

(esfuerzos) juntar, aunar
We need to pull together.
Tenemos que aunar esfuerzos.

<u>pull under</u> *arrastrar*
The current pulled them under.
La corriente les arrastró hacia abajo.

<u>pull up</u> *arrancar*
They pulled the tree up.
Arrancaron el árbol.

(un coche) pararse
The car pulled up.
El coche se paró.

reprender, regañar
They pulled him up for his bad behaviour.
Le regañaron por su mal comportamiento.

(una silla) acercar
Pull a chair up and sit down next to us!
Acerca una silla y siéntate a nuestro lado.

expresión
Pull your socks up!
¡Espabílate!

<u>pull up on</u> *criticar*
She pulled me up on a few points that I had made.
Criticó algunas cosas que había dicho.

Pump *bombear*

<u>pump away</u> *bombear sin parar*
Her heart was pumping away.
Su corazón bombeaba sin parar.

<u>pump in</u> *inflar*
You need to pump some more air in the tyres.
Tienes que inflar un poco más los neumáticos.

pump into *(dinero) invertir*
They pumped money into the project in order to save it.
Invirtieron mucho dinero en el proyecto para salvarlo.

pump out *producir, fabricar*
They pump out thousands of new products every year.
Fabrican miles de productos nuevos cada año.

vaciar
They had to pump out his stomach.
Tuvieron que hacerle un lavado de estómago.

pump up *inflar*
We need to pump the tyres up again.
Tenemos que volver a inflar los neumáticos.

Punch *dar un puñetazo*

punch in *fichar al entrar en el trabajo*
What time did you punch in?
¿A qué hora fichaste?

punch into *teclear, picar, meter*
Punch the numbers into the computer.
Mete los números en el ordenador.

punch out *(un agujero) taladrar, perforar*
They punched a hole out in the wall.
Hicieron un agujero en la pared.

fichar al salir de trabajar
They punched out as they were leaving.
Ficharon al salir del trabajo.

punch up *(una cantidad) registrar*
They punched the amount up on the cash till.
Anotaron la cantidad en la caja registradora.

Push *empujar*

push about/around *mandar, dar órdenes*
I don't like it when people try to push me around.
No me gusta cuando me dan órdenes.

mover de un lado a otro
She was pushing the food about on her plate.
Jugaba con la comida en el plato.

push ahead *seguir adelante*
We intend to push ahead with the project.
Pretendemos seguir adelante con el proyecto.

(un objeto) empujar
She pushed the cart ahead of her.
Empujó el carrito delante de ella.

acelerar
We need to push ahead.
Tenemos que acelerar las cosas.

push along *rodar, hacer rodar*
They had to push the car along the road.
Tuvieron que empujar el coche por la carretera.

push aside/away *apartar, dejar a un lado*
She pushed the guilty feelings aside.
Apartó los sentimientos de culpabilidad.

apartar de un empujón
She pushed the dog away.
Apartó al perro de un empujón.

push at *empujar*
She pushed at the door.
Empujó la puerta.

push back *hacer retroceder*
The police pushed the crowd back.
La policía hizo retroceder a la multitud.

(un ejército) rechazar
The soldiers pushed the attackers back.
Los soldados rechazaron a los atacantes.

(conocimientos) ampliar
The book pushes back the frontiers of knowledge.
El libro amplía nuestros conocimientos.

push by *abrirse paso a empujones*
She pushed by to get on the bus.
Se abrió paso a empujones para subir al autobús.

push down *bajar empujando*
They pushed the door down.
Derribaron la puerta de un empujón.

(precios) bajar
The new products are pushing prices down.
Los nuevos productos están haciendo bajar los precios.

push for *exigir*
They are pushing for a wage rise.
Exigen un aumento de salario.

push forward *llevar adelante*
We're going to push forward with the plan, in spite of the opposition.
Vamos a llevar adelante nuestro plan a pesar de la oposición.

empujar hacia delante
She pushed the car forward.
Empujó el coche hacia delante.

ofrecer alguien sus servicios, proponerse
She pushed herself forward as the ideal candidate.
Se propuso como la mejor candidata.

push in *colarse*
You've just pushed in front of me – get to the back!
¡Te has colado; vuelve atrás!

introducirse a la fuerza
She pushed herself in to the bus.
Se metió a la fuerza en el autobús.

push into *obligar a*
She pushed me into doing it.
Me obligó a hacerlo.

push off *apartar*
She pushed the paper off the table.
Quitó el periódico de la mesa.

(una embarcación) flotar
They pushed the boat off to sea.
Flotaron el barco.

expresión
Push off, fatty!
¡Vete a tomar aire, gordinflón!

push on *seguir adelante*
They were tired and hungry but they pushed on anyway.
Estaban cansados y hambrientos, pero siguieron adelante de todos modos.

presionar
He pushed the lid on.
Puso la tapa a presión.

(un trabajo) acelerar, agilizar
We need to push on with our work.
Tenemos que acelerar el ritmo de trabajo.

ponerse en marcha
It's time to push on.
Es hora de ponernos en camino.

push out *empujar hacia fuera, echar fuera*
The teacher pushed the pupil out of class.
El profesor echó al alumno de la clase.

(una embarcación) flotar
They pushed the boat out.
Flotaron el barco.

extenderse
The roots are pushing out.
Las raíces se están extendiendo.

push over *hacer caer, derribar*
Mummy, Tony pushed me over.
Mamá, Tony me empujó.

acercarse a empujones
She pushed her way over to the desk.
Se acercó a la mesa a empujones.

push past *abrirse paso a empujones*
She pushed past people to get to the exit.
Se abrió paso a empujones para llegar a la salida.

push through *hacer aprobar a la fuerza*
They tried to push the law through.
Intentaron forzar la aprobación de la ley.

abrirse paso a empujones
He pushed through the crowd.
Se abrió paso entre la multitud a empujones.

push to *(la puerta) cerrar*
Could you push the door to, please?
Por favor, ¿podrías cerrar la puerta?

push towards *reclamar*
They are pushing towards the standardization of all exams.
Reclaman la normalización de todos los exámenes.

push up *hacer subir*
The rumours of a war have been pushing up inflation.
Los rumores de guerra han hecho subir la inflación.

Put *poner, colocar*

put about *(rumores) difundir, hacer correr*
They've been putting about nasty rumours about us.
Han hecho correr unos feos rumores sobre nosotros.

(una embarcación) hacer virar, cambiar de rumbo
The ship put about.
El barco cambió de rumbo.

put above *creerse por encima de*
He puts himself above the law.
Se cree por encima de la ley.

put across *comunicar, transmitir*
He managed to put his ideas across.
Consiguió hacerse entender.

atravesar, cruzar
They put a bridge across the river.
Construyeron un puente sobre el río.

put (a)round *poner alrededor de*
I put the rope around the tree.
Puse la cuerda alrededor del árbol.

(un rumor) difundir
They put a story round about him and his past.
Difundieron una historia sobre él y su pasado.

put aside *dejar a un lado*
Let's put aside our differences.
Dejemos a un lado nuestras diferencias.

ahorrar
They've been putting some money aside.
Han estado ahorrando dinero.

put at *estimar en*
I would put the value of this at 5,000 euros.
Estimaría su valor en unos 5.000 euros.

put away *encerrar, encarcelar*
He was put away for three years.
Pasó tres años en la cárcel.

devolver a su sitio
Put those things away, please
Pon estas cosas en su sitio, por favor.

ahorrar
They've been secretly putting some money away.
Han estado ahorrando dinero a escondidas

(el coche) guardar
Have you put the car away?
¿Has guardado el coche?

(una espada) envainar
She put her sword away.
Envainó la espada.

(en un manicomio) recluir
They put him away.
Le encerraron en un manicomio.

put back *devolver a su sitio*
Please put the book back when you're finished reading it.
Por favor, devuelve el libro a su sitio cuando hayas terminado de leerlo.

dejar
Put that book back!
¡Deja ese libro!

retrasar
That mistake put us back about ten years.
Aquel fallo nos retrasó unos diez años.

(un reloj) atrasar
Did you remember to put the clock back?
¿Te acordaste de atrasar el reloj?

aplazar
We've put the launch back to April.
Hemos aplazado el lanzamiento hasta abril.

beber mucho
She was really putting the drinks back last night.
Bebió mucho anoche.

(una embarcación) volver a puerto
The ship put back to port yesterday.
El barco volvió a puerto ayer.

put back into *reinvertir*
They want to put all the profit back into the company.
Quieren reinvertir todos los beneficios en la empresa.

put back on *poner de nuevo*
You'll have to put those wet clothes back on.
Tendrás que volver a ponerte esa ropa mojada.

put before *poner delante*
She put the food before them.
Les puso la comida delante.

(pruebas) presentar
The lawyer put the evidence before the jury.
El abogado presentó las pruebas ante el jurado.

anteponer
He always puts his work before his family.
Antepone el trabajo a la familia.

put behind *poner atrás*
We have to put all these problems behind us.
Tenemos que dejar atrás todos estos problemas.

respaldar
Who put the money behind this project?
¿Quién invirtió en este proyecto?

put by *ahorrar*
She's put some money by for her holiday.
Ha ahorrado algún dinero para las vacaciones.

put down *humillar*
You're always putting me down.
Siempre me estás humillando.

(un avión) aterrizar, llegar a tierra
The plane put down at 6pm.
El avión aterrizó a las 6 de la tarde.

soltar

Please put that down.

Por favor, suelta eso.

(un libro) dejar de leer

I couldn't put the book down.

No podía dejar de leer el libro.

(un paraguas) cerrar

Put the umbrella down.

Cierra el paraguas.

poner por escrito

I'd like you to put that down in writing.

Me gustaría que lo pusieras por escrito.

apuntar

Put it down on the list.

Apúntalo en la lista.

(a un militar) degradar

They put him down a rank.

Le degradaron.

(en deportes) pasar a una división inferior

The team was put down to the second division.

Bajaron a segunda.

atribuir a

What do you put it down to?

¿A qué lo atribuyes?

considerar

I put you down as a liberal thinker.

Te considero una persona de mente liberal.

(GB) (a un animal) sacrificar

They put the dog down.

Sacrificaron al perro.

(por teléfono) colgar

She put the phone down.

Colgó el teléfono.

colocar, poner

They put down a new lawn.

Pusieron un nuevo césped.

adelantar

They had to put down a deposit in order to buy the house.
Tuvieron que dar una entrada para comprar la casa.

proponer

They put down a motion to suspend the meeting.
Propusieron suspender la reunión.

pacificar, reprimir

The soldiers put down the rebellion.
Los soldados reprimieron la rebelión.

inscribirse

She put her name down to enter the competition.
Se inscribió en el concurso.

ofrecerse

He put himself down to work on Saturday mornings.
Se ofreció para trabajar los sábados por las mañanas.

put forth *presentar, publicar, expresar*
She put forth a new theory.
Presentó una nueva teoría.

put forward *presentar*
She put forward a new plan.
Presentó un nuevo plan.

nombrar

They put her forward as candidate for the party.
La nombraron candidata al partido.

(una reunión, el reloj) adelantar

They put the meeting forward.
Adelantaron la reunión.

put in *poner en*
Put it in the box.
Ponlo en la caja.

solicitar

She put in for a transfer to London.
Solicitó el traslado a Londres.

interponer, interrumpir

Stop putting in irrelevant comments.
Deja de interrumpir con comentarios que no tienen nada que ver con la conversación.

(una queja, reclamación) presentar

They put in a complaint.
Presentaron una queja.

(tiempo, esfuerzo) invertir, dedicar

I put in a lot of time on this.
Invertí mucho tiempo en esto.

He puts in a lot of hours at work.
Trabaja mucho.

instalar

We put in a new computer system.
Hemos instalado un nuevo sistema en el ordenador.

(una embarcación) entrar en puerto

The ship put in to port.
El barco entró en puerto.

(dinero) ingresar

She put the money in the bank account.
Ingresó el dinero en una cuenta bancaria.

incluir

They put in a description of the man.
Incluyeron una descripción del hombre.

hacer una llamada

He put in a call to an old friend.
Hizo una llamada a un viejo amigo suyo.

(edad) estimar

I would put you in your forties.
Te echo unos cuarenta años.

(en el hospital) ingresar

The accident put him in hospital.
Le ingresaron en el hospital después del accidente.

put into *meter*

She put the money into the box.
Metió el dinero en la caja.

(tiempo, esfuerzo, dinero) invertir, dedicar

She put a lot of money into the business.
Invirtió mucho dinero en el negocio.

expresar
She tried to put her feelings into words.
Intentó expresar sus sentimientos.

encarcelar
They put him into a top security prison.
Le metieron en una cárcel de alta seguridad.

(una embarcación) llegar a puerto
The ship put into port.
El barco llegó a puerto.

put off *posponer*
They've put it off until the following week.
Lo han aplazado hasta la semana que viene.

quitar todo el apetito, repugnar
The smell of the cheese puts me off.
El olor del queso me repugna.

disuadir de
They put him off becoming an accountant.
Le disuadieron de ser contable.

distraer, despistar
They were trying to put me off while I was playing tennis.
Estaban intentando distraerme cuando jugaba al tenis.

apagar
She put off the light.
Apagó la luz.

(una embarcación) desembarcar
They put off at Singapore.
Desembarcaron en Singapur.

desvestirse
She put off her clothes.
Se quitó la ropa.

put on *(ropa) ponerse*
Put your jacket on.
Ponte la chaqueta.

colocar, poner
He put the food on the table.
Puso la comida en la mesa.

engordar
I've put a lot of weight on recently.
He engordado mucho últimamente.

(una postura) adoptar
She put on an air of innocence.
Adoptó un aire de inocencia.

exagerar
He was really putting it on.
Lo exageraba mucho.

(una obra de teatro) representar
They're putting on one of his plays.
Están representando una de sus obras.

(el freno) poner, pisar
She suddenly put the brakes on.
De repente pisó el freno.

(la tetera) poner a calentar
She put the kettle on.
Puso la tetera a calentar.

poner a hervir/cocinar
I'll put some potatoes on.
Pondré unas patatas a hervir.

(un nombre) dar, facilitar
They put us on to you.
Ellos nos dieron tu nombre.

hacer pensar en
Who put you on to us?
¿Quién os hizo pensar en nosotros?

denunciar
They put the police on to us.
Nos denunciaron a la policía.

(la radio, televisión) encender
She put the television on.
Encendió la televisión.

apostar a
I've put some money on that horse.
He apostado a ese caballo.

añadir, incluir
Have they put on the VAT?
¿Han incluido el IVA?

(al teléfono) ponerse
They put my father on the phone.
Pusieron a mi padre al teléfono.

poner en contacto con
They put us on to a really good doctor.
Nos pusieron en contacto con un médico muy bueno.

put out *sacar*
Put the rubbish out.
Saca la basura.

(la lengua) sacar
The child put its tongue out and showed it to the doctor.
El niño sacó la lengua y se la mostró al médico.

(la cabeza) asomar
He put his head out of the window.
Asomó la cabeza por la ventana.

molestarse
Don't put yourself out.
No se moleste.

echar, expulsar
He put them out on the street.
Les echó a la calle.

(la ropa) tender
He put the clothes out to dry.
Tendió la ropa.

(la mano) tender
She put her hand out.
Le tendió la mano.

estar muy enfadado
She was really put out.
Estaba muy enfadada.

publicar
He's put a new book out.
Ha publicado un nuevo libro.

(un serial) emitir, sacar
They've put out a new comedy on the television.
Han puesto una nueva comedia en la televisión.

(un rumor) hacer correr, difundir
They've put out a nasty rumour about me.
Han difundido un feo rumor sobre mí.

(la luz, el fuego) apagar
They put the fire out.
Apagaron el fuego.

colocar, preparar
His mother put some clean clothes out for him.
Su madre le preparó ropa limpia.

fastidiar, dislocar
Lifting all that heavy furniture put his back out.
El levantar todos esos muebles pesados le fastidió la espalda.

put over *poner encima*
She put a blanket over him to keep him warm.
Le puso una manta encima para mantenerle caliente.

comunicar, transmitir
She put her thoughts over very coherently.
Comunicó muy bien sus pensamientos.

put past *expresión*
I wouldn't put it past him.
Es capaz de ello.

put through *(por teléfono) poner con*
Would you please put me through to the manager?
¿Me puede poner con el director, por favor?

(una idea) comunicar, transmitir
They put the proposal through during a meeting.
Expuso la propuesta durante la reunión.

someter a
They put him through some tough tests.
Le sometieron a unas pruebas muy duras.

atravesar
She put her hand through the window.
Sacó la mano por la ventana.

put to *poner*
He put his finger to his lips.
Puso el dedo en los labios.

(problemas) causar
They put me to a lot of trouble.
Me causaron muchos problemas.

expresión
I can't put a name to his face.
No me acuerdo de su nombre.

put together *poner juntos*
Why does the teacher always put us together?
¿Por qué el profe siempre nos pone juntos?

juntar, formar
Who put the team together?
¿Quién formó el equipo?

sumar
What do you get if you put three and four together?
¿Cuánto suman tres y cuatro?

montar, ensamblar
She put the model together.
Montó la maqueta.

(pensamientos) organizar coherentemente
It took him a while to put his ideas together.
Le costó un poco organizar sus ideas.

put towards *(dinero) utilizar, destinar*
We're going to put this money towards a new car.
Vamos a destinar este dinero a comprar un coche nuevo.

put up *alojar*
I'll put you up at the Sheraton Hotel.
Te alojaré en el hotel Sheraton.

(la mano) levantar
She put her hand up to answer the question.
Levantó la mano para contestar la pregunta.

(paraguas) abrir
He put the umbrella up.
Abrió el paraguas.

recoger
He picked it up from the floor.
Lo recogió del suelo.

(precios) subir
They've put prices up again.
Han subido los precios otra vez.

(una sugerencia) hacer
She put up a new suggestion.
Hizó una nueva propuesta.

resistirse
They are putting up a lot of resistance.
Se están resistiendo mucho.

nombrar, proponer a una persona como candidata
They put her up as candidate for the party.
La nombraron candidata del partido.

(una casa) poner en venta
They put the house up for sale.
Pusieron la casa en venta.

(dinero) aportar
They put up all the finance for this project.
Aportaron todo el dinero para este proyecto.

construir
They put up a new building.
Construyeron un nuevo edificio.

construir, montar
She put up some shelves.
Montó una estantería.

colocar
They put up a sign saying «No Entry».
Colocaron un cartel que decía «prohibido entrar».

expresión
Hands up!
¡Arriba las manos!

put up to *incitar, sugerir*
Who put you up to it?
¿Quién te dio la idea?

put up with *aguantar, soportar*
I can't put up with such rude behaviour.
No soporto un comportamiento tan grosero.

ser tolerante
She puts up with everything.
Es muy tolerante.

put upon *sentirse utilizado*
She felt put upon.
Se sintió utilizada.

Puzzle *(n) rompecabezas*

puzzle out *descifrar, desentrañar*
We never managed to puzzle it out.
Nunca conseguimos desentrañarlo.

puzzle over *analizar, dar vueltas a*
They were puzzling over the cause of the accident.
Daban vueltas a la causa del accidente.

Q

Quiten *tranquilizar*

<u>quiten down</u> *silenciar, hacer callar*

I managed to quieten the children down.

Conseguí que los niños se callasen.

tranquilizar(se), calmar(se)

The unrest which has swept over the country took weeks to quieten down.

El malestar que se había extendido por el país tardó semanas en calmarse.

R

Rabbit *(n) conejo*

rabbit on *parlotear, cascar*

He's been rabbiting on for hours.

Ha estado cascando durante horas.

Rack *(n) estante*

rack up *conseguir, ganar*

We've been racking up profits.

Hemos estado acumulando beneficios.

Rage *(n) rabia*

rage against *estar furioso con*

He was raging against doctors in general.

Estaba furioso con los médicos en general.

Rain *llover*

rain down *llover a cántaros/a mares*

It's been raining down all day.

Lleva todo el día lloviendo a cántaros.

rain off/*US* out *cancelar a causa de la lluvia*

The game was rained off.

El partido fue cancelado a causa de la lluvia.

Raise *levantar*

raise up *levantarse, incorporarse*
She raised herself up onto her knees.
Se incorporó apoyándose en las rodillas.

aparecer de la nada
He raised himself up from nothing.
Apareció de la nada.

Rake *(el jardín) rastrillar*

rake in *conseguir, ganar*
They've been raking in huge profits.
Han ganado enormes beneficios.

rake off *quitar con el rastrillo, (dinero) llevarse*
We've got to rake the leaves off the lawn.
Tenemos que rastrillar el césped.

rake over *(memorias) remover*
They've been raking over her past.
Han estado removiendo su pasado.

rake together *(con dificultad) reunir*
We managed to rake a team together.
Conseguimos reunir un equipo a duras penas

rake up *sacar a relucir, (el pasado) remover*
Raking up the past won't help you at all.
Sacar a relucir el pasado no te ayudará en absoluto.

Rally *reunión, mitin*

rally (a)round *agruparse en torno a*
Many people have rallied round to help the family.
Muchos se han unido para ayudar a la familia.

Ram *(n) carnero*

ram down *golpear con fuerza*
He rammed the drink down on the table.
Golpeó el vaso contra la mesa.

obligar a alguien a escuchar algo
She rammed the facts down his throat.
Le obligó a escucharla.

obligar a alguien a beber algo
They rammed the liquid down his throat.
Le obligaron a beber el líquido.

ram in *introducir algo con fuerza*
She rammed the stick in the hole.
Metió el palo con fuerza en el agujero.

ram into *introducir algo con fuerza*
He rammed the ball into the hole.
Metió la pelota con gran fuerza en el agujero.

Ramble *caminar, marchar*

ramble on *divagar*
She's been rambling on for hours.
Lleva horas divagando.

Range *(n) alcance*

range against *enfrentarse a*
The two armies were ranged against each other.
Los dos ejércitos estaban enfrentados.

Rank *(n) rango*

rank among *figurar entre*
She ranks among one of the best doctors in the world.
Figura entre los mejores médicos del mundo.

Rap *golpear*

rap out *hablar bruscamente*
He was rapping out orders.
Escupía órdenes.

Rat *(n) rata*

rat on *chivarse de alguien, delatar a alguien*
He ratted on me.
Me delató.

Ration *(n) ración*

ration out *racionar*
She rationed out the food.
Racionó la comida.

Rattle *agitar, sacudir*

rattle away *charlar*
He was rattling away.
Seguía charlando.

rattle off *enumerar rápidamente, decir de carrerilla*
She rattled off the numbers really quickly.
Soltó los números de un tirón.

rattle on *hablar sin cesar, parlotear*
She's been rattling on about her time in Burma.
Ha estado hablando sin cesar sobre su estancia en Burma.

rattle through *(un trabajo) despachar deprisa*
She rattled through the work.
Se dio prisa con el trabajo.

Rave *delirar*

rave on about *hablar en términos entusiastas de algo*
He's been raving on about that new play.
Se ha estado deshaciendo en elogios sobre la nueva obra.

rave up *pasarlo bien*
They were raving it up.
Estaban pasándolo bien.

Reach *alcanzar*

reach down *bajar la mano para coger algo*
He reached down to pick up his wallet.
Bajó la mano para coger el monedero.

reach out for *alargar la mano para alcanzar algo*
She reached out for the wine.
Alargó la mano para coger el vino.

reach out to *llegar a*
The message reached out to a lot of people.
El mensaje llegó a muchas personas.

reach up *alargar el brazo hacia arriba para coger algo*
She reached up to turn out the light.
Alargó el brazo hacia arriba para apagar la luz.

Read *leer*

read back *releer, volver a leer*
Could you read that first part back to me?
¿Me podrías volver a leer esa primera parte?

read for *(una carrera universitaria) estudiar*
She read for the same degree as me.
Estudió la misma carrera que yo.

read into *entender*
I wouldn't read too much into that.
No sacaría demasiadas conclusiones de eso.

read off *leer de un tirón*
She read the book off in not more than an hour.
Leyó el libro de un tirón y no tardó más de una hora.

read on *seguir leyendo*
She read on despite the noise.
Seguía leyendo a pesar del ruido.

read out *leer en voz alta*
Shall I read the scores out?
¿Leo la puntuación en voz alta?

read over *repasar*
I think we need to read that over again.
Creo que necesitamos repasarlo otra vez.

read through *leer de cabo a rabo*
She read through the book in just four hours.
Leyó el libro de cabo a rabo en sólo cuatro horas.

read up *leer bibliografía sobre, documentarse sobre*
I've been reading up about my family.
He estado documentándome sobre mi familia.

read up on *leer mucho sobre, empaparse de*
I've been reading up on childbirth.
He estado leyendo mucho sobre el parto.

Reason *(n) razón*

reason with *tratar de convencer a, razonar con*
It's impossible to reason with her.
Es imposible razonar con ella.

Reckon *considerar*

reckon on *contar con, estar seguro de algo*
She reckons on being champion.
Está segura de que será campeona.

reckon up *calcular, hacer cuentas*
We reckoned up and I paid back everything I owed.
Hicimos cuentas y devolví todo lo que debía.

reckon with *estimar, calcular, tomar en cuenta, contar con algo*
She hadn't reckoned with his desire for revenge.
No había tomado en cuenta su sed de venganza.

reckon without *no contar con*
They had reckoned without her determination.
No habían contado con su determinación.

Reduce *reducir*

reduce to *reducir a*
They've reduced the number to half.
Han reducido el número a la mitad.

Reek *apestar*

reek of *apestar a*
This reeks of rotten meat.
Esto apesta a carne podrida.

(fig) oler a
This reeks of treachery.
Esto huele a traición.

Reel *(de pesca) carrete*

reel back *dar un paso atrás*
She reeled back in surprise.
Dio un paso atrás entre sorprendida y horrorizada.

reel in *pescar un pez (haciendo girar el carrete)*
Who reeled in the first fish?
¿Quién pescó el primer pez?

reel off *soltar de un tirón, decir de carrerilla*
He reeled off the names of the winners.
Soltó los nombres de los ganadores de un tirón.

Refer *referir, remitir*

refer to *referirse a*
This number refers to the country of origin.
Este número se refiere al país de origen.

remitir, enviar
She referred me to another doctor.
Me envió a otro médico.

remitir a
Please refer to page 39.
Por favor, vaya a la página 39.

consultar
You need to refer to another book.
Tienes que consultar otro libro.

aludir
They were referring to me.
Se estaban refiriendo a mí.

Reflect *reflexionar, reflejar*

reflect on *reflexionar*
I think you should reflect on that.
Creo que deberías reflexionar sobre ello.

dejar en buen/mal lugar a alguien
That reflects badly on you.
Eso te deja en muy mal lugar.

Refrain *(n) estribillo*

refrain from *abstenerse de*
I couldn't refrain from laughing.
No pude contener la risa.

Rein *(n) (de caballo) rienda*

rein back *frenar*
The Government want to rein back inflation.
El Gobierno quiere frenar la inflación.

rein in *controlar, frenar, reducir*
They want to rein in spending.
Quieren reducir gastos.

(el caballo) frenar
She reined in the horse.
Frenó el caballo.

Relate *narrar, relacionar*
relate to *identificarse con, entender*
I couldn't relate to those characters.
No pude identificarme con esos personajes.

Relieve *aliviar*
relieve of *exonerar a alguien de un deber, echar/relegar de un puesto*
They relived him of his position as director.
Le relegaron de su puesto como director.

Rely *fiar*
rely on *fiarse de, confiar en*
You can't rely on the weather.
No te puedes fiar del tiempo.

Remark *comentar*
remark on *hacer una observación sobre*
She remarked on his aspect.
Hizo una observación sobre su aspecto.

Remember *recordar*
remember to *dar recuerdos a alguien*
Remember me to your father.
Dale recuerdos a tu padre de mi parte.

Remain *quedar*
remain behind *quedarse atrás*
She had to remain behind after school.
Tuvo que quedarse después de clase.

Remind *recordar*
remind of *recordar algo a alguien*
She reminded me of the need to leave early.
Me recordó que teníamos que salir temprano.

tener un parecido con alguien
You remind me of a famous actor.
Me recuerdas a un actor famoso.

Rent *alquilar*

rent out *alquilar*
She rented the flat out really cheaply.
Alquiló el piso a un precio muy bajo.

Report *informar*

report back *rendir cuentas*
You have to report back to the Minister.
Tienes que rendir cuentas al ministro.

presentarse
Soldiers have to report back to barracks.
Los soldados tienen que presentarse en el cuartel.

(una información) repetir, contar
Please don't report back my comments to head office.
Por favor, no cuentes mis comentarios en la oficina central.

Resort *(n) recurso*

resort to *recurrir a*
We had to resort to violence.
Tuvimos que recurrir a la fuerza.

Rest *descansar*

rest up *tomar un descanso*
We need to rest up for a while.
Necesitamos descansar un rato.

rest with *(una decisión, la responsabilidad) corresponderle a alguien*
The decision rests with her.
Le corresponde tomar la decisión a ella.

Result *(n) resultado*

result from *resultar de*
Most of the damage resulted from the explosion.
La mayoría de los daños fueron causados por la explosión.

result in *tener algo como resultado*
The accident resulted in death.
El accidente se saldó con muertes.

Return *volver*

return to *volver a un sitio*
She returned to her place of birth.
Volvió a su lugar de nacimiento.

devolver un objeto
Please return all objects to their place.
Por favor, devuelve todos los objetos a su sitio.

(un asunto o trabajo) reanudar
We'll return to this later.
Volveremos a tratarlo más tarde.

Rev up *(un motor) acelerar, revolucionar*
Stop revving that car up.
Deja de revolucionar el motor de ese coche.

Revert *volver*
revert to *saltar atrás, volver a una situación anterior*
She's reverted to childish behaviour.
Ha vuelto a comportarse de manera infantil.

volver a mencionar algo
She reverted to the question of money.
Retomó el tema del dinero.

Revolve *girar*
revolve around *girar en torno a*
He thinks the world revolves around him.
Cree que el mundo gira alrededor de él.

Rid *librar*
rid of *librarse, deshacerse de*
We have to rid the world of disease.
Tenemos que librar al mundo de enfermedades.

Ride *montar a caballo*
ride about/around *pasearse a caballo*
She loves just riding about.
Le encanta pasearse a caballo.

ride away *(a caballo, en bicicleta, etc) alejarse*
She rode away on her motorbike.
Se alejó en su moto.

ride back *(a caballo, en bicicleta, etc) volver*
He rode back at 6pm on his bike.
Volvió en su bici a las 6 de la tarde.

ride behind *(en coche, moto, etc) ir en el asiento de atrás*
I hate riding behind on a motorbike.
Odio ir en el asiento de atrás de una moto.

ride by *(a caballo, en bicicleta, etc) pasar*
She rode by without saying hello.
Pasó a caballo sin decir ni hola.

ride down *(a caballo, en bicicleta, etc) atropellar a*
The horse rode him down.
El caballo le atropelló.

ride off *(a caballo, en bicicleta, etc) alejarse*
He rode off.
Se alejó a caballo.

ride on *(a caballo, en bicicleta, etc) seguir adelante*
Just ride on till I tell you to stop.
Sigue adelante hasta que te diga que pares.

ride out *(fig) aguantar, capear el temporal*
They rode out the political storm.
Aguantaron la tormenta política.

ride out *(a caballo, en bicicleta, etc) irse, marcharse*
She rode out of town.
Se fue del pueblo montando a caballo.

ride up *(una falda) subirse*
Her skirt had ridden up.
Se le subió la falda.

ride up *(a caballo, en bicicleta, etc) llegar*
He rode up and jumped off his horse.
Llegó y bajó de un salto del caballo.

Rifle *(n) rifle*

rifle through *revolver en, rebuscar en*
They rifled through my drawers.
Revolvieron en mis cajones.

Rig *aparejar, (elecciones) amañar*

rig out *(un barco) equipar*
They rigged the ship out with everything they could possibly need.
Equiparon el barco con todo lo necesario.

llevar ropa adecuada para desarrollar una actividad
She was rigged out with all the necessary clothes.
Iba vestida con la ropa adecuada.

rig up *improvisar, apañar*
They rigged up a shelter using an old blanket.
Improvisaron un refugio utilizando una manta vieja.

Ring *llamar por teléfono*

ring (a)round *llamar a muchas personas, hacer una ronda telefónica*
She rang around to see who wanted to come.
Llamó a muchas personas para ver quién quería venir.

ring back *volver a llamar*
I'll ring back some time tonight.
Te devolveré la llamada esta noche.

ring down *(una cortina) bajar*
He rang the curtain down.
Bajó la cortina.

ring in *celebrar*
They rang in the new year.
Celebraron el Año Nuevo.

llamar para avisar de una ausencia
She rang in to say that she wouldn't be going to work.
Llamó para decir que no iba a trabajar.

ring off *(el auricular) colgar*
She rang off.
Colgó.

ring out *oírse*
A shot rang out.
Se oyó un disparo.

ring up *registrar*
They rang up the sale and charged her.
Registraron la venta y la cobraron.

(beneficios, ganancias) recaudar
They rang up more than $2 million in sales last year.
El año pasado recaudaron más de dos millones de dólares en ventas.

(por teléfono) llamar
I'll ring you up tomorrow.
Te llamaré mañana.

Rinse *aclarar*

rinse out *(ropa) aclarar*
He rinsed the clothes out.
Aclaró la ropa.

(la boca) enjuagar
You need to rinse your mouth out.
Tienes que enjuagarte la boca.

Rip *(ropa, papel) rasgarse, romperse*

rip apart *dividir*
This war is ripping the country apart.
Esta guerra está dividiendo el país.

destrozar/hundir a alguien verbalmente
The journalists ripped the minister apart.
Los periodistas se ensañaron con el ministro.

(un cuerpo) destrozar desgarrar
The wolves ripped the sheep apart.
Los lobos desgarraron a la oveja.

rip into *atacar verbalmente*
She ripped into them.
Les atacó verbalmente.

rip off *estafar, timar, robar*
I think you've been ripped off.
Creo que te han timado.

arrancar, quitar de un tirón
She ripped the clothes label off.
Arrancó la etiqueta de la prenda.

rip open *abrir de un tirón*
She ripped the letter open.
Abrió la carta de un tirón.

rip out *arrancar*
The vampire ripped the man's heart out.
El vampiro arrancó el corazón del hombre.

rip up *(papel) romper*
He ripped up the letter into small pieces.
Rompió la carta en pequeños trozos.

Rise *levantarse*

rise above *ignorar*
They were provoking him and laughing at him but he just rose above it.
Le provocaban y se reían de él, pero él los ignoró.

rise up *levantarse*
She rose up and got her bag.
Se levantó y cogió su bolso.

sublevarse
They rose up and overthrew the Government.
Se sublevaron y derrocaron al Gobierno.

Roam *vagar*

roam about/around *andar sin rumbo fijo, vagar*
They've been roaming about for days.
Llevan días vagando.

Roll *rodar, ir rodando*

roll about/around *rodar por el suelo*
Stop rolling about on the floor.
Deja de revolcarte por el suelo.

(un barco) balancearse, mecerse
The ship was rolling about.
El barco estaba meciéndose.

roll along *rodar*
The ball rolled along the floor.
El balón rodó por el suelo.

roll away *alejarse rodando*
The ball rolled away.
El balón se alejó rodando.

roll back *volver a los tiempos pasados, rebobinar*
They want to roll back all the reforms.
Quieren anular todas las reformas.

(una alfombra) quitar, enrollar
They rolled back the carpet to see what was underneath.
Enrollaron la alfombra para ver lo que había debajo.

roll down *bajar rodando*
Tears rolled down her cheek.
Las lágrimas le corrían por las mejillas.

roll in *entrar a raudales*
Money has been rolling in since we launched the new product.
Desde que lanzamos el nuevo producto, estamos ganando dinero a espuertas.

llegar, presentarse
She rolled in at 4pm.
Se presentó a las cuatro de la tarde.

roll into *enrollarse, encogerse*
He rolled into a ball on the floor.
Se hizo un ovillo en el suelo.

llegar, presentarse
She rolled into town at 6pm.
Se presentó en el pueblo a las seis de la tarde.

roll off *caerse rodando*
The coin rolled off the table.
La moneda rodó por la mesa y se cayó.

roll on *(un vehículo) seguir su marcha*
The vehicle rolled on.
El vehículo siguió su marcha.

expresión
Roll on 4pm!
¡Que lleguen las cuatro!

roll out *(pasta) extender con el rodillo*
You need to roll the pastry out.
Tienes que extender la pasta con el rodillo.

roll over *(una persona) darse la vuelta*
She rolled over to the other side of the bed and woke him up.
Se dio la vuelta en la cama y le despertó.

roll up *(una manga, los bajos del pantalón) arremangarse*
The shirt is too big for you – you need to roll up the sleeves.
La camisa es demasiado grande para ti, tendrás que arremangártela.

acudir en masa
The spectators rolled up to see the show.
Los espectadores acudieron en masa para ver el espectáculo.

enrollar algo
She rolled up the string.
Enrolló la cuerda.

llegar, presentarse
She rolled up late as usual.
Se presentó tarde, como siempre.

expresión
Roll up! Roll up! Come and see the show!
¡Venga!, ¡Vengan todos!, ¡Vean el espectáculo!

Romp *(n) retozo, juego*

romp through *encontrar algo fácil*
He romped through the exam.
Sacó el examen con toda facilidad.

Root *(n) raíz*

root about/around *rebuscar algo*
She was rooting about in his desk.
Andaba rebuscando algo en su escritorio.

root for *(US) apoyar a*
We'll be rooting for you.
Te estaremos apoyando.

root out *extirpar, cortar de raíz, desenmascarar*
It took just four days to root the spy out.
Tardaron cuatro días en desenmascarar al espía.

root through *examinar en busca de algo*
They've been rooting through his e-mails.
Han estado examinando sus mensajes de correo electrónico.

root up *(plantas) arrancar (con raíces)*
We've got to root up the plants.
Tenemos que arrancar las plantas.

Rope *(n) cuerda*

rope in *liar/enganchar a alguien (para hacer algo)*
I got roped in to help.
Me engancharon para que les ayudara.

rope off *acordonar*
They roped off a large area.
Acordonaron una gran área.

Rot *pudrir*

rot away *pudrirse*
The food has rotted away.
La comida está estropeada.

Rough *(superficie, piel) áspero*

rough out *esbozar/bosquejar/trazar un plan*
We need to rough out a plan.
Tenemos que trazar un plan.

rough up *dar una paliza a*
They roughed him up.
Le dieron una paliza.

(pelo) despeinar
Please don't rough up my hair.
Por favor, no me despeines.

Round *(adj) redondo*

round down *(precio) redondear a la baja*
We've rounded down all our prices.
Hemos redondeado todos nuestros precios a la baja.

round off *acabar, terminar, rematar*
They rounded the meal off with a delicious dessert.
Remataron la cena con un postre delicioso.

alisar los bordes de un objeto hecho de madera
You need to round the edges off.
Hay que lijar los bordes.

round on *volverse en contra de, atacar a*
She rounded on her critics.
Se volvió en contra de los que le criticaron.

round up *arrestar, detener*
Police have rounded up three suspects.
La policía ha arrestado a tres sospechosos.

(ganado) rodear, recoger
I used to work as a cowboy rounding up cattle.
Antes trabajaba como vaquero recogiendo a las vacas.

(precios) redondear al alta
Most shops have rounded their prices up.
La mayoría de las tiendas han redondeado sus precios al alta.

Rub *frotar*

rub against *rozar contra*
Something in my bag is rubbing against my back.
Algo en mi mochila me está rozando la espalda.

rub along *llevarse bien/mal*
They rub along fairly well.
Se llevan bastante bien.

rub away *limpiar, eliminar, borrar*
I'm going to rub that graffiti away.
Voy a borrar ese grafiti frotando.

rub down *secar frotando*
She rubbed him down with a dry towel.
Le secó frotándolo con una toalla.

alisar frotando
She rubbed the surface down with a piece of sandpaper.
Alisó la superficie frotando con un trozo de papel de lija.

rub in *frotar*
You need to rub a bit of this lotion in to your hair.
Tienes que frotarte el pelo con esta loción.

restregar
Stop rubbing it in!
¡Deja de restregármelo por las narices!

rub off *influir*
His accent has rubbed off on me.
Se me ha pegado su acento.

limpiar, eliminar, borrar
They rubbed the graffiti off.
Borraron el grafiti frotando.

rub on *aplicar frotando*
Rub some of this on your back – it will help the pain.
Frótate la espalda con un poco de esto, te aliviará el dolor.

rub out *borrar*
She wrote his name in pencil, then rubbed it out.
Escribió su nombre con lápiz y luego lo borró.

cargarse/cepillarse a alguien
They tried to rub him out with poison.
Intentaron cargárselo con veneno.

Rule *gobernar*

rule out *excluir, descartar*
They've ruled out the idea of making any cuts.
Descartaron la idea de hacer recortes.

rule out of *excluir, eliminar*
She was ruled out of the competition for taking drugs.
Le eliminaron del concurso por consumo de drogas.

Run *correr*

run across *encontrarse, toparse con*
I ran across Mike at the mall.
Me topé con Mike en el centro comercial.

(una superficie) atravesar corriendo
She ran across the field.
Atravesó el campo corriendo.

run about/around *correr de acá para allá*
I've been running around all day.
Llevo todo el día corriendo de acá para allá.

run after *correr detrás de alguien*
He's running after girls half his age.
Va detrás de las chicas a las que les dobla la edad.

perseguir a
The bull ran after the man.
El toro perseguía al hombre.

run along *correr*
Now, run along!
¡Vete ya!

run around with *asociarse, ir con*
Who are those people you run around with?
¿Quiénes son estas personas con las que vas?

run away *dejarse llevar*
Don't let your imagination run away with you.
No te dejes llevar por la imaginación.

(de casa) huir
She ran away from home at the age of six.
Huyó de casa a la edad de seis años.

(de un problema) evadirse
It's no good trying to run away from the problem.
No vale la pena evadirse del problema.

fugarse con alguien
They ran away together and got married in Mexico.
Se fugaron y se casaron en Méjico.

salir victorioso, llevarse un trofeo
She ran away with the gold medal.
Se llevó la medalla de oro.

run by *(la opinión de alguien) sondear*
I'd just like to run this idea by you.
Me gustaría que me dieses tu opinión.

run down *gastarse, agotarse*
These batteries have run down.
Las baterías se han agotado.

criticar
She's always running us down.
Siempre nos está criticando.

(la industria) desmantelar
They're trying to run state industries down.
Están intentando desmantelar las industrias estatales.

reducir, disminuir
The fund had been run down to half its previous level.
El fondo se había reducido a la mitad de su nivel anterior.

atropellar
She was run down by a car.
La atropelló un coche.

irse corriendo a un sitio
She ran down to the post office.
Se fue corriendo a correos.

encontrar
We've run down that man you were looking for.
Hemos encontrado al hombre que buscabas.

leer
She ran down the list of names.
Leyó los nombres de la lista.

estar cansado
I'm feeling run down.
Me siento cansado.

run in *(un coche) rodar*
I'm running the car in.
Estoy rodando el coche.

entrar corriendo
She ran in the room.
Entró corriendo en la habitación.

arrestar, detener
They ran him in.
Le arrestaron.

run into *tropezar con*
We've run into a few difficulties.
Hemos tropezado con algunos problemas.

encontrarse, toparse con
I ran into an old friend.
Me topé con un viejo amigo.

chocar contra
The driver ran into a tree.
El conductor chocó contra un árbol.

superar
The total cost runs into more than ten million dollars.
El coste total supera los diez millones de dólares.

entrar corriendo
She ran into the room.
Entró corriendo en la habitación.

run off *imprimir*
We ran off 16 copies.
Imprimimos 16 copias.

robar
He ran off with my purse.
Me robó el monedero.

fugarse
He ran off with his wife's mother.
Se fugó con la madre de su mujer.

irse corriendo
She ran off without saying goodbye.
Se fue corriendo sin decir adiós.

largarse
Run off and play somewhere else!
¡Lárgate a jugar a otro sitio!

hablar sin parar
He does run on.
Ese sí que no para de hablar.

continuar, durar
The show ran on for three hours.
El espectáculo duró tres largas horas.

seguir corriendo
He ran on ahead.
Seguía corriendo delante de nosotros.

utilizar como fuente de energía
The car runs on batteries.
El coche va con pilas.

run out *quedarse sin*
We've run out of gin.
Nos hemos quedado sin ginebra.

acabarse
Time is running out.
El tiempo se acaba.

vencer
The contract runs out next month.
El contrato vence el mes que viene.

salir de un sitio corriendo
She ran out of the room.
Salió corriendo de la habitación.

(un líquido) irse, escaparse, salir
The liquid was running out of the container.
El líquido salía del contenedor.

(en cricket) eliminar de un partido
He was run out.
Fue eliminado.

(una cuerda) soltar
They ran out a rope.
Soltaron una cuerda.

echar
They ran him out of town.
Le echaron del pueblo.

run out on *abandonar, dejar*
Our accountant ran out on us.
Nuestro contable nos dejó.

run over *atropellar*
We ran over her bicycle with the car.
Atropellamos su bicicleta con el coche.

repasar
We need to run over this report.
Tenemos que repasar este informe.

volver a ensayar
Let's run over the scene again.
Volvamos a ensayar la escena.

durar más de lo previsto
The programme ran 40 minutes over time.
El programa duró 40 minutos más de lo previsto.

cruzar corriendo
They ran over the field.
Cruzaron el campo corriendo.

run past *(la opinión de alguien) sondear*
She ran the idea past him.
Quiso saber su opinión sobre su idea.

pasar corriendo al lado de
He ran past the bar without seeing who was inside.
Pasó corriendo al lado del bar sin ver quién estaba dentro.

run through *ensayar*
I think we should run through that scene once more.
Creo que deberíamos ensayar esa escena una vez más.

repasar
Could you run through that list once more, please?
¿Podrías repasar esa lista una vez más, por favor?

(una corriente de asombro, asco, etc) recorrer
A wave of horror ran through the group.
Una oleada de horror recorrió el grupo.

estar presente
Prejudices are running through our society.
Los prejuicios están presentes en nuestra sociedad.

gastar
They ran through more than $400 in one hour.
Gastaron más de 400 dólares en una hora.

clavar, atravesar
She ran him through with a sword.
Le atravesó con una espada.

atravesar corriendo
She ran through the forest.
Atravesó el bosque corriendo.

run to *ir en busca de ayuda, recurrir a*
Who can I run to?
¿A quién puedo recurrir?

tener en total
The book ran to over three hundred pages.
El libro tenía más de 300 páginas en total.

(un gasto) poder permitirse
The total cost is over 4,000 euros and we can't run to that.
El coste total asciende a más de 4.000 euros y no nos lo podemos permitir.

incluir
His taste in food runs to Chinese and Indian.
Entre sus preferencias culinarias incluye la comida china y la hindú.

run up *(una deuda) contraer*
She ran up a huge debt.
Contrajo una deuda enorme.

subir corriendo
The cat ran up the tree.
El gato se subió al árbol a toda velocidad.

llegar a
The steps run up to the top of the tower.
Los peldaños llegan hasta la parte superior de la torre.

(una bandera) izar
They ran up the flag.
Izaron la bandera.

run up against *tropezar con*
They ran up against a few difficulties.
Tropezaron con algunos problemas.

Rush *darse prisa*

rush about/around *trajinar, correr de acá para allá*
I've been rushing about all day.
Llevo todo el día corriendó de acá para allá.

rush at *precipitarse hacia, lanzarse sobre*
She rushed at him.
Se precipitó hacia él.

rush away *partir como un rayo*
Sorry but I've got to rush away.
Perdona, pero tengo que irme corriendo.

rush by *pasar como un rayo*
She rushed by without even stopping to say hello.
Pasó como un rayo sin ni siquiera saludarnos.

rush down *bajar a toda prisa*
I'm just going to rush down to buy a newspaper.
Bajo corriendo a comprar el periódico.

rush in *entrar a toda prisa*
She rushed in and sat down.
Entró corriendo y se sentó.

<u>rush in/into</u> *aceptar o hacer algo precipitadamente*
You shouldn't rush in to it.
Piénsatelo dos veces antes de hacerlo.

<u>rush off</u> *irse a toda prisa*
He rushed off.
Se fue a toda prisa.

<u>rush out</u> *producir/sacar a toda prisa*
They rushed the film out.
Produjeron la película a toda prisa.

salir como un rayo
He rushed out of the room.
Salió de la habitación como alma que lleva el diablo.

<u>rush through</u> *despachar a toda prisa*
They rushed through the burial.
Despacharon el entierro a toda prisa.

aprobar a toda prisa
They rushed the law through.
Aprobaron la ley a toda prisa.

<u>rush up</u> *acercarse corriendo*
They rushed up to the policewoman.
Se fueron corriendo hacia la agente de policía.

Rust *oxidar*

<u>rust away</u> *oxidarse, corroerse*
The car has been rusting away in that garage for years.
El coche lleva años oxidándose en el garaje.

Rustle *mover ligeramente, hacer crujir*

<u>rustle up</u> *improvisar, apañar*
I'll see what I can rustle up with this food.
Veré lo que puedo preparar con esta comida.

reunir, conseguir
She managed to rustle up enough beds for her guests.
Consiguió reunir suficientes camas para sus huéspedes.

S

Saddle *(n) silla*

saddle up *ensillar*

It's time to saddle up the horse.

Es la hora de ensillar los caballos.

saddle with *cargar con*

We were saddled with the children all weekend.

Nos cargaron con los niños todo el fin de semana.

Sail *navegar*

sail through *(un examen) aprobar fácilmente*

She sailed through that exam.

Pasó el examen con la gorra.

Sally forth/out *partir con determinación*

They sallied forth into the bitter cold.

Salieron con determinación al frío feroz.

Salt *(n) sal*

salt away *ahorrar, guardar en secreto*

She had salted away millions of investors' money.

Había ocultado muchos millones de los inversores.

Sand *(n) arena*

sand down *alisar con papel de lija*
She sanded the wood down.
Alisó la madera con papel de lija.

Save *ahorrar*

save up *(dinero) ahorrar*
She managed to save up enough to buy the car.
Consiguió ahorrar lo suficiente para comprar el coche.

Saw *serrar*

saw off/up *serrar, cortar con la sierra*
She sawed off the branches.
Serró las ramas.

Scale *(n) escala*

scale back *reducir*
They are thinking of scaling back production.
Están pensando en reducir la producción.

scale down *reducir*
They have scaled down the workforce.
Han reducido el número de empleados.

scale up *aumentar*
They have been scaling up production.
Han aumentado la producción.

Scamper *correr*

scamper about *corretear*
The children have been scampering about on the floor.
Los niños han estado correteando en el suelo.

scamper away/off *escabullirse, escaparse corriendo, salir dando brincos*
The insects scampered off before I had a chance to observe them.
Los insectos se escaparon corriendo antes de que tuviera la oportunidad de observarlos.

Scare *asustar*

scare away *ahuyentar*
She shouted at them and scared them away.
Les gritó y les ahuyentó.

Scatter *dispersar(se)*

scatter about/around *desparramar*

The child scattered the toys about all over the room.

El niño dejó toda la habitación sembrada de juguetes.

Scoop *(n) paleta, cuchara*

scoop out *excavar, ahuecar*

Scoop out the inside of the avocado.

Saca con la cuchara la pulpa del aguacate.

scoop up *recoger*

He scooped up the leaves with his hands.

Recogió las hojas con las manos.

Score *marcar*

score off/out *tachar*

She scored off each name as it was read out.

Tachó cada nombre después de ser leído.

Scour *restregar*

scour away *quitar*

The high acid content in the rain has scoured the paint away.

El alto contenido ácido de la lluvia ha quitado la pintura.

Scout *explorar*

scout about/around *(un terreno) reconocer*

The troops have been scouting about.

Los soldados han hecho un reconocimiento del terreno.

scout out *buscar*

They have to scout out a place along the coast where the ships can enter.

Tienen que buscar un sitio en la costa donde puedan atracar los barcos.

scout round for *buscar*

They scouted round for more food.

Buscaron más comida.

Scrabble *ir revolviendo*

scrabble about/around *buscar a tientas*

She scrabbled about in the grass looking for the money.

Buscó el dinero a tientas en la hierba.

Scrape *raspar*

<u>scrape along</u> *ir tirando*
She's been scraping along.
Ha ido tirando.

rozar
The side of the ship scraped along the iceberg.
El barco rozó el iceberg.

<u>scrape away/off</u> *quitar raspando*
She scraped the name away.
Quitó el nombre raspando.

<u>scrape by</u> *vivir con lo justo*
We only earn enough to scrape by.
Ganamos lo justo para vivir.

<u>scrape into</u> *entrar por los pelos*
He only just scraped into the school.
Entró en la escuela por los pelos.

<u>scrape off</u> ⇨ <u>scrape away</u>

<u>scrape out</u> *(el contenido) remover raspando*
She scraped out the bucket.
Quitó el contenido del cubo raspando.

<u>scrape through</u> *(un examen) aprobar por los pelos*
She only just scraped through the exam.
Aprobó el examen por los pelos.

<u>scrape together/up</u> *reunir poco a poco/con dificultad*
They managed to scrape together enough money.
A duras penas consiguieron reunir suficiente dinero.

Scratch *rascar*

<u>scratch about/around</u> *buscar a tientas*
She was scratching about in the dark looking for the switch.
En la oscuridad buscaba el interruptor a tientas.

<u>scratch out</u> *tachar*
She scratched his name out.
Tachó su nombre.

Scream *vociferar*

screan out *gritar, chillar*
«No!», he screamed out.
«No!», gritó.

Screen *ocultar*

screen off *separar con un tabique/biombo*
They screened his bed off from the other patients.
Separaron su cama de los demás pacientes con un biombo.

screen out *eliminar, descartar*
We need to screen out those who don't have experience any experience.
Tenemos que descartar a todas las personas sin experiencia.

Screw *correr*

screw about/around *hacer el vago*
He's been screwing about all day.
Lleva todo el día haciendo el vago.

(tabú) follar a diestro y siniestro
She's been screwing about.
Ha estado acostándose con todo el mundo.

screw down *fijar con tornillos*
You need to screw the top down.
Tienes que atornillar la tapa.

screw off *desenroscar*
You need to screw the lid off.
Hay que desenroscar la tapa.

screw on *atornillar, fijar con tornillos*
Screw the piece of plastic on here.
Atornilla el plástico aquí.

screw together *unir con tornillos, atornillar*
Screw the two pieces of wood together.
Atornilla los dos trozos de madera juntos.

screw up *(la cara) arrugar/contraer*
He screwed up his face in pain.
Contrajo la cara con dolor.

(papel) arrugar
She screwed up the piece of paper and threw it in the bin.
Arrugó el papel y lo tiró a la basura.

atornillar, apretar el tornillo
You need to screw the nut up.
Tienes que apretar la tuerca.

(tabú) cagarla
You really screwed that up.
La verdad es que la cagaste.

(tabú) afectar de mala manera, joder
That experience really screwed her up.
Esa experiencia la dejó muy jodida.

Scribble *garabatear, hacer garabatos, escribir con mucha prisa*

scribble down *(notas, etc) escribir deprisa, garabatear*
He scribbled her name down in his book.
Garabateó su nombre en su libreta.

Scroll *desplazar*

scroll down *(en una pantalla de ordenador) bajar el cursor*
She scrolled down the text to find the address.
Bajó con el cursor para buscar la dirección.

scroll through *(en una pantalla de ordenador) buscar con el cursor en un texto*
He scrolled through the text looking for any spelling mistakes.
Buscaba con el cursor errores ortográficos en el texto.

scroll up *(en una pantalla de ordenador) subir el cursor*
She scrolled up the text looking for his name.
Subió con el cursor para buscar su nombre.

Scrub *fregar*

scrub away *quitar fregando*
They scrubbed the graffiti away.
Quitaron el grafiti con estropajo.

scrub down *(habitación, paredes) fregar a fondo*
They scrubbed the walls down.
Fregaron las paredes a fondo.

scrub off *quitar restregando*
They scrubbed the rude words off the toilet wall.
Quitaron las palabrotas de las paredes del servicio con estropajo.

scrub out *limpiar restregando*
We need to scrub this bath out.
Hay que fregar bien este baño.

Scuttle *correr*

scuttle away *escabullirse*
The beetle scuttled away.
El escarabajo se escabulló.

Seal *sellar*

seal in *encerrar herméticamente*
They wanted to seal the flavour in.
Querían encerrar el sabor.

seal off/up *aislar, cerrar herméticamente*
The heavy doors sealed the room off.
Las puertas pesadas aislaron la habitación.

seal up *(un paquete) precintar*
They sealed the packet up.
Precintaron el paquete.

Search *buscar*

search out *encontrar*
I want you to search them out.
Quiero que los encuentres.

search through *buscar, examinar*
They searched through my bags.
Registraron mis maletas.

Section *(n) sección*

section off *cortar, seccionar, vallar*
The kitchen is sectioned off from the rest of the room.
La cocina está separada del resto de la habitación.

See *ver*

see about *encargarse de*
I'll see about that later.
Me encargaré de eso luego.

reparar
They came to see about the fridge.
Vinieron para reparar el frigorífico.

pensar, ver
I'll see about it.
Me lo pensaré.

see as *considerar (como)*
She no longer sees herself as a contender.
Ya no se considera una competidora.

see in *acompañar*
The guard saw the princess in.
El guarda acompañó a la princesa.

recibir
They saw the New Year in with friends and family.
Recibieron el Año Nuevo en compañía de amigos y familiares.

see into *investigar*
The police are seeing into it.
La policía lo está investigando.

see off *despedir*
We saw her off at the harbour.
Fuimos a despedirla al puerto.

deshacerse de
The police saw the journalists off.
La policía mandó fuera a los periodistas.

(un ataque) rechazar
They saw the attackers off.
Vencieron a los atacantes.

see out *acompañar a la salida*
Let me see you out.
Déjame acompañarte hasta la puerta.

(una película) ver hasta el final
The film was boring but I saw it out to the end.
La película era aburrida, pero la vi hasta el final.

llegar a fin de mes
It'll be hard to see the month out.
Será difícil llegar a fin de mes.

see over *inspeccionar*
They saw over the house.
Inspeccionaron la casa.

see through *ver las intenciones de*
I can see through you.
Conozco tu juego.

(dinero) tener suficiente
$150 a week is enough to see you through.
Con 150 dólares a la semana te las arreglas.

ver a través de
She could see through the window.
Podía ver a través de la ventana.

llevar a cabo, acabar con éxito
They saw the plan through.
Llevaron el plan a cabo con éxito.

see to *ocupar*
I'll see to it as soon as possible.
Me ocuparé de ello tan pronto como pueda.

Seek *buscar*

seek out *ir en busca de*
The Government will seek out terrorists wherever they are.
El Gobierno buscará a los terroristas estén donde estén.

Seep *filtrarse*

seep away *filtrarse*
The water seeped away through the hole.
El agua se filtraba por el agujero.

seep in *filtrarse en*
The gas was seeping in through a window.
El gas se filtraba a través de una ventana.

seep out *filtrarse, salir de*
Water was seeping out through a crack.
El agua salía por una grieta.

Seize *apoderarse de*

seize up(on) *(una oportunidad) aprovechar*
They seized on the opportunity for peace.
Aprovecharon la oportunidad de la paz.

seize up *(un mecanismo) atascarse*
The clutch has seized up again.
El embrague se ha vuelto a atascar.

Sell *vender*

<u>sell back</u> *revender*
He sold the car back.
Revendió el coche.

<u>sell off</u> *liquidar, saldar*
They sold off the business.
Liquidaron el negocio.

<u>sell on</u> *revender*
She bought classic cars and sold them on to foreign buyers.
Compró coches clásicos y los revendió a compradores extranjeros.

<u>sell out</u> *(las existencias) agotarse*
Copies of the book have sold out.
No queda ni un ejemplar del libro.

(principios) traicionar, vender(se)
That group sold out and forgot about their original objective to change the world.
Ese grupo se vendió y se olvidó de su objetivo original de cambiar el mundo.

<u>sell up</u> *(GB) venderlo todo*
She was losing too much money and decided to sell up.
Estaba perdiendo demasiado dinero y decidió venderlo todo.

Send *mandar*

<u>send ahead</u> *mandar adelante*
He sent his bodyguard ahead.
Le dijo a su guardaespaldas que se adelantara.

<u>send away</u> *despachar, mandar fuera*
They sent him away and told him never to come back.
Le mandaron fuera y le dijeron que no volviera jamás.

<u>send away for</u> *pedir por correo*
She sent away for her free cup.
Pidió por correo su taza de regalo.

<u>send back</u> *devolver*
She sent the letter back.
Devolvió la carta.

hacer volver
They sent him back to the start.
Le hicieron volver al principio.

send down *(GB) expulsar (de la universidad)*
He was sent down for being drunk.
Le expulsaron por emborracharse.

condenar, enchironar
He was sent down for twenty years for the murder.
Le condenaron a veinte años por asesinato.

(precios) bajar
The new imports are sending prices down.
Las nuevas importaciones están bajando los precios.

send for *llamar a*
We need to send for a doctor.
Hay que llamar al médico.

pedir, encargar por correo
Send for your free copy of *Hot English Magazine.*
Encarga tu copia gratuita de Hot English Magazine *por correo.*

send forth *emitir, desprender*
The fire was sending forth smoke.
El fuego echaba humo.

lanzar
The fire was sending forth sparks.
El fuego lanzaba chispas.

send in *enviar, adjuntar*
Please send in a CV with an accompanying letter.
Envíe su currículo y una carta de presentación, por favor.

hacer entrar
They sent him in.
Le hicieron entrar.

send off *enviar por correo*
She sent a copy of the document off to her brother.
Envió una copia del documento a su hermano por correo.

(en deportes) expulsar
The referee sent her off for dangerous play.
El árbitro la expulsó por juego peligroso.

pedir por correo
He sent off for the furniture catalogue.
Pidió el catálogo de los muebles por correo.

send on *(correo) hacer seguir*
She sent the letter on to her daughter in Seattle.
Hizo seguir la carta a su hija en Seattle.

send out *enviar por correo*
They sent out more than 600 invitations to the wedding.
Enviaron por correo más de 600 invitaciones a la boda.

(una señal) emitir
The ship sent out a number of distress signals.
El barco emitió señales de socorro.

mandar fuera
They sent him out.
Le mandaron fuera.

send out for *mandar traer, encargar por telefono*
Let's send out for a pizza.
Pidamos una pizza.

send up *(GB) parodiar*
It's a comedy show that sends up arrogant politicians.
Es una comedia que parodia a los políticos arrogantes.

hacer subir
The change of Government sent inflation up.
El cambio de Gobierno hizo subir la inflación.

Separate *separar*

separate off *separar de*
They separated off the animals to be killed.
Separaron a los animales que iban a ser sacrificados.

separate out *apartar*
They separated out the good eggs from the bad ones.
Separaron los huevos buenos de los malos.

Serve *servir*

serve as *servir de*
This old building once served as a school.
Este viejo edificio una vez sirvió de escuela.

serve out *finalizar*
He left before he had served out his contract.
Dejó el trabajo antes de finalizar su contrato.

repartir, distribuir
Paul served out the food.
Paul sirvió la comida.

serve up *servir, repartir*
Who's going to serve up the food?
¿Quién va a servir la comida?

(una excusa) presentar
She served up a very lame excuse for being late.
Presentó una excusa muy floja para justificar su retraso.

Set *colocar, poner*

set about *(una tarea) emprender*
She set about getting ready.
Empezó a prepararse.

set against *enemistar*
I managed to set her against me.
Al final conseguí enemistarme con ella.

desgravar
You can set these expenses against tax.
Estos gastos son desgravables.

comparar
They set him against her.
Les compararon.

oponerse rotundamente
She is set against it.
Se opone rotundamente.

poner, colocar
The rose was set against a white background.
Se colocó la rosa contra un fondo blanco.

set apart *diferenciar, distinguir de*
What sets him apart from the rest?
¿Qué le diferencia del resto?

set aside *(dinero) ahorrar*
They've set aside a little money for birthday presents.
Han ahorrado un poco para comprar regalos de cumpleaños.

abandonar, dejar a un lado
They need to set their differences aside and return to the negotiating table.
Tienen que abandonar sus diferencias y volver a la mesa de negociaciones.

rechazar
They set the proposal aside.
Rechazaron la propuesta.

poner a un lado, apartar
She set the chair aside.
Apartó la silla.

set back *apartar*
The school is set back from the road.
El colegio está apartado de la carretera.

costar
That holiday set us back about 4,000 euros.
Esas vacaciones nos costaron unos 4.000 euros.

aplazar, retrasar
Bad weather set the start of the project back.
El mal tiempo ha aplazado el lanzamiento del proyecto.

(un reloj) atrasar
We have to set the clocks back tonight.
Esta noche tenemos que atrasar los relojes.

entorpecer
The war really set back progress.
La guerra entorpeció el progreso.

set by *(dinero) ahorrar*
I've set some money by for a rainy day.
He ahorrado un dinerillo para los malos tiempos.

set down *poner por escrito*
I'd like you to set that down in writing.
Me gustaría que lo pusieras por escrito.

(a los pasajeros) dejar
The bus set us down in the square.
El autobús nos dejó en la plaza.

(un objeto) dejar
She set the cup down on the table.
Dejó la taza en la mesa.

(un avión) aterrizar
The plane set down at 6pm.
El avión aterrizó a las seis de la tarde.

(reglas) establecer
They set the limits down.
Establecieron los límites.

set forth *(una idea) exponer*
She set forth the idea for her thesis.
Expuso su idea para la tesis.

partir
The ship set forth at 4pm.
El barco partió a las cuatro de la tarde.

set in *instalarse*
Winter has really set in now.
Ya es invierno de verdad.

set off *ponerse en camino*
You ought to set off early to avoid the traffic.
Deberíais salir temprano para evitar el tráfico.

(la alarma) disparar
Smoke set the alarm off.
El humo disparó la alarma.

provocar, desencadenar
Her comments set a riot off.
Sus comentarios provocaron un alboroto.

Her expression set me off laughing.
Su expresión me hizo reír.

resaltar
The colour of your jacket sets off the colour of your eyes.
El color de tu chaqueta resalta el color de tus ojos.

(un explosivo) hacer estallar, accionar
They set the bomb off.
Detonaron la bomba.

desgravar
You can set these expenses off against tax.
Puedes desgravar estos gastos.

set on/upon *atacar*
He was set on by a large dog.
Le atacó un perro grande.

mandar atacar
She set the dog on the robber.
Soltó al perro contra el ladrón.

set out *pretender*
The author sets out to shock.
El autor quiere impactar.

ponerse en camino
What time are you planning on setting out?
¿A qué hora quieres salir?

arreglar, disponer
He set the flowers out on the table.
Arregló las flores en la mesa.

exponer, explicar
She set her plan out in a large document.
Expuso su plan en un documento muy extenso.

set to *comenzar/ponerse a trabajar*
They set to cleaning the floor.
Comenzaron a limpiar el suelo.

set up *(un negocio) montar*
She's thinking of setting up a small business.
Está pensando en montar un pequeño negocio.

(un sistema, una organización) constituir, fundar
They set up an organisation to investigate the matter.
Fundaron una organización para investigar el asunto.

(una tienda de campaña) armar, montar
They set the tent up in the garden.
Montaron la tienda en el jardín.

(problemas) buscarse
If you stay with him, you are setting yourself up for problems in the future.
Si te quedas a su lado, te estarás buscando problemas en el futuro.

(en una vivienda) instalar(se)
She set him up in a small flat.
Lo instaló en un pequeño apartamento.

(en la vida) establecerse
He's set up for life.
Se estableció para el resto de su vida.

engañar, estafar
They set us up.
Nos engañaron.

(una estatua) erigir
They set up a monument.
Erigieron un monumento.

set upon ➪ set on

Settle *asentar, colocar*

settle down *(la cabeza) sentar*
He's decided to settle down.
Ha decidido sentar la cabeza.

volver a la normalidad
We need to wait till the situation settles down.
Hay que esperar hasta que la situación vuelva a la normalidad.

empezar/ponerse a trabajar
She settled down to some serious work.
Se puso a trabajar en serio.

prepararse, instalarse
They settled down for the night.
Se prepararon para pasar la noche.

acomodarse
She settled down in the chair.
Se acomodó en el asiento.

(en una casa) instalarse
They settled down in a nice house.
Se instalaron en una casa bonita.

expresión
Settle down!
¡Quietos!

settle for *conformarse con*
She wouldn't settle for anything but the best.
Sólo se conformaba con lo mejor.

settle in *adaptarse*
She's had a hard time settling in to her new school.
Tardó bastante en adaptarse a la nueva escuela.

settle into *establecerse, instalarse*
They settled into a routine.
Se instalaron en la rutina.

settle on *decidirse por*
She couldn't settle on a new car.
No podía decidir qué coche comprar.

settle up *(una deuda, factura) pagar*
We need to settle up.
Tenemos que equilibrar nuestra economía.

Sew *coser*

sew on *coser, pegar*
I need to sew the button on again.
Tengo que coser el botón otra vez.

sew up *coser*
You need to sew the trousers up.
Hay que coser los pantalones.

arreglar un asunto de modo definitivo
They sewed the deal up in a matter of days.
Cerraron el trato en cuestión de días.

Shack *(n) choza*

shack up *arrejuntarse con*
She's shacked up with a rich lawyer from Boston.
Vive con un abogado rico de Boston.

Shade *(n) sombra*

shade in *sombrear*
You have to shade in the background.
Tendrás que sombrear el fondo.

shade into *transformarse gradualmente*
The reds shade into pink.
Los rojos se transforman gradualmente en rosa.

Shake *sacudir*

shake down *(dinero) sacar, (a una persona) desplumar*
They were shaken down for $500.
Les sacaron 500 dólares.

cachear
They shook us down for weapons.
Nos cachearon en busca de armas.

shake off *(una enfermedad) superar, salir de*
He had difficulty shaking the illness off.
Tardó mucho en superar la enfermedad.

despistar
He shook off the car that was following him.
Despistó al coche que le seguía.

apartar con un movimiento brusco
She shook his hand off.
Apartó su mano bruscamente.

shake out *(el polvo) sacudir*
Please stop shaking your carpet out of your window - all the dirt falls onto my washing line.
Por favor, deja de sacudir la alfombra en la ventana porque todo el polvo cae sobre mi colada.

reorganizar
They want to shake things out in the company.
Quieren reorganizar la empresa.

shake up *perturbar, desconcertar*
She was really shaken up by the experience.
La experiencia la perturbó.

agitar
Don't shake the bottle up.
No agites la botella.

infundir energía, animar
We need to shake them up.
Hay que animarles.

Shame *(n) vergüenza*

<u>shame into</u> *avergonzar a alguien para que haga algo*
They shamed him into revealing the name.
Le avergonzaron y les reveló el nombre.

Shape *(n) forma*

<u>shape up</u> *mejorar*
Things are starting to shape up.
Las cosas empiezan a mejorar.

hacer progresos
They are shaping up very well.
Van haciendo progresos.

Share *compartir*

<u>share in</u> *tomar parte en*
We want you to share in our success.
Queremos que compartas nuestro éxito.

<u>share out</u> *repartir*
How are we going to share the money out?
¿Cómo vamos a repartir este dinero?

Sharpen *afilar*

<u>sharpen up</u> *afilar*
She sharpened her pencil up.
Afiló el lápiz.

despabilar
A bit of mental calculation should sharpen you up in the morning.
Un poco de cálculo mental por la mañana te agudiza el ingenio.

Shave *afeitarse*

<u>shave off</u> *afeitarse*
He shaved his beard off.
Se afeitó la barba.

Shell *(n) concha*

<u>shell out</u> *(dinero, pasta) aflojar*
You'll have to shell out a fortune for that.
Tendrás que soltar un pastón por eso.

Shift *moverse*

shift about/around *cambiar mucho de sitio*
He was shifting about all night.
Se movía durante toda la noche.

shift over *correrse a un lado*
Shift over, would you?
Muévete un poco, ¿quieres?

Shin *(n) espinilla*

shin down *bajar trepando*
She shinned down the tree.
Bajó del árbol trepando.

shin up *trepar por*
He shinned up the tree.
Trepó por el árbol.

Shine *brillar*

shine down *(el sol) brillar*
The sun is shining down on my back and it's starting to hurt.
El sol me está dando en la espalda y ya me empieza a escocer.

shine out *(el sol) brillar*
The sun is shining out.
El sol está brillando.

shine through *(el sol) filtrarse a través de*
The sun shone through the clouds.
El sol se filtraba a través de las nubes.

Ship *(n) barco*

ship in *(no necesariamente por barco) importar*
They shipped a lot of weapons in.
Importaron muchas armas.

ship off *(no necesariamente por barco) expedir, mandar, exportar*
They've shipped the food off to Africa.
Han enviado la comida a África.

ship out *(no necesariamente por barco) enviar, exportar*
They had to ship a new engine out.
Tuvieron que enviar un nuevo motor.

Shock *(n) choque*

shock into *amedrentar a alguien para que haga algo*
The loud noise of the bell shocked them into silence.
El fuerte ruido de la campana les asustó y se callaron.

Shoo away *ahuyentar, espantar*

She shooed the birds away.
Ahuyentó a los pájaros.

Shoot *disparar*

shoot away *disparar sin cesar*
The drunken soldiers were shooting away in the air.
Los soldados borrachos disparaban al aire.

shoot back *responder*
Police shot back when the robbers started firing.
La policía respondió cuando los ladrones empezaron a disparar.

volver a toda prisa
He shot back to his hotel to find his passport.
Volvió al hotel a toda prisa para coger su pasaporte.

shoot down *(un avión) derribar*
The plane was shot down over the Atlantic.
El avión fue derribado cuando sobrevolaba el Atlántico.

(una persona) acribillar, abatir a tiros
He was shot down in cold blood.
Le acribillaron a sangre fría.

desmentir, acallar
She managed to shoot the rumour down.
Consiguió acallar el rumor.

shoot off *cercenar de un disparo*
He shot his leg off.
Se cercenó la pierna con un disparo.

hablar demasiado
He's always shooting his mouth off.
Siempre habla demasiado.

shoot out *resolver un asunto a tiros*
They've decided to shoot it out.
Han decidido resolverlo a tiros.

salir como una bala de
He shot out of bed when he heard the noise.
Saltó de la cama cuando oyó el ruido.

arrojar
Sparks were shooting out of the fire.
El fuego arrojaba chispas.

salir con gran fuerza
Water was shooting out of the burst pipe.
El agua salía de la tubería rota a chorros.

shoot through *atravesar a gran velocidad*
The car shot through the barrier.
El coche atravesó la barrera a gran velocidad.

shoot up *subir vertiginosamente*
Prices have been shooting up this month.
Este mes los precios se han disparado.

chutarse
Drug addicts regularly shoot up in this park.
Los drogadictos se chutan regularmente en este parque.

destrozar a tiros
They shot the town up.
Destrozaron la ciudad a tiros.

(una llama) subir con gran fuerza
The flame shot up.
La llama subió con gran fuerza.

(un edificio) levantarse rápidamente
New towns are shooting up all over the place.
Nuevos pueblos salen como setas en todas partes.

Shop *(n) tienda*

shop around *comparar precios en diversas tiendas*
I think I'll shop around before I take a decision.
Creo que voy a comparar los precios antes de tomar la decisión.

Shore *(n) costa*

shore up *apoyar, reforzar*
We need to shore up our defences.
Tenemos que reforzar nuestras defensas.

Shout *gritar*

shout down *impedir a gritos que alguien hable*
He was trying to explain what happened but they shouted him down.
Estaba intentando explicar lo que pasó, pero se lo impidieron a gritos.

shout out *decir a voz en grito*
They shouted out the names of the people they wanted to interrogate.
Gritaron los nombres de las personas a las que querían interrogar.

Shove *empujar*

shove about/around *dar órdenes*
Stop trying to shove people about.
Deja de dar órdenes a todo el mundo.

shove away *apartar a empujones*
He shoved her hand away.
Apartó su mano de un empujón.

shove back *hacer retroceder*
The police shoved the spectators back.
La policía hizo retroceder a los espectadores.

shove in *forzar la entrada en*
She shoved her way into the room.
Forzó la entrada en la habitación.

shove off *echar fuera*
They shoved him off the boat.
Le echaron fuera del bote.

(un barco) alejar del muelle
They shoved the boat off.
Alejaron el barco del muelle.

expresión
Shove off!
¡Lárgate!

shove on *poner sin cuidado*
Shove another CD on, please.
Pon otro CD, por favor.

(una prenda) ponerse
Just shove any hat on.
Ponte cualquier sombrero.

shove out *echar*
They shoved her out of her job.
Le obligaron a dejar su puesto.

shove over *traer para acá*
Shove that pencil over here, would you?
Trae este lápiz para acá, por favor.

expresión
Shove over, would you?
¡Córrete para allá!

shove up *expresión*
Shove up!
¡Córrete para allá!

Show *mostrar, enseñar*

show (a)round *mostrar, enseñar*
Let me show you around the house.
Deja que te enseñe toda la casa.

show in *acompañar hasta dentro*
I'll show you in.
Te acompañaré adentro.

show off *pavonearse, presumir*
Stop showing off!
¡Deja de pavonearte!

lucir, alardear de
She showed off her collection of pistols.
Lució su colección de pistolas.

show out *acompañar hasta la puerta*
She showed me out.
Me acompañó hasta la puerta.

show up *aparecer*
What time did he show up last night?
¿A qué hora apareció anoche?

avergonzar, poner en evidencia
She really showed me up when we had that race.
Me avergonzó cuando hicimos la carrera.

resaltar, destacar
The colour of the rose shows up well against that background.
El fondo resalta el color de la rosa.

desenmascarar, descubrir
They showed him up to be a thief.
Le descubrieron y demostraron que era ladrón.

Shrink *encoger*

shrink away *retroceder*
He shrunk away in horror.
Retrocedió horrorizado.

Shrivel *secarse*

shrivel up *callarse*
They shrivelled up and refused to answer.
Se callaron y se negaron a contestar.

secarse, arrugarse
His face is all shrivelled up.
Su cara está muy agrietada.

Shrug *encogerse de hombros*

shrug off *negar importancia a, minimizar*
She shrugged the loss off.
Negó la importancia de la pérdida.

Shuffle *arrastrar los pies*

shuffle off *marcharse arrastrando los pies*
She shuffled off down the corridor.
Se marchó arrastrando los pies.

Shut *cerrar*

shut away *encerrar*
She was depressed so she shut herself away for a couple of days.
Estaba deprimida así que se encerró en casa durante un par de días.

encarcelar
They shut him away for thirty years.
Le condenaron a treinta años.

shut down *cerrar definitivamente*
The shop was forced to shut down.
Fueron obligados a cerrar la tienda.

parar
They shut the machine down.
Pararon la máquina.

shut in *encerrarse*
She shut herself in her office and refused to answer any calls.
Se encerró en su despacho y se negó a contestar llamadas.

shut off *cortar*
The police shut the street off.
La policía cortó la calle.

They shut off the supply of electricity.
Cortaron el suministro de electricidad.

parar, apagar
What time are they going to shut the engine off?
¿A qué hora van a parar la máquina?

aislarse de
He shut himself off in his bedroom.
Se encerró en su habitación.

shut out *dejar fuera*
He shut her out of his house.
No le dejó entrar en su casa.

excluir, suprimir, reprimir
She wanted to shut out the memory of him.
Quería olvidarse de él por completo.

dejar sin trabajo por cierre patronal
The managers shut the workers out.
El cierre patronal dejó a los trabajadores sin trabajo.

shut to *cerrar*
Could you shut the door to?
¿Podrías cerrar la puerta?

shut up *callarse*
Will you shut up, please?
¿Te podrías callar, por favor?

callar a
They shut him up.
Le callaron.

cerrar
They shut the school up.
Cerraron la escuela.

encerrar
They shut him up in a room with no windows.
Le encerraron en una habitación sin ventanas.

Shy *(adj) tímido*
shy away from *asustarse de la idea de, eludir*
They shied away from making any decision.
No se atrevieron a tomar una decisión.

Sick *(n) vómito*
sick up *vomitar*
The cat's sicked up the food we gave him.
El gato ha vomitado la comida que le dimos.

Side *(n) lado*
side against *ponerse en contra de*
They sided against her.
Se pusieron en su contra.

side with *ponerse del lado de*
They sided with him.
Se pusieron de su lado.

Sidle up *acercarse cautelosamente*
The donkey sidled up next to me.
El burro se me acercó cautelosamente.

Sift *tamizar*
sift through *examinar concienzudamente*
I've been sifting through those papers.
He estado examinando esos papeles a conciencia.

Sign *firmar*
sign away *firmar la cesión de algo, (derechos) ceder*
They signed the rights to their songs away.
Cedieron los derechos de autor de sus canciones.

sign for *firmar el acuse de recibo de*
You'll have to sign for that parcel.
Tendrás que firmar el acuse de recibo de este paquete.

(en deportes) fichar por
He signed for a first division club.
Fichó por un club de la primera división.

sign in *(en un hotel) registrarse*
She signed in and was shown to her room.
Se registró y la acompañaron a su habitación.

(en el trabajo) fichar a la entrada
All the workers have to sign in.
Todos los trabajadores tienen que fichar a la entrada.

sign off *(un presentador de radio o televisión) despedir la emisión*
She signed off the show.
Se despidió de la audiencia al terminar el programa.

(una carta) terminar
She signed the letter off with her signature.
Terminó la carta con su firma.

sign on *(en un hotel) registrarse*
She had to sign on.
Tuvo que registrarse.

(en deportes) fichar
She was signed on by one of the top clubs.
Le fichó uno de los clubes más prestigiosos.

sign on for *contratar*
They signed her on for ten more years.
La contrataron por otros diez años.

sign out *(en un hotel) firmar al salir*
She signed out and left the hotel.
Firmó a la salida del hotel y se fue.

(al tomar prestado un libro) firmar
All books must be signed out.
Se registra el préstamo de cualquier libro.

sign over *(un traspaso) firmar*
She signed her company over to another firm.
Firmó el traspaso de su empresa a otra compañía.

sign up *contratar*
The record company signed her up.
La discográfica la contrató.

Silt *(n) sedimento*

silt up *encenagarse*
The river has silted up.
El río se ha encenagado.

Simmer *cocer a fuego lento*

simmer down *calmarse, tranquilizarse*
No one knows when their anger is going to simmer down.
Nadie sabe cuándo se les va a pasar el enfado.

Sing *cantar*

sing along *acompañar a una canción*
I love singing along to her songs.
Me encanta acompañar a sus canciones.

sing out *decir con alegría*
«Bye!» she sang out.
«Adiós!» dijo con alegría.

sing up *cantar más alto*
Come on, sing up!
¡Venga, canta más alto!

Single *(adj) soltero*

single out *escoger*
She was singled out to lead the team.
La escogieron para liderar el equipo.

Sink *hundir*

sink away *(un líquido) irse, verterse*
The water is slowly sinking away.
El agua se va lentamente.

sink back *arrellanarse, acomodarse*
She sank back in the chair.
Se arrellanó en la silla.

sink down *dejarse caer*
She sank down in the large chair.
Se dejó caer en una silla grande.

<u>sink in</u> *surtir efecto*
It took a while for his words to sink in.
Sus palabras tardaron en surtir efecto.

(un líquido) penetrar, calar en
The water has been sinking in through the walls.
El agua se ha ido filtrando a través de las paredes.

invertir
She sunk all her money in the project.
Invirtió todo su dinero en el proyecto.

<u>sink into</u> *penetrar en*
The water sank into the ground.
La tierra absorbió el agua.

clavar
She sank the knife into his stomach.
Le clavó el cuchillo en el estómago.

caer en
She sank into a depression.
Cayó en una depresión.

Sip sorber

<u>sip at</u> *beber a sorbitos*
She sipped at the drink.
Daba sorbitos a la bebida.

Siphon (n) sifón

<u>siphon off</u> *(un líquido) sacar a sifón*
We need to siphon some of the petrol off.
Hace falta sacar un poco de gasolina a sifón.

Sit sentar

<u>sit about/around</u> *estar sin hacer nada*
She's been sitting around all day.
Está todo el día sin hacer nada.

<u>sit back</u> *sentarse cómodamente*
Sit back and enjoy the show.
Siéntense y disfruten del espectáculo.

sit by *observar sin intervenir*
They just sat by and watched the robbery.
Observaron el robo sin hacer nada.

sit down *sentarse*
Why don't you sit down?
¿Por qué no te sientas?

sit in *sustituir*
I asked him to sit in for me.
Le pedí que me sustituyera.

sit in on *participar como observador*
They asked me to sit in on the meeting.
Me pidieron que asistiera a la reunión como observador.

sit on *guardar secreto, no revelar*
She had been sitting on the project for a couple of months.
Lleva meses sin revelar nada sobre el proyecto.

dar carpetazo a
They sat on the idea.
Dieron carpetazo a la idea.

hacer callar, reprimir
They sat on the protesters.
Acallaron a los manifestantes.

sit out *aguantar*
We'll have to sit the recession out.
Tendremos que aguantar la recesión hasta el final.

(en un jardín) sentarse fuera
It's a lovely day – shall we sit out?
Es un día maravilloso. ¿Nos sentamos fuera?

sit through *aguantar*
I couldn't bear to sit through that film again.
No aguantaría ver esta película otra vez.

sit up *ponerse derecho, incorporarse en la cama*
Try to sit up – you'll feel better.
Intenta incorporarte; te sentirás mejor.

trasnochar
We sat up talking all night.
Nos quedamos levantados hablando toda la noche.

hacer reaccionar a alguien, dar a alguien algo en qué pensar
That really made them sit up.
Eso les hizo reaccionar.

Size *(n) tamaño*

size up *analizar*
They were sizing us up.
Nos estaban analizando de cerca.

Skate *patinar*

skate around/over *evitar, esquivar*
They skated over the problems.
Evitaron hablar de los problemas.

Sketch *(n) dibujo*

sketch in *hacer un dibujo rápido*
She sketched in a man and a tree.
Dibujó rápidamente un hombre y un árbol.

incluir de forma provisional
They sketched his name in to form part of the team.
Le incluyeron provisionalmente en el equipo.

sketch out *explicar/esbozar de modo rápido*
They sketched out the problem.
Esbozaron rápidamente el problema.

Skim *(líquido) espumar*

skim off *(beneficio) quedarse con*
They skimmed all the profits off.
Se quedaron con todos los beneficios.

(nata) retirar
They skimmed off all the cream.
Quitaron toda la nata.

skim through *(un libro) leer rápidamente*
She skimmed through the book.
Hojeó el libro.

Skimp *escatimar*

skimp on *escatimar*
They always skimp on food.
Siempre escatiman la comida.

Skin *(n) piel*

skin up *(GB) liar un porro*
Let's skin up.
Liemos un porro.

Skirt *(n) falda*

skirt (a)round *(un problema) soslayar, evitar*
They skirted around the problem.
Evitaron hablar del problema.

Skive *gandulear, holgazanear*

skive off *escaquearse*
There was lots of work to do but she just skived off.
Había mucho trabajo, pero ella se escaqueó.

hacer novillos
They skived off school again today.
Hoy volvieron a hacer novillos.

Slack *(adj) flojo, descuidado*

slack(en) off *aflojar*
They tend to slacken off towards the end of term.
Tienden a aflojar el ritmo hacia el final del trimestre.

Slag *(n) (ofensivo) puta*

slag off *poner a alguien como un trapo*
She's been slagging us off.
Nos ha estado poniendo a caldo.

Slam *golpear*

slam down *estampar de un golpe*
She slammed the glass down on the table.
Estampó el vaso en la mesa.

slam on *frenar en seco*
He slammed on the brakes.
Frenó en seco.

slam to *cerrar de golpe*
She slammed the door to.
Cerró la puerta de golpe.

Slap *abofetear*

slap about/around *golpear, pegar*
He's been slapping her around again.
La ha estado pegando otra vez.

slap down *hacer callar a*
They will slap down on them hard if they misbehave again.
Les harán callar si vuelven a portarse mal.

slap on *(de pintura) dar una mano*
She slapped on another layer of paint.
Dio rápidamente otra mano de pintura.

añadir
The judge slapped another $100 on to the fine.
La jueza añadió otros 100 dólares a la multa.

Slave *(n) esclavo*

slave away *trabajar como un negro*
I've been slaving away all day.
Llevo todo el día trabajando como un negro.

Sleep *dormir*

sleep about/around *acostarse con todo el mundo*
She likes to sleep around.
Se acuesta con todos.

sleep away *pasar las horas durmiendo*
I've slept the day away.
Me he pasado el día durmiendo.

sleep in *quedarse durmiendo hasta tarde*
I slept in this morning and missed the bus.
Me quedé dormido esta mañana y perdí el autobús.

sleep off *dormir la mona*
She's trying to sleep her hangover off.
Está intentando dormir la mona.

sleep on *consultar con la almohada*
I think we need to sleep on that one.
Creo que deberíamos consultar este problema con la almohada.

sleep out *dormir fuera de casa*
The kids are sleeping out tonight.
Los niños están pasando la noche fuera.

dormir al aire libre
They slept out last night.
Anoche durmieron al aire libre.

sleep through *(durante un acontecimiento) dormir*
She slept through the entire film.
Durmió durante toda la película.

sleep together *acostarse juntos*
People these days tend to sleep together before they get married.
Hoy en día la gente suele acostarse juntos antes de casarse.

Slice *cortar en rodajas*

slice off *cercenar, cortar*
Slice the ends off.
Corta las puntas.

slice through *atravesar, cortar*
The knife sliced through the material easily.
El cuchillo atravesó el material fácilmente.

slice up *cortar en rodajas*
Could you slice the tomato up?
¿Podrías cortar el tomate en rodajas?

Slick down *(el pelo) alisarse*

He slicked his hair down.
Se alisó el pelo con gomina.

Slim *(adj) delgado*

slim down *(una empresa) sanearse*
Many companies have had to slim down.
Muchas empresas han tenido que sanearse.

(una persona) adelgazar
They told him to slim down.
Le han dicho que perdiese peso.

Sling *lanzar, tirar, arrojar*

sling away *tirar*
I think you should sling those old shoes away.
Creo que deberías tirar esos zapatos viejos a la basura.

sling out *tirar*
We slung all his old magazines out.
Tiramos todas sus revistas viejas a la basura.

sling over *tirar*
Could you sling the newspaper over here, please?
Tírame el periódico, ¿quieres?

Slip *deslizar*

slip away *irse sin ser visto*
She slipped away from the party.
Se fue de la fiesta sin ser visto.

(el tiempo) escaparse, irse
Time is slipping away.
El tiempo se nos va.

(la vida) acabarse
His life was slipping away.
Se le acababa la vida.

slip back *regresar con sigilo*
She slipped back into the house without waking anyone up.
Regresó a la casa con sigilo sin despertar a nadie.

slip by *pasar inadvertido al lado de*
She slipped by us and we didn't even notice.
Pasó con sigilo a nuestro lado y ni siquiera nos dimos cuenta.

slip down *resbalar pendiente abajo*
He slipped down the hill.
Resbaló pendiente abajo.

salir un momento
I'll just slip down and get a paper.
Bajo un momento para comprar el periódico.

slip in *entrar con sigilo*
She slipped in and stole the money.
Entró con sigilo y robó el dinero.

(en una conversación) introducir
She was slipping in all sorts of nasty comments.
Introducía todo tipo de comentarios desagradables.

slip into *entrar con sigilo*
She slipped into the house and took the baby.
Entró con sigilo en la casa y se llevó al bebé.

(ropa) ponerse
I'm just going to slip into something more comfortable.
Me voy a poner algo más cómodo.

slip off *(ropa) quitarse*
She slipped her shirt off.
Se quitó la camisa.

quitar
He slipped the lid off the pot.
Quitó la tapa del bote.

slip on *(ropa) ponerse*
She slipped some old trousers on.
Se puso unos pantalones viejos.

poner
He slipped the top on the pot.
Cerró el bote con una tapa.

slip out *salir un instante*
She slipped out for a cigarette.
Salió un instante para fumar un cigarrillo.

(un pedo, eructo, una palabra) escaparse
Sorry, it just slipped out.
Lo siento, se me escapó.

(ropa) quitarse
She slipped out of her wet clothes.
Se quitó la ropa mojada.

slip over *jugarle una mala pasada a*
They tried to slip one over on us.
Intentaron jugarnos una mala pasada.

slip past *pasar desapercibido*
The car slipped past.
El coche pasó desapercibido.

slip through *(un error, una persona) colarse*
A few terrorists claiming to be asylum seekers slipped through immigration control.
Unos terroristas, fingiendo buscar asilo, se colaron por los controles de inmigración.

slip up *resbalar*
They slipped up as they were walking.
Estaban andando y resbalaron.

equivocarse
We really slipped up.
Nos equivocamos mucho.

Slog *(en el trabajo) sudar tinta*

slog away *afanarse por hacer algo*
We've been slogging away at it all day.
Llevamos todo el día trabajando como negros.

slog on *caminar con dificultad*
We slogged on for ten more kilometers.
Caminamos con dificultad 10 kilometros más.

slog out *luchar hasta el final, discutir sin ceder terreno*
Those two have been slogging it out.
Estos dos no dan su brazo a torcer.

Slope *caer, inclinarse*

slope away/down *estar en declive*
The garden slopes down to the river.
El jardín baja hasta el río.

slope off *largarse, escabullirse*
She sloped off before the end of the film.
Se largó antes de que acabara la película.

Slosh *chapotear*

slosh about/around *chapotear*
The kids were sloshing about in the water.
Los niños chapoteaban en el agua.

Slot *introducir*

slot into *encajar*
This brick slots into place just here.
Este ladrillo encaja justo aquí.

tener sentido
It all began to slot into place.
Todo empezó a tener sentido.

Slow *(adj) lento*

slow down *ir más despacio, aminorar la velocidad*
She was driving too fast and I told her to slow down.
Conducía demasiado deprisa y le dije que fuera más despacio.

tomarse las cosas con calma
The doctor told him he would have to slow down a bit.
El médico le dijo que tendría que tomárselo con calma.

slow up *retrasar, aminorar*
Sales are slowing up.
Las ventas van bajando.

Slug *pegar*

slug out *pegarse, resolver un asunto a puñetazos*
They slugged it out.
Lo resolvieron a puñetazo limpio.

Smack *(n) azote*

smack of *oler a*
It smacked of a cover-up.
Olía a tapadera.

Smarten up *acicalarse*

He always refused to smarten himself up.
Siempre se negó a arreglarse.

Smash *romper(se)*

smash down *(una puerta) derribar*
They tried to smash the door down.
Intentaron derribar la puerta.

smash in *(la cara de alguien) romper*
She said she would smash his face in.
Dijo que le rompería la cara.

(una puerta) derribar
They smashed the door in.
Derribaron la puerta.

smash up *destrozar*
He smashed his car up in the accident.
Destrozó el coche en el accidente.

(lesiones) sufrir
He was smashed up in the accident.
Sufrió lesiones en el accidente.

Smell *oler*

smell of *oler a*
This product smells of roses.
Este producto huele a rosas.

smell out *descubrir, identificar*
They want to smell the criminals out.
Quieren descubrir a los criminales.

(drogas) olfatear, descubrir
The dog smelt the drugs out.
El perro detectó la droga.

Smoke *(n) humo*

smoke out *(a una persona) sacar de su escondite*
They tried lots of different ways to smoke out people who don't pay tax.
Han intentado por todos los medios sacar de su escondite a los evasores fiscales.

ahuyentar con humo
They tried to smoke the insects out.
Intentaron ahuyentar a los insectos con humo.

Smooth *(adj) liso, suave*

smooth back *(pelo) peinarse hacia atrás*
He smoothed his hair back.
Se peinó el pelo hacia atrás.

smooth down *alisar(se)*
She smoothed her dress down.
Se alisó la falda.

(una superficie) allanar
They smoothed the surface down.
Allanaron la superficie.

smooth out *(un problema) arreglar, resolver*
It's OK, I smoothed things out.
Está bien, ya está todo arreglado.

(ropa) estirar, alisar

She smoothed her dress down.

Se estiró la falda.

smooth over *(dificultades) allanar, mitigar; (un asunto) zanjar*

She's trying to smooth things over.

Está intentando dulcificar las cosas.

Snap *romper, quebrar*

snap back *contestar bruscamente*

She snapped back at him.

Le contestó bruscamente.

snap off *romper, arrancar*

She snapped the handle off.

Arrancó el mango.

snap out *(una orden) escupir*

The sergeant snapped out the orders.

El sargento escupió las órdenes.

quitarse algo de encima

She's been trying to snap out of her depression.

Ha estado intentando salir de la depresión.

snap up *pillar, hacerse con*

People snapped the new book up.

La gente se hizo con el nuevo libro enseguida.

Snarl *gruñir, rugir*

snarl up *atascarse*

The traffic is snarled up.

El tráfico está bloqueado.

Snatch *arrebatar*

snatch away *arrebatar*

She snatched the bag away from me.

Me arrebató la bolsa.

snatch back *agarrar*

She snatched her money back.

Agarró su dinero.

snatch up *agarrar*
The child snatched the knife up.
El niño agarró el cuchillo.

Sneak *(adj) furtivo*

sneak away/off *escaparse, escabullirse*
He sneaked off when he should have been helping.
Debería estar ayudando, pero se escaqueó.

sneak back *volver sin ser visto*
She sneaked back late.
Volvió tarde y a hurtadillas.

sneak in *entrar sin ser visto*
He sneaked in to have lunch.
Entró para comer a hurtadillas.

sneak out *salir sin ser visto*
She sneaked out while her parents weren't watching.
Salió sin ser vista cuando sus padres no prestaban atención.

sneak off ➪ sneak away

Sniff *oler, olfatear*

sniff (a)round *husmear*
I saw a journalist sniffing around outside your house.
Vi a un periodista husmeando cerca de tu casa.

sniff out *detectar*
These dogs are trained to sniff out drugs.
Estos perros están entrenados para detectar drogas.

descubrir
He can always sniff out the truth.
Siempre descubre la verdad.

Snip *cortar*

snip off *cortar*
You have to snip the corner of the paper off and send it to the address at the bottom of the page.
Hay que recortar la esquina de la página y mandarla a la dirección indicada abajo.

Snow (n) *nieve*

snow in *estar aislado por la nieve*
We were snowed in all week.
Estuvimos aislados por la nieve durante toda la semana.

snow under *estar desbordado, no dar abasto*
I'm snowed under with work.
Estoy desbordado de trabajo.

snow up *estar cubierto por la nieve*
Our street was all snowed up and we couldn't leave.
Nuestra calle estaba cubierta por la nieve y no podíamos salir.

Snuff (n) *tabaco en polvo*

snuff out *aplastar*
They snuffed the rebellion out.
Aplastaron la rebelión.

(una vela) apagar, extinguir
She snuffed the candle out.
Apagó la vela.

Snuggle *hacerse un ovillo en la cama*

snuggle down *acurrucarse*
They snuggled down together.
Se acurrucaron el uno contra el otro.

snuggle up *acomodarse*
I like to snuggle up with a good book.
Me gusta ponerme cómodo y leer.

Soak *calar*

soak in *impregnarse*
Has the news soaked in yet?
¿Las noticias han calado ya?

soak off *remojar, humedecer*
You need to soak the paint off.
Hace falta humedecer la pintura antes de quitarla.

soak through *calar, penetrar*
The water soaked through my clothes.
Estaba empapado.

soak up *absorber*
My clothes soaked up the water.
Mi ropa absorbió el agua.

tostarse al sol
She was lying outside soaking up the sun.
Estaba tumbada fuera tostándose al sol.

Sob *llorar*

sob out *llorar a lágrima viva*
He sobbed the story out.
Contó la historia llorando a lágrima viva.

Sober *(adj) ebrio*

sober up *quitar la borrachera a*
They left him in his room to sober up.
Le dejaron en su habitación para que se le pasara la borrachera.

Sod *(n) (GB) bestia, bruto, cabrón, mamón*

sod off *(tabú) (GB) largarse, pirarse*
I told him to sod off.
Le mandé a tomar por saco.

Soften *debilitar, ablandar*

soften up *debilitar, ablandar*
We gave them the present to soften them up.
Les hicimos un regalo para ablandarles.

Soldier *(n) soldado*

soldier on *seguir adelante*
They soldiered on bravely.
Siguieron adelante a pesar de todo.

Sop *absorber*

sop up *absorber*
He sopped the blood up with a bandage.
Secó la sangre con una venda.

Sort *ordenar*

sort out *(un problema) arreglar, resolver*
We'll have to sort this out later.
Nos tendremos que ocupar de esto más tarde.

separar, ordenar
Sort the good ones from the bad ones.
Separa los buenos de los malos.

clasificar, organizar
Sort these papers out and put them in alphabetical order.
Clasifica estos papeles y colócalos por orden alfabético.

(GB) dar una paliza a
They're going to sort out any troublemakers.
Van a dar una paliza a los alborotadores.

(la vida) organizar, (las ideas) aclarar
She needs to sort herself out.
Tiene que organizar su vida.

Sound *(n) sonido*

sound off *poner el grito en el cielo, despotricar*
He started sounding off about the Government.
Empezó a despotricar contra el Gobierno.

sound out *(una persona, intenciones) sondear*
They were trying to sound me out.
Intentaron sonsacarme.

Soup *(n) sopa*

soup up *(un mecanismo) trucar*
He spends hours trying to soup up the car engine.
Se pasa las horas intentando trucar el motor del coche.

Space *(n) espacio*

space out *espaciar*
You need to space the chairs out more.
Hay que dejar más espacio entre las sillas.

estar colocado
She was spaced out.
Estaba colocada.

Spark *(n) chispa*

spark off *provocar, precipitar*
The sentence sparked off a riot.
La sentencia judicial provocó una revuelta.

Speak *hablar*

speak for *hablar en nombre de*
She was speaking for everyone.
Hablaba en nombre de todos.

estar a favor de
I spoke for going north.
Yo estaba a favor de ir al norte.

entenderse una cosa sin que nadie la explique
His attitude speaks for itself.
Su actitud habla por sí sola.

reservar
This book is already spoken for.
Este libro ya está reservado para otro cliente.

expresión
Speak for yourself!
¡Eso lo dices tú!

speak out *hablar francamente/abiertamente*
She's never afraid to speak out on controversial issues.
Nunca tiene miedo de pronunciarse sobre temas controvertidos.

speak up *hablar alto*
Speak up – I can't hear you.
Habla más alto, no te oigo.

defender
She's not afraid to speak up for her beliefs.
No le asusta defender sus creencias.

Speed *(n) velocidad*

speed along *ir a gran velocidad*
She was speeding along the road.
Iba por la carretera a gran velocidad.

speed off *(normalmente en coche) salir disparado*
She sped off without saying goodbye.
Salió disparada sin decir adiós.

speed up *acelerar(se)*
The button sped up the movement of the images on the screen.
El botón aceleró el movimiento de las imágenes en la pantalla.

(a una persona) apresurar
We going to have to speed them up if we want to finish on time.
Tendremos que meterles prisa si queremos terminar a tiempo.

Spell *deletrear*

spell out *explicar algo de modo sencillo*
We had to spell it out clearly to him how we felt.
Le tuvimos que explicar claramente nuestros sentimientos.

deletrear
Could you spell your name out please?
¿Podrías deletrear tu nombre, por favor?

Spew *emitir*

spew out *(humo) echar*
The fire was spewing out smoke.
El fuego echaba mucho humo.

vomitar
He spewed up.
Vomitó.

Spice *(n) especie*

spice up *dar chispa a*
We need to spice this food up.
Hay que echarle más picante a la comida.

This story needs spicing up.
Hace falta salpicar esta historia con detalles escandalosos.

Spill *derramar*

spill out *explicar con todo detalle*
She spilled out her problems to Ken.
Explicó sus problemas a Ken con todo lujo de detalle.

salir en tropel
The crowd spilled out into the street.
La gente salió a la calle en tropel.

spill over *derramarse, rebosar*
The liquid spilled over.
El líquido se derramó.

Spin *dar vueltas, revolver*

<u>spin (a)round</u> *darse la vuelta*
She spun round and faced him.
Se dio la vuelta y se enfrentó a él.

<u>spin off</u> *copiar*
This programme could be spun off easily.
Se podría copiar fácilmente este programa.

rebotar
The ball spun off the wall.
La pelota rebotó contra la pared.

<u>spin out</u> *alargar, prolongar*
They want to spin the talks out for as long as possible.
Quieren alargar las negociaciones al máximo.

Spirit *(n) espíritu*

<u>spirit away/off</u> *hacer desaparecer*
They spirited him away and he was never seen again.
Le hicieron desaparecer y nunca más se le volvió a ver.

Spit *escupir*

<u>spit out</u> *(gritar) escupir, soltar*
«I hate you!», she spat out!
«Te odio!», escupió.

escupir
She spat the food out.
Escupió la comida.

Splash *chapotear*

<u>splash about/around</u> *chapotear*
They've been splashing about in the water.
Han estado chapoteando en el agua.

<u>splash down</u> *(una aeronave) amerizar*
The space craft splashed down at three in the afternoon.
La aeronave amerizó a las tres de la tarde.

<u>splash out</u> *(dinero) derrochar*
We splashed out and bought a new car.
Tiramos la casa por la ventana y nos compramos un coche nuevo.

Split *dividir*

split off *separar*
She split off to form her own club.
Se separó para formar su propio club.

split on *traicionar a, dar un chivatazo sobre*
They split on us.
Nos traicionaron.

split up *separarse*
They split up to try and find the dog.
Se separaron para intentar encontrar al perro.

(una pareja) separarse
Her parents split up.
Sus padres se separaron.

dividir en partes iguales
If we win, we'll split up the money.
Si ganamos, repartiremos el dinero en partes iguales.

Spoil *estropear*

spoil for *tener ganas de*
They are spoiling for a fight.
Tienen ganas de pelea.

Sponge *(n) esponja*

sponge down *lavar con esponja*
They sponged the walls down.
Lavaron las paredes con una esponja.

sponge on/off *vivir a costa de, gorronear a*
She's always sponging on people.
Siempre vive a costa de los demás.

sponge up *absorber con esponja*
You'll have to sponge that liquid up.
Tendrás que utilizar una esponja para absorber ese líquido.

Spoon *(n) cuchara*

spoon out *decir*
They were spooning out some rubbish about loyalty when all they really wanted was that we worked for nothing.
Decían tonterías sobre la lealtad cuando lo único que querían era que trabajáramos gratis.

Spray *(n) chorro*

spray out *salir a chorro*
Water was spraying out.
El agua salía a chorros.

Spread *extenderse*

spread out *(un grupo) desplegarse*
They spread out across the field.
Se desplegaron por el campo.

extender
She spread the map out on a table.
Extendió el mapa sobre la mesa.

(extremidades) estirar
Spread your legs out as far as you can.
Estira las piernas lo máximo posible.

spread over *pagar a plazos*
They spread the payments over four months.
Distribuyeron los pagos a lo largo de cuatro meses.

Spring *saltar*

spring back *volver a su sitio con un salto*
The lever sprung back into place.
La palanca volvió a su sitio con un salto.

spring on *abalanzarse sobre*
The dog sprung on him.
El perro se abalanzó sobre él.

spring out *salir dando un salto*
The doll sprung out of the box.
El muñeco salió de la caja dando un salto.

spring to *(una idea) ocurrirse a alguien de repente*
The idea sprung to him all of a sudden.
La idea se le ocurrió de repente.

spring up *aparecer de repente*
New buildings were springing up everywhere.
Nuevos edificios brotaban por doquier.

saltar, levantarse de un salto
She sprung up when she heard the bell.
Saltó cuando oyó el timbre.

Sprout *(n) brote*

sprout up *(pueblos, edificios) surgir de la noche a la mañana*
New towns have been sprouting up all over the place.
Nuevos pueblos han surgido por doquier de la noche a la mañana.

Spruce *(adj) aseado*

spruce up *remozar, adecentar*
They've spruced up the old buildings.
Han remozado los edificios antiguos.

Spur *(n) espuela*

spur on *espolear, animar*
They spurred us on.
Nos espolearon.

Spurt *arrojar*

spurt out *(un líquido) arrojar, salir a chorros*
Water was spurting out of the hole.
El agua salía del agujero a chorros.

Sputter *crepitar*

sputter out *(un motor) pararse*
The engine sputtered out.
El motor se paró.

Spy *espiar*

spy on *espiar a*
They were spying on us.
Nos espiaban.

spy out *(un terreno) reconocer*
They sent out three soldiers to spy out the land.
Mandaron a tres soldados para reconocer el terreno.

Square *(n) cuadrado*

square off *cuadrar*
Square off the ends with a knife.
Recorta los extremos con un cuchillo hasta formar un cuadrado.

square up *hacer frente a*
She is squaring up to the biggest problem of her life.
Se está enfrentando al mayor problema de su vida.

(cuentas) saldar
Let's square up.
Saldemos cuentas.

ponerse en guardia
The two boxers squared up to one another.
Los dos boxeadores se pusieron en guardia.

Squash *aplastar*

squash in/into *meter a la fuerza*
They squashed more than sixty people into the room.
Metieron a más de 60 personas en la habitación.

squash together/up *apretujarse, apretarse*
They squashed together in the back of the car.
Se apretujaron en la parte trasera del coche.

Squeal *chillar*

squeal on *dar el soplo sobre, chivarse de*
She squealed on us and now we're in prison.
Dio el soplo sobre nosotros y ahora estamos en la cárcel.

Squeeze *apretar*

squeeze in *meter con dificultad*
I'll see if I can squeeze you in next week.
Veré si te puedo hacer hueco la semana que viene.

caber, introducirse con dificultad en
Can I squeeze in the tent?
¿Quepo en la tienda?

squeeze into *introducirse con dificultad*
They squeezed three more people into the room.
Metieron a tres personas más en la habitación.

squeeze out *eliminar*
Subjects such as Greek and Latin will be squeezed out of the timetable.
Se eliminarán los cursos del griego y latín.

exprimir
She squeezed a bit more shampoo out of the bottle.
Exprimió un poco más la botella de champú.

squeeze through *abrirse paso con dificultad*
They squeezed their way through the crowd.
A duras penas se abrieron paso entre la multitud.

Stack *(n) montón*

stack up *amontonar*
I want you to stack these boxes up over there.
Quiero que apiles estas cajas por allí.

Stake *(n) estaca, poste*

stake on *apostar a*
They staked their future on the success of the project.
Condicionaron su futuro al éxito del proyecto.

stake out *establecer*
They want to stake out their claim to the property.
Quieren establecer su derecho sobre la propiedad.

poner bajo vigilancia
They staked the building out.
Pusieron el edificio bajo vigilancia.

Stammer *tartamudear*

stammer out *balbucir, farfullar*
She only managed to stammer out a few words.
Sólo supo balbucir algunas palabras.

Stamp *patear, golpear con el pie*

stamp down *dar una patada en el suelo*
He stamped his foot down.
Dio una patada en el suelo.

stamp on *pisar*
He stamped on her foot.
Le dio un pisotón.

pisar, imponerse
He stamped his presence on the class.
Impuso su presencia en la clase.

stamp out *acabar con*
They want to stamp out the epidemic.
Quieren acabar con la epidemia.

He stamped the fire out.
Apagó el fuego con los pies.

Stand *estar (de pie)*

stand about/around *quedarse parado*
Stop standing around! Come and help.
No te quedes ahí parado, ven y echa una mano.

stand aside *quedarse al margen*
You can't just stand aside in this conflict.
No puedes quedarte al margen en este conflicto.

apartarse
The police asked him to stand aside.
La policía le pidió que se apartara.

stand back *abrir paso*
Stand back!
¡Abran paso!

distanciarse, alejarse
They stood back to get a persepective on things.
Se alejaron para tener perspectiva adecuada.

stand between *separar*
There's only one thing that stands between you and me and that's your family.
Solamente hay una cosa que nos separa y es tu familia.

stand by *estar preparado/listo*
Special forces are standing by.
Las fuerzas especiales están preparadas.

quedarse al margen
The police just stood by.
La policía se quedó sin hacer nada.

apoyar
Would you stand by me if I did something illegal?
¿Me apoyarías si hiciera algo ilegal?

mantener
The decision was made a month ago and we have to stand by it.
Se tomó la decisión hace un mes y la vamos a mantener.

<u>stand down</u> *renunciar, retirarse*
She stood down as leader of the opposition.
Renunció al cargo de líder de la oposición.

<u>stand for</u> *significar*
What does «CIA» stand for?
¿Qué significa «CIA»?

consentir
I won't stand for it.
Eso no lo tolero.

representar
They hate us and everything we stand for.
Nos odian a nosotros y a todo lo que representamos.

presentarse
She wants to stand for president.
Quiere presentarse a las elecciones presidenciales.

<u>stand in</u> *suplir, sustituir*
He had to stand in for her.
Tuvo que sustituirla.

<u>stand off</u> *(el paso) impedir, cerrar*
We stood them off.
Les impedimos el paso.

<u>stand out</u> *destacarse*
She really stands out from the crowd.
Realmente se sale de lo común.

sobresalir
Her hair stands out in spikes.
Tiene el pelo de punta.

oponerse a
They stood out against the corrupt senators.
Se opusieron a los senadores corruptos.

mantenerse firme
They stood out for their original claim.
Se mantuvieron firmes en cuanto a su exigencia original.

<u>stand over</u> *vigilar*
I hate people standing over me when I'm working.
Detesto que me miren mientras trabajo.

stand to *(tropas) estar en alerta*
The troops stood to.
Las tropas estaban en estado de alerta.

stand up *ponerse de pie*
He stood up when she walked in.
Él se puso de pie cuando ella entró.

(un argumento) mantenerse
Those accusations won't stand up in a court of law.
Esas acusaciones no se mantendrán ante un tribunal.

dar un plantón
He stood me up last night.
Anoche me dejó plantado.

declararse abiertamente a favor de
All those in favour should stand up and be counted.
Todos los que están a favor deberían declararlo abiertamente.

stand up for *defender*
They stood up for what they believed in.
Defendieron sus creencias.

stand up to *enfrentarse a*
He's not afraid to stand up to her.
No teme enfrentarse a ella.

resistir
These boots will stand up to lots of rough treatment.
Estas botas lo resistirán todo.

(una prueba) superar
This product stood up to all tests.
Este producto superó todas las pruebas.

Stare *mirar fijamente*

stare at *mirar fijamente a*
Stop staring at him!
¡Deja de mirarle!

stare down/out *mirar con desprecio*
She stared him down and he turned and left.
Le miró con desprecio y él se dio la vuelta y se marchó.

Start *empezar, comenzar*

start after *salir en busca de*
They started after us.
Salieron a buscarnos.

start back *emprender el viaje de regreso*
It's time to start back.
Es la hora de emprender el viaje de regreso

retroceder
She started back in horror.
Retrocedió horrorizada.

start off *empezar*
He started off by telling us what she really wanted.
Empezó contándonos lo que quería de verdad.

(la vida profesional) empezar
He started off at the bottom but rose to become president.
Empezó desde cero y llegó a ser presidente.

provocar
Talking about his past is bound to start an argument off.
Hablar de su pasado provocará una discusión.

start on *empezar con*
Do you want me to start on that project yet?
¿Quieres que empiece con el proyecto ya?

meterse con
Oh don't start on me again!
¡No te metas conmigo otra vez!

start out *empezar*
She started out as a journlist, but later became an actress.
Empezó como periodista, pero más tarde se convirtió en actriz.

(un viaje) comenzar
They started out at 6am.
Salieron de viaje a las seis de la mañana.

start over *volver a empezar*
It's always hard to start over.
Siempre es difícil volver a empezar.

start up *(un negocio) montar, poner*
The costs of starting up a business are astronomical.
Los costes de montar un negocio son altísimos.

(un motor) arrancar, poner en marcha
She started up the car and drove away.
Puso el coche en marcha y se fue.

empezar
The music started up at 2 in the morning.
Empezaron a tocar a las 2 de la madrugada.

ponerse de pie de un salto
She started up when she saw who it was.
Se puso de pie de un salto cuando vio quién era.

Starve *morir de hambre*

starve for *desear*
They are starving for more love.
Desean más amor.

starve into *obligar a alguien a hacer algo por hambre*
They starved them into submission.
Les obligaron a rendirse privándoles de comida.

starve of *privar de*
The business industry is starved of young, creative talent.
El negocio carece de talentos jóvenes y creativos.

starve out *obligar a alguien a salir por hambre*
The soldiers starved the enemy soldiers out.
Los soldados obligaron a salir al enemigo privándoles de comida.

Stash *(n) escondite*

stash away *acumular, ocultar*
She's been stashing her money away in an overseas account.
Ha estado ocultando su dinero en una cuenta en el extranjero.

Stave *(n) palo*

stave off *evitar*
They managed to stave off defeat at the last minute.
Consiguieron evitar el fracaso en el último momento.

Stay *quedarse*

stay ahead *mantenerse delante de*
We've got to stay ahead of the competition.
Tenemos que tomar la delantera a la competencia.

stay away *mantenerse alejado*
Stay away from my son!
¡Manténte alejado de mi hijo!

apartarse, no acercarse
Stay away from the machine – it's dangerous.
Apártate de la máquina: es peligrosa.

stay back *(en un sitio) quedarse*
The rest left but she stayed back.
Los demás salieron, pero ella se quedó.

stay behind *(en un sitio) quedarse*
I had to stay behind at school yesterday.
Ayer tuve que quedarme en el cole.

stay down *(un curso) repetir*
They made her stay down a year.
La obligaron a repetir curso.

(bajo el agua) permanecer
How long did the divers stay down under water?
¿Durante cuánto tiempo permanecieron los buceadores bajo el agua?

(en el suelo) quedarse
The police told us to stay down.
La policía nos dijo que no nos levantáramos.

stay in *no salir*
I stayed in last night.
Anoche me quedé en casa.

(en un sitio) quedarse
He stayed in the same position all night.
Se quedó en la misma posición toda la noche

stay off *dejar de hacer algo*
She's stayed off drink for more than two years.
Lleva sin beber más de dos años.

stay on *quedarse*
She wanted to stay on after the party finished.
Quiso quedarse después de la fiesta.

permanecer
The lid won't stay on.
La tapa no se sujetará.

stay out *quedarse fuera, no volver a casa*
We stayed out all night last night.
No volvimos a casa anoche.

permanecer en huelga
They stayed out for more than three months.
Permanecieron en huelga durante más de tres meses.

mantenerse al margen
They told him to stay out of it.
Le dijeron que no se metiese en esto.

stay over *(la noche) pasar*
I stayed over at Paul's place last night.
Anoche me quedé en casa de Paul.

stay up *quedarse levantado*
I like to stay up late and watch movies.
Me gusta quedarme levantado y ver películas.

stay with *seguir, quedarse con*
We'll stay with the original.
Nos quedamos con el original.

acompañar a
I'd like you to stay with me tonight.
Me gustaría que me acompañara esta noche.

Steal *robar*

steal away/off *marcharse sigilosamente, escabullirse*
They stole off at midnight.
Se escabulleron a medianoche.

steal over *aparecer lentamente/misteriosamente*
A light stole over the ship.
Una luz misteriosa iluminó el barco.

<u>steal up on</u> *acercarse con sigilo*
She stole up on me.
Se me acercó con sigilo.

Steam *(n) vapor*

<u>steam away</u> *echar vapor*
The kettle has been steaming away for a long time.
La tetera lleva mucho tiempo echando vapor

<u>steam off</u> *quitar utilizando vapor*
She steamed the stamp off the envelope.
Quitó el sello del sobre utilizando vapor.

<u>steam up</u> *(ventana, gafas, etc) empañar*
The window always gets steamed up.
La ventana siempre se empaña.

excitarse, acalorarse
She got all steamed up about the change.
El cambio le excitó sobremanera.

Steer *guiar*

<u>steer away from</u> *evitar cualquier contacto con, evitar mencionar*
You should steer away from him.
Deberías evitar cualquier contacto con él.

Stem *(n) tallo*

<u>stem from</u> *derivarse de*
This problem stems from ignorance.
Este problema es fruto de la ignorancia.

Step *(n) paso*

<u>step aside</u> *dimitir*
She was forced to step aside as president.
La obligaron a dimitir de su cargo de presidenta.

hacerse a un lado
The police asked me to step aside and let the Queen pass.
La policía me pidió que dejara paso a la Reina.

<u>step back</u> *dar un paso atrás*
We need to step back and give this more perspective.
Hace falta dar un paso atrás para considerar la situación objetivamente.

retroceder

She stepped back in horror.

Retrocedió horrorizada.

volver

I'd love to step back to the 18th century.

Me encantaría volver al siglo XVIII.

step down *dimitir*

After the scandal, she offered to step down.

Después del escándalo, ofreció su dimisión.

step forward *dar un paso hacia delante*

One person stepped forward to volunteer for the mission.

Una persona se ofreció voluntaria para la misión.

presentarse, ofrecerse

Nobody stepped forward to help.

Nadie se ofreció para ayudar.

step in *intervenir en*

I think it's time for us to step in and help.

Creo que es hora de intervenir y ayudar.

entrar

Please step in.

Entra, por favor.

step inside *pasar, entrar*

She asked me to step inside.

Me invitó a entrar.

step on *pisar*

She stepped on my foot.

Me dio un pisotón.

expresión

Step on it!

¡Ve más rápido!

step out/outside *medir con pasos*

She stepped out the correct distance and marked it with a cone.

Midió la distancia correcta con pasos y la marcó con un cono.

salir

They asked him to step out.

Le pidieron que saliera.

<u>**step up**</u> *aumentar*
They want to step up production.
Quieren aumentar la producción.

acercarse a
She stepped up to me.
Se me acercó.

(al escenario) subir
She stepped up to receive the prize.
Subió al escenario para recibir el premio.

Stick *(con pegamento) pegar*

<u>**stick around**</u> *quedarse*
He wants to stick around till the end.
Quiere quedarse hasta el final.

<u>**stick at**</u> *seguir*
You should stick at tennis – I'm sure you're going to be good.
Deberías seguir jugando al tenis; estoy seguro de que vas a ser muy bueno.

mantener
You should stick at the same level.
Deberías mantener el mismo nivel.

<u>**stick back**</u> *devolver a su lugar*
Could you stick that book back where you found it?
¿Podrías devolver ese libro a su sitio?

volver a pegar
I stuck the picture back up on the wall.
Volví a pegar el dibujo en la pared.

<u>**stick by**</u> *apoyar*
Most of my friends stuck by me during the crisis.
La mayoría de mis amigos me apoyaron durante la crisis.

(una promesa) cumplir
She made a promise and she stuck by it.
Hizo una promesa y la cumplió.

<u>**stick down**</u> *(con pegamento) pegar*
She stuck the picture down with glue.
Pegó el dibujo con pegamento.

poner, dejar
Just stick the letter down on the table.
Deja la carta en la mesa.

stick in *clavar*
She stuck the knife in his stomach.
Le clavó el cuchillo en el estómago.

añadir
They want us to stick in another scene.
Quieren que añadamos otra escena.

expresión
Get stuck in!
¡Comed!

stick on *pegar*
He stuck the stamp on the envelope.
Pegó el sello en el sobre.

añadir, incluir
They've stuck another tax on this product.
Han añadido otro impuesto a este producto.

pegar, fijar, sujetar
Stick the picture on the wall.
Pega el dibujo en la pared.

(ropa) ponerse
I stuck on some old clothes.
Me puse ropa vieja.

stick out *notarse, resaltar, destacar*
We really stick out with these Spiderman costumes on.
Nuestro disfraz de Spiderman canta mucho.

sacar
He stuck his tongue out at her.
Le sacó la lengua.

aguantar
It was a nasty situation, but I decided to stick it out.
Fue una situación muy fea, pero decidí aguantarla.

asomar
He stuck his head out of the window.
Asomó la cabeza por la ventana.

(una extremidad) estirar
She stuck her leg out.
Estiró la pierna.

stick out for *insistir en*
She stuck out for a pay rise and eventually they gave it to her.
Insistió en un aumento de sueldo y finalmente se lo dieron.

stick to *seguir*
I prefer to stick to the main roads – otherwise I get lost.
Prefiero ir por las carreteras principales, de lo contrario me pierdo.

(una palabra, promesa) cumplir
She never stuck to her promsie.
Nunca cumplió su promesa.

stick together *ayudarse*
People tend to stick together in times of crisis.
La gente suele ayudarse en tiempos de crisis.

pegar juntos con cola
Stick the two pieces of paper together.
Pega los dos trozos de papel juntos.

stick up *pegar*
Stick the picture up on the wall.
Pega el dibujo en la pared.

(una extremidad) subir, levantar
The baby's leg was sticking up.
El bebé tenía la pierna en el aire.

(un banco) atracar
They stuck a bank up.
Atracaron un banco.

(el pelo) estar de punta
Her hair was sticking up.
Tenía el pelo de punta.

expresión
Stick them up!
¡Manos arriba!

stick up for *defender a*
Thanks for sticking up for me.
Gracias por defenderme.

<u>stick with</u> *aguantar*
I hate my job and I can't stick with it.
Odio mi trabajo y no lo aguanto.

seguir con
Stick with her – she'll look after you.
Sigue con ella; te cuidará.

Stir *remover*

<u>stir in</u> *añadir removiendo*
You need to stir the water in slowly.
Hay que añadir el agua removiendo lentamente.

<u>stir into</u> *añadir removiendo*
He stirred the cream into the sauce.
Añadió la nata a la salsa removiéndola lentamente.

<u>stir up</u> *(un problema) fomentar, crear*
They've been stirring up trouble.
Han estado creando problemas.

(un líquido) remover
You need to stir the paint up.
Hay que remover la pintura.

(polvo, hojas) levantar
The car was stirring up a lot of dust.
El coche levantaba mucho polvo.

Stitch *(n) (costura) puntada*

<u>stitch up</u> *incriminar*
They really stitched me up.
Me cargaron con el muerto.

(un trato) cerrar
They stitched up the deal in record time.
Cerraron el trato en tiempo récord.

Stock *(n) existencias*

<u>stock up</u> *aprovisionarse*
We've stocked up with lots of food for the coming months.
Nos aprovisionamos de comida para los meses siguientes.

Stoke *alimentar*

stoke up *alimentar*
She stoked up the fire.
Echó más leña al fuego.

Stop *parar*

stop behind *quedarse*
She stopped behind after class to help the pupils.
Se quedó después de clase para ayudar a los estudiantes.

stop by *pasarse*
You should stop by my place some time.
Deberías pasarte por mi casa algún día.

stop in *quedarse en casa esperando*
Don't stop in for me.
No te quedes en casa esperándome.

pasarse por casa de
I just stopped in to say hello.
Sólo me he pasado para saludar.

stop off *hacer escala, (el viaje) interrumpir*
I stopped off in Paris.
Hice escala en París.

stop out *pasar la noche fuera de casa*
They stopped out all last night.
Anoche no volvieron a casa.

stop over *pasar la noche en casa de alguien*
Do you want to stop over my place tonight?
¿Quieres dormir en mi casa esta noche?

hacer escala
They stopped over in Barcelona on their way to Paris.
Hicieron escala en Barcelona de camino a París

stop up *quedarse esperando hasta muy tarde*
Don't stop up for me.
No me esperes levantado.

(una tubería, chimenea) atascar
They stopped up the chimney so no one could get in the house.
Bloquearon la chimenea para que nadie pudiera entrar en la casa.

Store *almacenar*

<u>store away</u> *almacenar, guardar*
We need to store these files away somewhere safe.
Tenemos que guardar estas cintas en un lugar seguro.

<u>store up</u> *acumular*
They stored up food in case of trouble.
Acumularon comida para los malos tiempos.

Storm *(n) tormenta*

<u>storm in</u> *asaltar*
The troops stormed in.
Las tropas comenzaron el asalto.

entrar airadamente
She stormed in and demanded an explanation.
Entró airadamente y exigió una explicación.

<u>storm into</u> *asaltar*
The troops stormed into the city.
Las tropas asaltaron la ciudad.

entrar airadamente
She stormed into the room.
Entró airadamente en la habitación.

<u>storm off/out</u> *salir airadamente*
She stormed off.
Se fue airadamente.

<u>storm out of</u> *salir airadamente de*
She stormed out of the room.
Salió airadamente de la habitación.

Stow *meter, poner, (un barco) estibar*

<u>stow away</u> *viajar de polizón*
They found two women who had stowed away in the engine room.
Encontraron a dos mujeres viajando de polizón en la sala de motores.

guardar en lugar seguro
She stowed the boxes away.
Guardó las cajas en un lugar seguro.

Straighten *enderezar*

straighten out *(un problema) arreglar, resolver*
Someone needs to straighten this problem out.
Hace falta que alguien resuelva este problema.

enderezar
Does anyone know how I can straighten this metal rod out?
¿Alguien sabe cómo enderezar esta barra de metal?

ordenar
He needs to straighten himself out.
Tiene que poner su vida en orden.

straighten up *(una habitación) arreglar, ordenar*
You need to straighten your room up.
Tienes que ordenar tu habitación.

enderezarse
Straighten up!
¡Ponte derecho!

Strain *tensar*

strain at *tirar de*
The dog was straining at the lead.
El perro tiraba de la correa.

strain off *escurrir*
You have to strain the water off.
Tienes que escurrir el agua.

Strap *atar con correas*

strap down *atar con correas*
We should strap the box down so it doesn't come off.
Deberíamos atar la caja con correas para que no se suelte.

strap in/into *abrocharse/ponerse el cinturón de seguridad*
Strap the child in the seat.
Ponle el cinturón al niño.

strap on *atar con correas*
Strap the skis on to the roof of the car.
Ata los esquís a la baca.

Stretch *extender(se), estirar(se)*

<u>stretch away</u> *extender(se)*
The beach stretches away for miles.
La playa se extiende a lo largo de muchas millas.

<u>stretch out</u> *tenderse*
He stretched out on the grass.
Se tumbó en la hierba.

(el brazo) alargar, estirar
She stretched out her hand.
Alargó el brazo.

<u>stretch up</u> *(el brazo) alargar, estirar*
She stretched up to reach the book.
Alargó el brazo para coger el libro.

Stride *andar a grandes zancadas*

<u>stride away/off</u> *alejarse a grandes zancadas*
She strode off.
Se alejó a grandes zancadas.

<u>stride up</u> *acercarse a grandes zancadas*
He strode up to her and demanded an explanation.
Se acercó a ella resueltemente y exigió una explicación.

Strike *golpear*

<u>strike at</u> *atacar a*
They struck at the enemy.
Atacaron al enemigo.

<u>strike back</u> *(un golpe) devolver*
She struck back at him by destroying his car.
Le devolvió el golpe y le destruyó el coche.

<u>strike down</u> *matar, morir*
He was struck down at the age of 49.
Murió a la edad de 49 años.

(US) (una ley) abolir
They struck down the new law.
Abolieron la nueva ley.

<u>strike off</u> *(a un médico, abogado) expulsar del colegio profesional*
The doctor was struck off.
El médico fue expulsado del colegio profesional.

strike on *(una idea) ocurrírsele a*
They struck on a great idea.
Se les ocurrió una idea muy buena.

strike out *independizarse*
The others wanted to go east, but he struck out on his own.
Los demás querían ir al este, pero él siguió su propio camino.

(golpes) repartir
She struck out blindly, hitting everyone in her path.
Repartió golpes a ciegas, arremetiendo contra todo el mundo en su camino.

partir, irse
She struck out for the peak.
Partió hacia la cima.

(en béisbol) eliminar
She struck out ten batters.
Eliminó a diez bateadores.

strike through *tachar*
Just strike through any words you don't want to include.
Tacha cualquier palabra que no quieras incluir.

strike up *(una conversación) iniciar, trabar*
She struck up a conversation with a stranger in a bar.
Inició una conversación con un extraño en un bar.

(una canción) arrancar con
The orchestra struck up with a version of a Beatles song.
La orquesta arrancó con una versión de una canción de los Beatles.

String *(n) cuerda*

string along *acompañar*
Do you mind if I string along?
¿Te importa si os acompaño?

embaucar a
He strung her along.
La embaucó.

string out *extenderse*
The convoy of trucks was strung out along the road.
El convoy de camiones ocupaba toda la carretera.

alargar
She strung the speech out for as long as she could.
Alargó el discurso al máximo.

string together *(palabras) juntar*
Our child has started to string words together to form sentences.
Nuestro niño ha empezado a juntar palabras para formar frases.

string up *(un objeto) colgar*
Have you strung your Christmas decorations up yet?
¿Ya has colgado los adornos de Navidad?

(a una persona) ahorcar
They strung him up.
Le ahorcaron.

Strip *desnudar*

strip away *quitar, arrancar*
The journalists stripped away his façade of respectability.
Los periodistas le quitaron la máscara de respetabilidad.

The acid stripped away a coat of paint.
El ácido se comió una capa de pintura.

strip down *desnudarse, (la ropa) quitarse*
He stripped down to his pants.
Se quitó la ropa hasta quedarse en calzoncillos.

strip off *(pintura) quitar, rascar*
The stripped off the old layer of paint.
Quitaron la antigua capa de pintura.

desvestirse, desnudarse
She stripped off in front of him.
Se desnudó delante de él.

strip out *vaciar*
They stripped out the room.
Vaciaron la habitación.

Struggle *luchar, esforzarse*

struggle along *avanzar con dificultad*
They struggled along the path.
Avanzaron con dificultad por el camino.

ir apurado, pasarlo mal

Business isn't going too well and we're struggling along.

El negocio no va bien y estamos apurados.

struggle back *volver con dificultad*

She struggled back to the cabin through the snow.

Volvió a la cabaña luchando contra la nieve.

struggle on *seguir luchando*

They struggled on for six more kilometres before they finally collapsed.

Anduvieron otros seis kilómetros antes de desplomarse definitivamente.

Stub *darse un golpe en el dedo gordo del pie*

stub out *(un cigarrillo) apagar, aplastar*

Why did you stub your cigarette out on my sofa?

¿Por qué apagaste el cigarrillo en mi sofá?

Stuff *(n) cosa(s)*

stuff away *(comida) zampar, devorar*

She stuffed the food away.

Devoró la comida.

meter, guardar

I've stuffed your magazines away in the cupboard.

He metido todas tus revistas en el armario.

stuff up *(un tubo) atascarse, quedar obstruido*

The pipes are stuffed up with paper.

El papel ha atascado las tuberías.

tener un resfriado

I'm all stuffed up.

Estoy acatarrado.

Stumble *tropezar*

stumble across/on *encontrar por casualidad*

I stumbled across an old photo of you.

Me topé con una vieja foto tuya.

Stump *desconcertar*

stump up *(GB) (dinero) soltar, desembolsar*

Who's going to stump up for the damage?

¿Quién va a pagar este destrozo?

Subject *(n) tema*

subject to *someter a*

This product is subject to frequent checks.

Este producto está sometido a chequeos frecuentes.

Subscribe *suscribirse*

subscribe to *suscribirse a*

I want to subscribe to this great magazine for learning English.

Quiero suscribirme a esta gran revista para aprender inglés.

(una opinión, religión) suscribir

What beliefs do they subscribe to?

¿Qué creencias tienen?

Suck *chupar*

suck down *tragar*

The currents sucked her down but she was strong enough to swim away.

Las corrientes se la tragaron, pero fue suficientemente fuerte y salió nadando.

suck in *aspirar*

This machine will suck in all forms of rubbish.

Esta máquina es capaz de aspirar cualquier tipo de basura.

suck off *(tabú) hacer una mamada a*

suck out *succionar, aspirar*

They sucked the paper out of the tube with a powerful machine.

Succionaron el papel que atascaba la tubería con una máquina muy potente.

suck up *hacer la pelota a*

Stop sucking up to your boss.

Deja de hacerle la pelota a tu jefa.

Sum *(n) suma*

sum up *resumir*

How would you sum up the tragedy?

¿Cómo resumirías la tragedia?

describir, evaluar

Arrogant and stupid – and that just about sums him up.

Arrogante y tonto: eso lo describe a la perfección.

(en un debate, discurso) recapitular

And now, just to sum up: firstly I'd just like to thank everyone...

Y ahora, para recapitular: primero me gustaría agradecer a todos...

Summon *llamar*

<u>summon up</u> *(coraje, valor) armarse de*

He couldn't summon up the courage to confront her.

No conseguía armarse de suficiente valor para enfrentarse a ella.

(memoria) evocar

The film summoned up memories of my time in the US.

La película me recordó mi estancia en EE.UU.

<u>summon up</u> *(apoyo, fuerzas) reunir*

He was trying to summon up support for his project.

Intentaba reunir apoyo para su proyecto.

Surge *subir*

<u>surge (a)round</u> *apiñarse*

People surged around him to get a good look.

La gente se apiñaba a su alrededor para verle bien.

<u>surge down</u> *bajar en tropel*

The crowd surged down the street.

Una oleada de gente bajó por la calle.

<u>surge up</u> *(emociones) aflorar, liberarse*

All his repressed emotions surged up when he saw the film.

Todas sus emociones reprimidas afloraron al ver la película.

subir en tropel

The people surged up the street.

Una oleada de gente subió por la calle.

Suss out *calar*

It didn't take us long to suss him out.

No tardamos mucho en calarle.

entender

It didn't take us long to suss out what was happening.

No tardamos mucho en darnos cuenta de lo que estaba pasando.

Swab *limpiar, fregar*

<u>swab down</u> *fregar con estropajo*

They swabbed down the walls.

Fregaron las paredes con estropajo.

<u>swab out</u> *limpiar a conciencia*
They swabbed out the room.
Limpiaron la habitación a conciencia.

Swallow *tragar*

<u>swallow down</u> *tragar*
She finds it hard to swallow the food down.
Le resulta difícil tragar la comida.

<u>swallow up</u> *comprar, absorber*
Many big companies have swallowed up smaller ones.
Muchas grandes empresas han absorbido a las más pequeñas.

tragar, absorber
The winter advertising campaign swallowed up over half of our budget.
La campaña publicitaria se ha tragado más de la mitad de nuestro presupuesto.

desaparecer
She was swallowed up in the crowd.
Desapareció entre la multitud.

Swan *(n) cisne*

<u>swan about/around</u> *pasearse despreocupadamente*
There was a fire in the building but she was just swaning about as if nothing had happened.
El edificio estaba en llamas, pero ella iba paseándose despreocupadamente como si tal cosa.

Swap *intercambiar*

<u>swap (a)round/over</u> *intercambiar*
She swapped the two envelopes round and we didn't even realise.
Intercambió los dos sobres y ni siquiera nos dimos cuenta.

Swear *jurar*

<u>swear at</u> *decir palabrotas, insultar*
Stop swearing at me.
Deja de insultarme.

<u>swear by</u> *confiar en*
It's great and I'll swear by it.
Es fantástico, lo juro.

<u>swear in</u> *tomar juramento a*
She was been sworn in.
Le tomaron juramento.

<u>swear off</u> *jurar renunciar a algo*
She's sworn off alcohol.
Ha jurado dejar de beber.

Sweat *sudar*

<u>sweat off</u> *(el peso, la resaca) quitar sudando*
I need to sweat my hangover off.
Tengo que quitarme la resaca sudando.

<u>sweat out</u> *(un resfriado) quitar sudando*
I sweated my cold out.
Me quité el resfriado sudando.

(una decisión difícil) tomar
They left him to sweat it out.
Le dejaron para que llegara a sus propias conclusiones.

<u>sweat over</u> *sudar tinta*
They've been sweating over the job.
Con este trabajo han estado sudando tinta.

Sweep *barrer*

<u>sweep along</u> *arrastrar*
She was swept along by the crowd.
La multitud la arrastró.

(un coche) avanzar a gran velocidad
The car swept along the road.
El coche pasó por la carretera como un rayo.

<u>sweep aside</u> *apartar bruscamente*
She swept his hand aside.
Apartó bruscamente su mano.

(una crítica) hacer caso omiso de
She swept the criticism aside.
Hizo caso omiso de las críticas.

<u>sweep away</u> *llevarse*
She swept the child away with her.
Se llevó al niño con ella.

derribar
They swept away all the old buildings.
Derribaron todos los edificios antiguos.

arrastrar
The river swept the child away.
El río arrastró al niño.

(por una emoción) dejarse llevar
He was swept away by the emotion.
Se dejó llevar por la emoción.

sweep by *pasar rápidamente al lado de*
He swept by without even noticing it was me.
Pasó rápidamente a mi lado sin darse cuenta de que era yo.

sweep down *arrastrar*
The current swept the ship down towards the waterfall.
La corriente arrastró el barco hacia las cataratas.

bajar a gran velocidad
The bird swept down and caught the rabbit.
El ave se abalanzó sobre el conejo a gran velocidad.

sweep off *causar un gran impacto, barrer*
She swept him off his feet.
Le causó tal impacto que se enamoró pérdidamente de ella en el acto.

sweep on *seguir adelante inexorablemente*
They swept on to victory.
Seguían su avance imparable hacia la victoria.

sweep out *salir majestuosamente de*
The princess swept out of the room.
La princesa abandonó majestuosamente la habitación.

(una habitación) barrer
Can you sweep this room out?
¿Podrías barrer esta habitación?

sweep up *recoger*
Do you mind sweeping that rubbish up?
¿Te importa recoger esa basura?

llegar a gran velocidad
The car swept up at top speed.
El coche llegó a gran velocidad.

Sweeten *endulzar*

sweeten up *sobornar*
They tried to sweeten me up.
Intentaron sobornarme.

Swell *hinchar*

swell up *hinchar*
My feet have swollen up.
Se me han hinchado los pies.

(el mar) levantarse
The sea swelled up.
El mar se levantó.

Swill *beber a grandes tragos*

swill about/around *(líquido) agitarse*
The water was swilling about in the bottom of the boat.
El agua se agitaba en el fondo de la barca.

swill down *beber a grandes tragos*
He swilled the drink down.
Bebió a grandes tragos.

Swing *balancearse, oscilar*

swing (a)round *dar media vuelta*
She swung her body round.
Dio media vuelta.

(una conversación) girar en torno a
The conversation always swings around to her.
La conversación siempre gira en torno a ella.

Switch *cambiar*

switch back *volver a cambiar*
We're going to switch back to using the other computing system.
Vamos a volver a utilizar el otro sistema informático.

switch off *apagar*
Could you switch the light off?
¿Podrías apagar la luz?

dejar de prestar atención, desconectar
Kids tend to switch off after a few minutes.
Los niños dejan de prestar atención después de unos minutos.

switch on *(la luz, radio, televisión) encender*
Please switch the TV on.
Por favor, enciende la televisión.

(un motor) arrancar
She switched the motor on.
Arrancó el motor.

utilizar, servirse de
She often switches the charm on to get what she wants.
A menudo utiliza su encanto para conseguir lo que quiere.

switch over *cambiar, intercambiar*
He switched the glasses over.
Intercambió los vasos.

(de canal) cambiar
Shall we switch over to another channel?
¿Cambiamos de canal?

switch round *intercambiar, cambiar*
They switched the price labels round.
Cambiaron las etiquetas con el precio.

(de sitio) cambiarse
They switched round and the teacher didn't know who was who.
Se cambiaron de sitio y el profesor no sabía quién era quién.

Swivel *girar*

swivel round *girarse*
She swivelled round and came face to face with him.
Se giró y se le enfrentó.

Swoop *volar en picado*

swoop down *(un pájaro) abalanzarse sobre*
The bird swooped down and caught the mouse.
El pájaro se abalanzó sobre el ratón y lo atrapó.

(los soldados, la policía) hacer una redada
The police swooped down on the terrorists and arrested them.
La policía hizo una redada y arrestó a los terroristas.

volar muy bajo
The plane swooped down over the village.
El avión sobrevoló el pueblo a poca altura.

Swop ⇨ ***swap***

Swot *empollar*

swot up *(GB) (una asignatura) empollar*
I've got to swot up for my geography exam.
Tengo que empollar para el examen de geografía.

Syphon ⇨ ***siphon***

T

Tack *(n) tachuela*

<u>tack down</u> *clavar con tachuelas*
We need to tack the material down.
Hay que sujetar la tela con tachuelas.

<u>tack on</u> *añadir*
They tacked a list of contributors on to the end of the book.
Añadieron una lista de colaboradores al final del libro.

<u>tack up</u> *clavar con tachuelas*
She tacked the curtains up to the wall.
Clavó las cortinas a la pared con tachuelas.

Tag *(n) etiqueta*

<u>tag along</u> *pegarse a*
The dog was tagging along behind us.
El perro nos seguía.

acompañar
We let her tag along because she didn't have any friends.
Dejamos que nos acompañara porque no tenía amigos.

<u>tag on</u> *añadir*
He tagged a note of thanks on to the letter.
Añadió unas palabras de agradecimiento al final de la carta.

Tail *(n) cola, rabo*

tail away/off *(una voz) desvanecerse*
Her voice tailed away.
Su voz se fue desvaneciendo.

empeorar, decaer
The book tails off a bit at the end.
El libro empeora hacia el final.

tail back *(tráfico) extenderse*
Traffic tailed back for nearly thirty kilometres.
La caravana medía casi treinta kilómetros.

Take *coger, tomar*

take along *llevar consigo*
She took me along to the club.
Me llevó al club.

take aback *quedarse pasmado/perplejo*
She was completely taken aback.
Se quedó perpleja.

take after *parecerse a*
She really takes after her father.
Se parece muchísimo a su padre.

take against *coger manía a*
She has taken against the proposal.
Le ha cogido manía a la propuesta.

take apart *(un motor) desmontar*
He took the engine apart.
Desmontó el motor.

(un argumento) destrozar, desmontar
They took his arguments apart.
Destrozaron sus argumentos.

investigar minuciosamente
The police took the building apart.
La policía registró minuciosamente el edificio.

take (a)round *llevar*
She took me around to her house.
Me llevó a su casa.

take aside *llevar aparte*
They took him aside to have a quiet word with him.
Se lo llevaron aparte para poder hablar con él tranquilamente.

take away *quitar, llevarse*
They took the dirty plates away.
Quitaron los platos sucios.

The police took her away to the police station during the night.
La policía se la llevó a la comisaría durante la noche.

confiscar
They took his house away as part of the punishment.
Le quitaron la casa como parte del castigo.

dejar sin respiración
She took my breath away.
Me dejó sin respiración.

take away from *quitar valor a*
The damage on the chair takes away from its value.
El defecto de la silla disminuye su valor.

restar
What do you get if you take 14 away from 36?
¿Qué queda si restas 14 de 36?

apartar
They tried to take me away from my family.
Intentaron apartarme de mi familia.

(lecciones, conclusiones) sacar
What lessons did you take away from that experience?
¿Qué lecciones sacaste de esta experiencia?

take back *retirar*
Are you going to take back what you have said?
¿Vas a retirar lo que dijiste?

devolver
I took the books back to the library.
Devolví los libros a la biblioteca.

aceptar, dejar volver
She took him back after three months after the fight.
Le dejó volver tres meses después de la pelea.

(recuerdos) traer
That takes me back to the time I was in Nairobi.
Eso me trae recuerdos de mi estancia en Nairobi.

(un artículo defectuoso) devolver
The computer's broken – we need to take it back.
El ordenador no funciona, hay que devolverlo.

llevar de vuelta
She took the children back to Ireland.
Llevó a los niños de vuelta a Irlanda.

llevar al pasado
The time machine took them back to Roman times.
La máquina del tiempo les llevó a los tiempos de los romanos.

take down *(apuntes) tomar*
Police took down his statement.
La policía le tomó la declaración.

bajar
She took the book down from the shelf.
Bajó el libro de la estantería.

llevar abajo
They took him down to the basement.
Le llevaron abajo a la bodega.

(una barricada, un muro) desmantelar
The police took the barricades down.
La policía desmanteló las barricadas.

(un cartel) quitar, retirar
They took the posters down from the street.
Retiraron los carteles de la calle.

(una tienda de campaña) desmontar
Who's going to take the tent down?
¿Quién va a desmontar la tienda?

take in *(a un inquilino) admitir*
They took in a lodger to help pay for the rent.
Admitieron a un inquilino para poder pagar el alquiler.

entender, asimilar
He just doesn't take anything in.
Simplemente no entiende nada.

engatusar, engañar
They were taken in by his good-looks and charm.
Les engatusó con su encanto y buena presencia.

llevar a la comisaría
The police took him in for questioning.
La policía le llevó a la comisaría.

(una película) alquilar
Do you fancy taking in a movie tonight?
¿Te apetece que alquilemos una peli para esta noche?

(líquidos) ingerir, tomar
You need to take in lots of liquid on days like this.
En días así debes tomar mucho líquido.

(una prenda) meter
I need to take in this dress.
Tengo que que meter esta falda.

coger, llevar
She took him in her arms.
Le cogió en brazos.

aceptar
The school wouldn't take him in.
La escuela no le aceptaba.

(la colada) recoger
I took the washing in.
Recogí la colada.

(un coche) llevar al taller
She took the car in to get repaired.
Llevó el coche al taller.

absorber
Fish take oxygen in through their gills.
Los peces absorben el oxígeno a través de sus branquias.

take into *llevar adentro*
She took him into the room.
Le llevó a la habitación.

aceptar
They took him into the organisation.
Le aceptaron en la organización.

take off *(ropa) quitarse*
She took off her shirt.
Se quitó la camisa.

(vacaciones) tomarse
I'm taking a day off.
Me tomaré un día libre.

(un avión) despegar
The plane has already taken off.
El avión ha despegado ya.

(una idea, un proyecto) llegar a cuajar
The idea never really took off.
En realidad la idea nunca llegó a cuajar.

irse
He took off as soon as he saw her.
Se fue en cuanto la vio.

llevar
The police took the suspects off to the police station.
La policía llevó a los sospechosos a la comisaría.

imitar
They were taking me off – it was hilarious.
Me estaban imitando; fue graciosísimo.

cerrar
They took the radio station off the air.
Cerraron la emisora.

quitar
She took the book off the shelf.
Quitó el libro de la estantería.

arrebatar
They took the bag off him.
Le arrebataron el bolso.

rebajar
They took off 20%.
Lo rebajaron en un 20%.

(un medicamento, tratamiento) retirar
They took him off the medication.
Le retiraron el medicamento.

<u>take on</u> *aceptar, tener*
She's taken on too much work.
Tiene demasiado trabajo.

emplear, contratar
They've decided to take me on.
Han decidido contratarme.

luchar, competir con
He tried to take her on – it was pathetic.
Intentó competir con ella; fue patético.

asumir
She took it on/upon herself to order for everyone.
Asumió el papel de jefa.

<u>take out</u> *sacar*
He took some money out of the cashpoint machine.
Sacó dinero del cajero.

I'd like to take you out to dinner tonight.
Me gustaría llevarte a cenar.

(una hipoteca) firmar
We'll need to take out a mortgage for this house.
Tendremos que hipotecarnos para comprar esta casa.

matar
They threatened to take him out if he talked to the police.
Amenazaron con matarle si hablaba con la policía.

eliminar
They took out all sex scenes in the film.
Eliminaron de la película todas las escenas de sexo.

cansar
Teaching really takes it out of you.
La enseñanza cansa mucho.

<u>take out on</u> *pagarla, desahogarse con*
Stop taking all your aggression out on me!
¡Deja ya de tomarla conmigo!

<u>take over</u> *(el control) tomar*
Who's going to take over from the old boss?
¿Quién va a ser el nuevo jefe?

The workers took over the factory.
Los trabajadores ocuparon la fábrica.

(un país) ocupar
They took over the country in just three days.
Ocuparon el país en tan sólo tres días.

superar
Nothing can take over from the comfort of travelling by train.
Nada puede superar la comodidad de viajar en tren.

tardar mucho en hacer algo
She took her time over it.
Tardó mucho en hacerlo.

llevar
She took me over to her house.
Me llevó a su casa.

take round ⇨ take around

take through *explicar*
She took me through the procedure.
Me explicó el procedimiento.

take to *tener cariño, coger simpatía a*
I've really taken to my mother-in-law.
Le tengo verdadero cariño a mi suegra.

empezar a
He's taken to going for an early morning run.
Ha empezado a coger el tren de madrugada.

take up *apuntarse a algo, (un pasatiempo) empezar*
She's taken up a martial art.
Se apuntó a artes marciales.

(tiempo) ocupar
It takes up all my time.
Me ocupa todo el tiempo.

encargarse de
The new secretary has taken up the problem.
La nueva secretaria se ha encargado de resolver el problema.

(una oferta) aceptar
Most people took up the offer.
La mayoría de la gente aceptó la oferta.

situarse
She took up position in the centre of the room.
Se situó en el centro de la habitación.

(una historia) retomar
His wife took up the story where he had left off.
Su mujer retomó la historia donde él la había dejado.

llevar arriba
She took me up to the first floor.
Me llevó al primer piso.

(una posición, actitud) adoptar, tomar
She's taken up a new attitude to life.
Ha adoptado una nueva actitud respecto a la vida.

levantar
She took up the carpet.
Levantó la alfombra.

(pantalones, falda, dobladillo) subir, acortar
He took his trousers up.
Acortó los pantalones.

take up on *(una oferta) aceptar*
I took her up on it.
Acepté su oferta.

take up with *trabar amistad con*
She took up with the robbers.
Trabó amistad con los ladrones.

Talk *hablar*

talk about *hablar de*
What are you talking about?
¿De qué estás hablando?

talk (a)round *hablar con rodeos*
They talked around the subject of divorce.
No llegaron a mencionar el tema del divorcio.

talk away *hablar sin parar*
He can happily talk away for hours.
Puede hablar sin parar durante horas.

talk back *contestar de mala manera*
How dare you talk back to me!
¡Cómo te atreves a contestarme así!

talk down *convencer a alguien para que baje*
She talked him down from the edge of the bridge.
Le convenció para que bajara del puente.

silenciar, callar
She talked him down.
Le hizo callar.

controlar el aterrizaje de un avión desde tierra
They talked the pilot down by giving her instructions from the control tower.
Hicieron aterrizar el avión dándole al piloto instrucciones desde la torre de control.

(un precio) rebajar
They managed to talk him down to three thousand euros.
Consiguieron rebajar el precio a tres mil euros.

talk down to *hablar con aires de superioridad a*
She's always talking down to us.
Siempre nos habla como si fuéramos niños.

talk into *convencer a alguien para que haga algo*
OK, you've talked me into it.
Vale, me has convencido.

colocarse en una situación por hablar
She had talked herself into a very difficult position.
Por hablar se había colocado en una posición muy difícil.

talk on *hablar de*
They were talking on all sorts of different subjects.
Hablaron de muchos temas diferentes.

talk out *discutir, resolver*
We need to talk the problem out.
Tenemos que discutir este problema.

talk out of *convencer a alguien para que no haga algo*
She talked me out of going.
Me convenció para que no fuera.

talk over *discutir*
We should talk this over next week.
Deberíamos discutir esto la semana que viene.

talk round *convencer*
She tried to talk him round to her way of thinking.
Intentó convencerle para que aceptara su punto de vista.

talk through *(un problema) discutir*
We need to talk this through.
Hace falta discutir este problema.

explicar
She talked me through the procedure.
Me explicó el procedimiento.

talk to *hablar con*
I'm going to talk to her about it.
Voy a hablar con ella sobre esto.

talk up *hacer campaña, alabar*
They've been talking the product up.
Han estado haciendo publicidad al producto.

talk with *hablar con*
She was talking with me last night.
Anoche estuvo hablando conmigo.

Tamper *estropear*

tamper with *(una cerradura) intentar forzar*
They were tampering with my car.
Estaban intentando forzar la cerradura de mi coche.

(un objeto) manosear, tocar
Who's been tampering with my computer?
¿Quién ha estado tocando mi ordenador?

(un documento) falsificar
They've been tampering with the documents.
Han estado falsificando los documentos.

Tangle *enredar*

tangle up *enredarse*
The wire got all tangled up.
El alambre se enredó.

estar envuelto en
He's tangled up in a political scandal.
Está envuelto en un escándalo político.

tangle with *pelearse, buscarse un lío con*
I wouldn't like to tangle with him.
No me gustaría pelearme con él.

Tank *(n) tanque*

tank along *ir a toda pastilla*
They were tanking along the motorway.
Iban por la autopista a toda pastilla.

tank up *(GB) emborracharse*
They were tanked up.
Estaban como una cuba.

Tap *dar un golpecito*

tap out *(un ritmo, mensaje, etc) tocar/marcar con golpecitos*
She tapped the message out on his knee.
Le transmitió el mensaje con suaves golpecitos en la rodilla.

tap in/into *(un clavo) clavar suavemente*
She tapped the nail into the wall.
Clavó el clavo suavemente en la pared.

(en un ordenador) teclear
She tapped the numbers into the keyboard.
Tecleó las cifras en el ordenador.

utilizar, recurrir a
They want to tap into the reserve funds.
Quieren utilizar los fondos de reserva.

conectar
They want to tap into their ideas.
Quieren conectar con sus ideas.

Tape *(n) cinta*

tape up *(con una cinta) cerrar, aislar*
They taped up their windows.
Aislaron las ventanas con una cinta.

Taper *estrecharse*

taper away *ir disminuyendo*
The sound of the music gradually tapered away.
El sonido de la música se iba alejando gradualmente.

taper off *(una voz) desvanecerse*
Her voice tapered off.
Su voz se desvaneció.

(producción) disminuir
The economic boom tapered off.
El boom económico disminuyó.

Tart *(n) tarta*

tart up *(una persona) ataviarse, pintarse, maquillarse*
They tarted themselves up.
Se arreglaron para salir.

(una habitación) remozar, redecorar
They tarted the room up.
Remozaron la habitación.

Team *(n) equipo*

team up *unirse*
They teamed up in order to finish the project on time.
Juntaron sus esfuerzos para terminar el proyecto a tiempo.

Tear *(tela) rasgarse*

tear along *ir a toda pastilla*
She was tearing along the quiet road.
Iba por la calle tranquila a toda velocidad.

tear apart *(una familia) romper*
War had torn many families apart.
La guerra ha roto muchas familias.

(a una persona) destruir
You're tearing me apart.
Me estás destruyendo.

(un país, partido) desmembrar, destrozar
The famine tore the country apart.
El hambre asoló el país.

tear at *agredir con mucha violencia*
They tore at one another.
Se agredieron salvajemente.

romper, desgarrar, arrancar
He tore at the envelope, trying to open it.
Desgarró el sobre al intentar abrirlo.

tear away *separar*
We couldn't tear him away from the television.
No podíamos despegarle de la tele.

arrancar, quitar
She tore the bag away from him.
Le arrancó la bolsa.

tear down *derribar*
They tore the building down.
Derribaron el edificio.

tear into *(verbalmente) atacar*
They tore into him.
Arremetieron contra él.

(físicamente) atacar
She tore into them.
Se arrojó sobre ellos.

tear off *arrancar*
He tore his clothes off.
Se arrancó la ropa.

irse con prisa
They tore off in the car.
Se fueron en coche a toda prisa.

tear out *arrancar*
She tore a page out of the book.
Arrancó una página del libro.

tear up *romper*
He tore her letter up into little pieces.
Rompió la carta en pedazos.

arrancar
The company had torn up a whole forest to create space for the houses.
Para poder edificar la empresa había arrancado todo un bosque.

Tease *tomar el pelo, bromear*

tease out *(información) sonsacar, extraer*
They teased the answers out of him.
Le sacaron las respuestas con dificultad.

Tee *(n) (en golf) tee*

tee off *(en golf) dar el primer golpe*
She teed off at 3pm.
Dio el primer golpe a las tres de la tarde.

Teem *abundar*

teem down *diluviar*
It was teeming down with rain.
Llovía a cántaros.

rebosar de
It was teeming with people.
Había gente por todas partes.

Tell *decir*

tell against *hablar en contra de*
Her record so far tells against her.
Hasta ahora su historial habla en su contra.

tell apart *distinguir*
I can't tell the twins apart.
No puedo distinguir a los gemelos.

tell off *regañar a*
She told me off for arriving late.
Me regañó por llegar tarde.

tell on *chivarse de*
I'll tell on you.
Me chivaré de ti.

afectar a
The pressure was starting to tell on him.
La presión empezaba a afectarle.

Tend *tender*

tend to *tender a, tener la costumbre de*
She tends to ignore her problems.
Tiene la costumbre de ignorar los problemas.

cuidar, atender a
I'll tend to them in just a minute.
Les atenderé en un minuto.

tend towards *tender a*
They tend towards the left of the political spectrum.
Se inclinan hacia la izquierda del espectro político.

Tense *tensar*

tense up *tensarse*
When you're frightened, the muscles in your body will tense up.
Cuando uno tiene miedo, los músculos del cuerpo se tensan.

Test *examinar, revisar*

test out *poner a prueba, probar*
They want to test out the new system.
Quieren probar el nuevo sistema.

Thaw *fundir, derretir*

thaw out *(comida) descongelarse, (un lago) deshelarse*
Leave the meat on the table to thaw out.
Deja la carne sobre la mesa para que se descongele.

hacerse más afable, ir perdiendo reservas
He seems to be thawing out.
Parece que se está abriendo un poco.

Thin *(adj) delgado*

thin down *diluir*
You can thin this paint down with water.
Puedes diluir esta pintura con agua.

thin out *(un bosque) hacerse menos espeso, aclararse*
The forest thins out the nearer you get to the city.
El bosque se aclara conforme uno se acerca a la ciudad.

Think *pensar*

think about *pensar en*
I'll be thinking about you.
Estaré pensando en ti.

opinar, pensar de
What do you think about it?
¿Qué opinas de esto?

tomar en cuenta
I hadn't thought about it.
No lo había tomado en cuenta.

think ahead *planear con anticipación*
We have to think ahead and plan our future.
Tenemos que planear el futuro con anticipación.

think back to *recordar, remontarse a*
I want you to think back to your childhood.
Quiero que te remontes a tu infancia.

think of *pensar en*
I'll be thinking of you.
Estaré pensando en ti.

I can't think of everything.
¡No puedo estar en todo!

tener la intención de
She's thinking of leaving.
Tiene la intención de irse.

think out *meditar*
I need time to think things out.
Necesito tiempo para meditar las cosas.

think over *reflexionar sobre*
I think you should think it over first.
Creo que primero deberías reflexionar sobre ello.

think through *contemplar, meditar bien, pensar*
She hadn't thought through the consequences.
No había calculado bien las consecuencias.

think up *idear, inventar*
Who thought up this idea?
¿A quién se le ocurrió la idea?

Thirst *(n) sed*

thirst for *tener sed de*
Their fans are thirsting for the next album.
Sus fans esperan con impaciencia el siguiente álbum.

Thrash *golpear, dar una paliza*

<u>thrash about/around</u> *dar vueltas en la cama*
He was thrashing about all night.
Daba vueltas en la cama toda la noche.

<u>thrash out</u> *(un acuerdo, una solución) alcanzar por fin*
They managed to thrash out an agreement.
Por fin alcanzaron un acuerdo.

(un problema) resolver hablando
They need to thrash their differences out.
Tienen que hablar de sus diferencias.

Throttle *(n) (del coche) acelerador*

<u>throttle back</u> *moderar la marcha*
She throttled back the engine.
Redujo la velocidad.

Throw *tirar, arrojar*

<u>throw about/around</u> *(palabras) utilizar para impresionar*
He likes to throw long words about.
Le gusta utilizar palabras largas para impresionar.

(una pelota) tirar, lanzar
They were throwing the ball about.
Se lanzaban la pelota.

<u>throw around</u> *abrazar*
She threw her arms around him.
Le rodeó con los brazos.

<u>throw aside</u> *tirar a un lado*
He threw the book aside.
Tiró el libro a un lado.

abandonar
They've thrown their old attitudes aside.
Han abandonado sus antiguas actitudes.

<u>throw at</u> *lanzar, tirar*
She threw a stone at him.
Le tiró una piedra.

He threw a look of hatred at her.
Le lanzó una mirada de odio.

(dinero) utilizar para resolver o tapar un problema
They've been throwing money at the problem.
Han estado intentando tapar el problema con dinero.

abalanzarse sobre
She threw herself at him.
Se abalanzó sobre él.

throw away *tirar*
She threw it away in the bin.
Lo tiró a la basura.

desperdiciar
It was the chance of a lifetime and I threw it away.
Fue la oportunidad de mi vida y la desperdicié.

throw back *devolver*
Throw the ball back to Michael.
Devuelve la pelota a Michael.

I can't tell you anything – you'll just throw it back at me.
No puedo contarte nada porque lo utilizarás en mi contra.

depender de
They were thrown back on their own resources.
Tuvieron que depender de sus propios recursos.

(las sábanas) apartar
He threw the covers back.
Apartó las sábanas.

(la cabeza) echar para atrás
He threw his head back.
Echó la cabeza para atrás.

beber de un trago
She threw the drink back.
Lo bebió todo de un trago.

throw down *tirarse*
He threw himself down to the ground.
Se tiró al suelo.

lanzar
She threw down a challenge to him.
Le lanzó un desafío.

arrojar
She threw the paper down on the table.
Arrojó el periódico sobre la mesa.

(las armas) deponer
The soldiers threw their weapons down.
Los soldados depusieron las armas.

throw in *regalar*
Buy the PC and we'll throw in the printer.
Compra el PC y te regalaremos la impresora.

(una pregunta, un comentario) lanzar
She suddenly threw in a question about his plans.
De repente le lanzó una pregunta sobre sus planes.

throw in/into *(a la basura) tirar*
They threw it in the rubbish bin.
Lo tiraron a la basura.

(a la cárcel) enviar
They threw him in jail.
Le enviaron a la cárcel.

throw into *ponerse como una fiera*
She was thrown into a violent rage.
Se puso como una fiera.

ponerse manos a la obra
They threw themselves into the task with energy.
Se pusieron manos a la obra con energía.

throw off *despistar*
The robber managed to throw the police off the scent.
El ladrón logró despistar a la policía.

(una enfermedad) quitarse, sacudirse
I can't manage to throw this cold off.
No consigo quitarme este resfriado.

desprender
The liquid threw off a horrible smell.
El líquido despredía un olor horrible.

(ropa) quitarse (rápidamente)
She threw her clothes off.
Se quitó rápidamente la ropa.

(un proyecto, ilusión) abandonar
They've thrown off any illusions they may have had about the project.
Se les ha quitado toda la ilusión que tenían con el proyecto.

variar, alterar
Their calculations were thrown off by the faulty machine.
El fallo de la máquina alteró los cálculos.

throw on *(ropa) ponerse*
Just throw any old thing on.
Ponte cualquier cosa.

echar
Throw some more wood on the fire.
Echa más leña al fuego.

echarse, tirarse
She threw herself on the bed.
Se tiró encima de la cama.

throw on/onto *tirar*
He threw his books onto the floor.
Tiró sus libros al suelo.

throw out *(a una persona) echar*
They threw him out of school for selling drugs.
Lo echaron de la escuela por vender drogas.

They threw him out of the room.
Le echaron de la habitación.

(a la basura) tirar
I threw out all my old books.
Tiré todos mis libros viejos a la basura.

(una petición, sugerencia) rechazar
The judge threw the case out.
El juez rechazó la petición.

(humo, luz, etc) echar, despedir
The fire was throwing out a lot of smoke.
El fuego echaba mucho humo.

throw over *tirar*
She threw the paper over to me.
Me tiró el periódico.

cubrir, tapar
He threw the blanket over her.
La tapó con la manta.

throw together *(comida) improvisar*
I've just thrown some of the leftovers together to make a stew.
Improvisé el guiso echando en la olla algunas sobras.

juntar
They were thrown together to make up a group.
Los juntaron al azar para formar un grupo.

throw up *echarse las manos a la cabeza*
She threw up her arms in despair.
Se echó las manos a la cabeza con desesperación.

vomitar
I threw up after eating that.
Vomité después de comerlo.

provocar, causar
The tyres threw up a lot of dust.
Las ruedas levantaron mucho polvo.

construir
The building was thrown up in just two months.
El edificio se construyó en tan sólo dos meses.

poner de manifiesto
The studies have thrown up some interesting results.
Los estudios arrojaron unos resultados muy interesantes.

Thrust *empujar, impulsar*

thrust aside *rechazar, apartar bruscamente*
She thrust his hand aside.
Apartó bruscamente su mano.

thrust forward *empujar hacia delante*
She thrust herself forward.
Se puso delante de los demás.

thrust on/upon *imponer*
She had a lot of responsibility thrust upon her.
Tuvo que cargar con mucha responsabilidad.

obligar
The visitors were thrust upon us.
Se nos obligó a recibir a los visitantes.

thrust out *sacar*
The crowd thrust the mayor out of his office.
La multitud sacó al alcalde de su despacho.

(una pierna, un brazo) extender de golpe
She thrust out her leg.
Extendió la pierna de golpe.

thrust through *abrirse paso a la fuerza*
She thrust through the crowd.
Se abrió paso a través de la multitud a la fuerza.

thrust up *sobresalir*
The rock thrust up above all the others.
La roca sobresalía por encima de todas las demás.

thrust upon ⇨ thrust on

Thumb *(n) pulgar*

thumb through *(un libro) hojear*
She thumbed through the book.
Hojeó el libro.

Thump *golpear*

thump out *(un piano) aporrear*
She thumped out a tune on the piano.
Aporreó el piano intentando tocar una melodía.

Tick *hacer tictac*

tick away/by/on *(el tiempo) pasar*
Time is ticking away.
El tiempo pasa.

tick off *marcar con una señal de visto bueno*
They ticked his name off on a piece of paper.
Pusieron la señal de visto bueno al lado de su nombre en una hoja de papel.

regañar
He ticked her off for smoking too much.
La regañó por fumar demasiado.

(US) fastidiar
That's really ticking me off.
Eso me está molestando de verdad.

tick over *(un coche) marchar al ralentí*
She left the engine ticking over.
Dejó el coche al ralentí.

(un negocio) ir, marchar
The business is ticking over very nicely.
El negocio va muy bien.

Tide *(n) marea*

tide over *(dinero) sacar del apuro*
We need the money to tide us over.
Nos hace falta dinero para salir del bache.

Tidy *ordenar*

tidy away *ordenar*
Can you tidy your things away, please?
¿Podrías ordenar tus cosas, por favor?

quitar
He tidied the plates away.
Quitó los platos sucios.

tidy out *arreglar, limpiar*
She tidied her cupboard out.
Arregló el armario.

tidy up *(una casa) limpiar, ordenar*
We've got to tidy this house up.
Hace falta limpiar y ordenar esta casa.

(una persona) arreglarse
She needs to tidy herself up.
Tiene que arreglarse un poco.

Tie *atar*

tie back *(pelo) atar, recoger*
She tied her hair back.
Se recogió el pelo.

tie down *limitar, atar*
You're tying me down too much.
Me estás atando demasiado.

atar, inmovilizar
They tied the animal down with rope.
Ataron al animal con una cuerda.

comprometer
They tried to tie me down on a date.
Intentaron que me comprometiera con una fecha.

estar ocupado
We'll be tied down with work for the next two months.
Estaremos ocupados durante los próximos dos meses.

tie in *concordar*
It all ties in.
Todo concuerda.

tie in with *concordar con*
It ties in with what she said.
Concuerda con lo que dijo.

tener que ver con
I'm sure this is all tied in with money.
Estoy seguro de que todo esto tiene que ver con el dinero.

tie on *atar, fijar, sujetar*
Tie the bag on to the back of your rucksack.
Ata la bolsa a la parte trasera de tu mochila.

tie together *unir con cuerda*
Can you tie these things together?
¿Puedes atar estas cosas con una cuerda?

tie up *atar*
Tie him up with some strong string.
Átale con una cuerda fuerte.

(pelo) recoger
She tied her hair up.
Se recogió el pelo.

(un trato) cerrar
I want to tie up this deal next week.
Quiero cerrar este trato la semana que viene.

(dinero) inmovilizar, invertir sin poder retirar
Our money is tied up in a deposit account.
Nuestro dinero está inmovilizado en una cuenta de depósito.

estar ocupado
I'm a bit tied up this week.
Esta semana estoy un poco ocupado.

tie up with *concordar con*
All this ties up with what she said earlier.
Todo esto concuerda con lo que dijo antes.

Tighten *apretar*
tighten up *mejorar*
We've got to tighten this up.
Tenemos que mejorarlo.

reforzar, intensificar, aplicar de forma más rigurosa
The police are tightening up on drug abuse.
La policía va a aplicar medidas más severas contra la drogadicción.

Tilt *inclinar*
tilt over *venirse abajo*
The bookcase is about to tilt over.
La estantería está a punto de venirse abajo.

Tinker *(n) quincallero, chamarilero*
tinker about/around *(con máquinas, motores, etc) entretenerse*
She loves tinkering about in the garage.
Le encanta entretenerse en el garaje.

manosear, jugar con
Who's been tinkering about with my computer?
¿Quién ha estado jugando con mi ordenador?

tinker with *hacer pequeñas reparaciones, jugar con*
She loves tinkering with engines.
Le encanta jugar con los motores.

Tip *inclinarse, ladearse*
tip back/backward *inclinar hacia atrás*
Don't tip your chair back.
No inclines la silla hacia atrás.

tip forward *inclinar hacia delante*
She was tipping the chair forward.
Inclinaba la silla hacia delante.

tip off *avisar, prevenir, chivarse*
They tipped the police off.
Se chivaron a la policía.

tip out *vaciar*
She tipped the contents of the box out on the floor.
Vació el contenido de la caja en el suelo.

tip over *derribar*
She accidentally tipped the glass over.
Accidentalmente tiró el vaso.

tip up *inclinar*
You need to tip the bottle up a bit more.
Tienes que inclinar más la botella.

volcar
The oil platform suddenly tipped up.
De repente la plataforma petrolífera volcó.

Tire *cansar*

tire of *cansarse de*
People tire of his jokes after a while.
La gente se cansa de sus chistes después de un rato.

tire out *agotar, fatigar*
These kids are tiring me out.
Estos niños me están agotando.

Toil *(n) labor*

toil away *trabajar mucho, esforzarse*
He's been toiling away all afternoon in the kitchen.
Lleva toda la tarde trabajando en la cocina.

Tone *(n) tono*

tone down *hacer menos severo/violento/ofensivo*
We need to tone this speech down a bit – there are too many dirty jokes.
Hay que rebajar el tono de este discurso, contiene demasiados chistes verdes.

(de un color) rebajar el tono
This is a bit bright – we need to tone it down.
Éste es demasiado vivo, hay que rebajarle el tono.

tone up *ponerse en forma*
I need to tone my body up.
Tengo que ponerme en forma.

Tool *(n) herramienta*

tool up *comprar herramientas/maquinaria*
They've tooled up in preparation for the new product.
Han comprado la maquinaria necesaria para la fabricación del nuevo producto.

Top *(n) cumbre*

top off *completar, coronar*
She topped off her sporting career with an Olympic Gold.
Completó su carrera deportiva con un oro olímpico.

top up *(un vaso) (re)llenar*
She topped his glass up with whisky.
Llenó su vaso con whisky.

Topple *derribar*

topple over *volcar, caerse, derrumbarse*
The building just toppled over.
El edificio simplemente se derrumbó.

Toss *echar*

toss about/around *lanzar*
They were tossing the ball about.
Lanzaban la pelota.

moverse, agitarse
He was tossing about all night.
Daba vueltas en la cama toda la noche.

(una idea) barajar
They tossed a few ideas about.
Barajaban algunas ideas.

toss aside *dejar a un lado, apartar*
She tossed the money aside.
Apartó el dinero.

toss away *tirar a la basura*
I've tossed all those old magazines away.
He tirado a la basura todas esas revistas viejas.

toss in *(un comentario) soltar*
She tossed in a comment every now and then.
De vez en cuando soltaba un comentario.

toss off *(tabú) (GB) hacerse una paja*

(la ropa) quitarse rápidamente
She tossed off her clothes.
Se desnudó rápidamente.

toss out *echar, tirar*
They tossed him out of the club.
Le echaron del club.

toss over *lanzar, tirar, pasar*
Could you toss that book over to me, please?
¿Me pasas el libro, por favor?

toss up *echar a cara o cruz*
Let's toss a coin up to decide.
Decidamos a cara o cruz.

Tot *(n) trago, copita*

tot up *sumar*
We need to tot up what you owe us.
Tenemos que calcular todo lo que nos debes.

Touch *tocar*

touch down *aterrizar*
The plane touched down at 6pm.
El avión aterrizó a las seis de la tarde.

touch off *causar, provocar*
The film touched off a riot.
La película provocó una revuelta.

touch on *mencionar de paso*
We touched on a number of subjects.
De paso mencionamos un par de temas.

touch up *meter mano, manosear, sobar*
That strange man touched me up.
Ese hombre extraño me metió mano.

retocar
We need to touch that photo up.
Tenemos que retocar esa foto.

Toughen *endurecer*

toughen up *endurecer*
Some people think that boxing toughens kids up.
Algunos creen que el boxeo endurece a los niños.

The Government are toughening up on drug abuse.
El Gobierno está endureciendo las leyes contra la drogadicción.

Tout *(n) pregonero*

tout about/(a)round *intentar vender*
They've been touting their ideas about, but no one is really convinced.
Han estado intentando vender sus ideas, pero no han convencido a nadie.

tout for *intentar conseguir*
They were touting for investment.
Intentaban captar inversores.

Tow *remolcar*

tow away *(una grúa) llevarse*
They've towed my car away.
La grúa se ha llevado mi coche.

Tower*(n) torre*

tower above/over *ser más alto que, elevarse por encima de*
She towers above a lot of people her age.
Es más alta que la mayoría de las personas de su edad.

The building towers above the city.
El edificio domina la ciudad.

tower up *elevarse por encima de*
The building towered up behind her.
Detrás, el edificio se elevaba por encima de ella.

Toy *(n) juguete*

toy with *(a una idea) darle vueltas*

They're toying with the idea of setting up a new bar.

Están dándole vueltas a la idea de abrir un nuevo bar.

jugar con

She was toying with her glass.

Estaba jugando con el vaso.

Trace *seguir la pista a*

trace back *trazar hacia atrás*

She can trace her family history back to the 17th century.

Su familia se remonta al siglo XVII.

trace out *(un dibujo) copiar con papel de calco, calcar*

They traced out the picture.

Calcaron el dibujo.

escribir, trazar

She traced her name out in the dust.

Escribió su nombre en el polvo.

Track *rastrear*

track down *localizar*

We managed to track the book down – it was in the national library.

Conseguimos localizar el libro, estaba en la biblioteca nacional.

Trade *comerciar*

trade in *entregar como parte del pago*

I'd like to trade my car in for a better one.

Me gustaría comprar un coche mejor y entregar el que tengo como parte del pago.

trade off *ofrecer algo a cambio de otra cosa*

Some prisoners have traded off information for a reduction in their sentences.

Algunos prisioneros han ofrecido información a cambio de una reducción en las penas.

aprovecharse de, sacar provecho de

They think they can just trade off their good looks.

Creen que pueden sacar provecho de su belleza.

<u>trade on</u> *explotar, aprovecharse de*
Artist managers trade on the success of their actors and actresses in order to get rich.
Los representantes de los artistas se enriquecen explotando sus éxitos.

Trail *(n) pista*

<u>trail away/off</u> *ir debilitándose/desapareciendo, desvanecerse poco a poco*
Her voice trailed off.
Su voz se fue apagando.

Train *entrenar*

<u>train on</u> *(un arma) apuntar*
She trained the gun on him.
Le apuntó con el arma.

<u>train up</u> *preparar, formar*
We need to train up more computer technicians.
Tenemos que formar más técnicos de informática.

Trample *pisotear*

<u>trample on</u> *pisotear a*
The bull trampled on him.
El toro le pisoteó.

They've been trampling on/upon our rights.
Han estado pisoteando nuestros derechos.

Trap *(n) trampa*

<u>trap into</u> *lograr mediante un ardid que alguien haga algo*
They trapped us into admitting it.
Nos engañaron para que lo admitiéramos.

Tread *pisar, recorrer, andar*

<u>tread down</u> *pisar*
She trod the cigarette down into the ground.
Apagó el cigarrillo en el suelo.

pisotear
The Government has been treading its people down.
El Gobierno ha estado oprimiendo a su pueblo.

<u>tread on</u> *pisar*
You're treading on my shoe.
Me estás pisando el zapato.

ofender a
Try not to tread on anybody's toes.
Intenta no ofender a nadie.

Trespass *entrar sin autorización*
trespass on *entrar sin autorización*
You are trespassing on my land.
Has entrado en mis tierras sin autorización.

trespass on/upon *pisotear*
They are trespassing on our rights.
Están pisoteando nuestros derechos.

Trick *(n) truco*
trick into *lograr mediante un ardid que alguien haga algo*
They tricked us into signing the contract.
Nos engañaron para que firmáramos el contrato.

Trickle *(n) reguero, goteo*
trickle away *irse poco a poco*
Money is slowly trickling away.
El dinero se va poco a poco.

trickle down *(líquido) caer poco a poco*
Sweat was trickling down his back.
Un hilo de sudor le corría por la espalda.

Trifle *(n) bagatela, nadería*
trifle with *(fig) jugar con*
She is not someone to be trifled with.
No se puede jugar con ella.

Trigger *(n) (de un arma) gatillo*
trigger off *provocar, desencadenar*
Exposure to this bacteria can trigger off a serious disease.
La exposición a esta bacteria puede provocar una enfermedad grave.

Trim *recortar*
trim away/off *cortar, quitar*
You need to trim the fat off the meat.
Tienes que quitarle la grasa a la carne.

trim down *(gastos) reducir*
We've got to trim down on expenses.
Tenemos que reducir gastos.

Trip *tropezar*

trip over *tropezar (con)*
She tripped over.
Tropezó y se cayó.

trip up *pillar, atrapar*
Her lies tripped her up.
La pillaron por sus mentiras.

poner la zancadilla
He tripped me up.
Me puso la zancadilla.

Trot *trotar*

trot along *avanzar, ir tirando*
We're trotting along very nicely, thanks.
Vamos tirando muy bien, gracias.

trotar
The horse was trotting along the road.
El caballo trotaba por la calle.

trot away/off *(un caballo) irse al trote*
She trotted off.
Se fue al trote.

irse
We must be trotting off.
Tenemos que irnos.

trot out *sacar a relucir*
They're just trotting out the same old ideas.
Salen con las mismas ideas de siempre.

trot over/round *pasar, visitar momentáreamente*
He's trotted over to the shop.
Bajó un momento a la tienda.

Trump *(n) (en un juego de naipes) triunfo*

trump up *falsificar, inventarse*
They've trumped up the charges.
Se han inventado los cargos.

Truss *liar, atar*

truss up *atar con cuerdas*
They trussed him up.
Le ataron con cuerdas.

Trust *fiar*

trust to *fiarse de, confiar en*
You should trust to your instincts.
Deberías confiar en tus instintos.

Try *intentar*

try for *intentar conseguir*
She's going to try for a place at the university.
Va a intentar conseguir una plaza en la universidad.

try on *(GB) (una situación) tantear, (a una persona) poner a prueba*
She was trying it on.
Estaba tanteando la situación.

(ropa) probarse
Would you like to try the shirt on?
¿Te gustaría probarte esta camisa?

try out *(una máquina, un sistema) probar, ensayar*
We want to try the new system out.
Queremos probar el nuevo sistema.

(a una persona) probar, poner a prueba
We're going to try him out for a few weeks.
Le vamos a poner a prueba durante unas semanas.

Tuck *(n) pliegue*

tuck away *ocultar, esconder*
She tucked the box away in the drawer.
Escondió la caja en el cajón.

Her home is tucked away in the middle of a forest.
Su casa se esconde en medio de un bosque.

tuck in *(sábanas) remeter*
Tuck the sheet in.
Remete la sábana.

(el estómago) meter
He tried to tuck his stomach in.
Intentó meter el estómago.

(a una persona) arropar
I tucked her in bed.
La arropé en la cama.

expresión
Tuck in!
¡A comer!

<u>tuck into</u> *comer vorazmente*
They tucked into the food.
Atacaron vorazmente la comida.

meter en
She tucked the note into her pocket.
Metió el recado en el bolsillo.

<u>tuck up</u> *(a una persona) arropar*
Mummy, can you tuck me up?
¿Mamá, me puedes arropar?

Tug *tirar*

<u>tug at</u> *tirar de*
She was tugging at his arm.
Le estaba tirando del brazo.

Tumble *caer(se)*

<u>tumble down</u> *caerse, derrumbarse*
The building just tumbled down.
El edificio se derrumbó.

<u>tumble out</u> *salir en desorden*
The children tumbled out of the back of the van.
Los niños salieron de la furgoneta en desorden.

<u>tumble over</u> *caerse*
She tumbled over backwards.
Se cayó hacia atrás.

Tune *afinar*

<u>tune in/into</u> *(una emisora) sintonizar*
We can't tune in to that channel.
No conseguimos sintonizar esa emisora.

ser sensible a
You should tune in more to people's needs.
Deberías ser más sensible a las necesidades de la gente.

tune out *desconectar*
They just tune out when she starts talking.
Desconectan cuando ella empieza a hablar.

tune up *afinar*
We need to tune the instruments up.
Hay que afinar los instrumentos.

(un coche) poner a punto
The car needs tuning up.
El coche necesita una puesta a punto.

Turf *(n) césped*

turf out *(GB) echar, expulsar*
They turfed him out of the club.
Le echaron del club.

Turn *girar, dar vueltas*

turn about *darse la vuelta*
She turned about and left.
Se dio la vuelta y se fue.

turn against *volverse en contra de*
The monster turned against its maker.
El monstruo se volvió en contra de su creador.

turn (a)round *darse la vuelta*
She turned her body round to face him.
Se dio la vuelta para verle.

(a una cosa) dar una vuelta, cambiar radicalmente
They managed to turn the company around.
Consiguieron dar una vuelta a la empresa.

responder, revolverse contra
If you tell her to go, she'll just turn around and tell you to give her money back.
Si le dices que se vaya, se revolverá contra ti y te dirá que le devuelvas el dinero.

turn aside *apartarse*
She turned aside to let them pass.
Se apartó un poco para dejarles pasar.

turn away *prohibir la entrada*
Some of the homeless have been turned away.
Algunos de los «sin techo» no fueron admitidos.

rechazar
Many business people have turned away from the old system.
Muchos empresarios han rechazado el viejo sistema.

(la mirada) desviar, (la cara) volver
He turned away from her so she couldn't see that he was crying.
Desvió la mirada para que no viera que estaba llorando.

(un objeto) apartar
She turned the chair away from the sun.
Apartó la silla del sol.

turn back *volver*
They had to turn back because of appalling weather conditions.
El mal tiempo les obligó a volver.

(un reloj) atrasar
We've got to turn the clocks back tonight.
Esta noche tenemos que atrasar los relojes.

retroceder en el tiempo, volver al pasado
It's too late to turn back now.
Ya es demasiado tarde para dar marcha atrás.

(una manta, sábana, etc) doblar hacia atrás
He turned the blankets back so he could get into bed.
Dobló la manta para poder entrar en la cama.

turn down *(volumen) bajar*
Could you turn the stereo down please?
¿Podrías bajar la música, por favor?

bajar, disminuir
The birth rate turned down in 1998.
La tasa de nacimientos disminuyó en 1988.

rechazar
Her request was turned down.
Su petición fue rechazada.

doblar
The cards were turned down at the edges.
Los bordes de las tarjetas postales estaban doblados.

<u>turn in</u> *(a la policía, a las autoridades) entregar*
They turned him in to the police.
Le entregaron a la policía.

(un trabajo) entregar
When do we have to turn the work in?
¿Cuándo tenemos que entregar el trabajo?

irse a la cama
I think I'm going to turn in.
Creo que me voy a la cama.

<u>turn into</u> *convertir en*
She turned him into a frog.
Le convirtió en rana.

(un coche) girar
She turned into the main road.
Tomó la curva y entró en la carretera principal.

<u>turn off</u> *(un aparato) apagar*
Turn off the TV when the programme finishes.
Apaga la tele cuando acabe el programa.

dar asco
He really turns me off.
Me da asco de verdad.

(un coche) tomar una salida
Turn off at junction 3.
Toma la salida 3.

cortar el rollo a
Seeing the way he ate really turned me off my food.
Ver cómo comía me quitó el apetito.

<u>turn on</u> *(un grifo, etc) abrir*
Could you turn the tap on, please?
¿Podrías abrir el grifo, por favor?

(la televisión, radio) encender
She turned on the television.
Encendió la televisión.

poner cachondo
He really turns me on.
Me pone muy cachonda.

(el encanto) desplegar
He really knows how to turn on the charm.
Realmente sabe desplegar su encanto.

(una película, un libro, etc) tratar de
The plot turns on whether he can get to Boston in time to talk to his uncle, who is about to die.
La historia trata de si él consigue llegar a Boston a tiempo para hablar con su tío, que está a punto de morir.

atacar verbal o fisicamente
She turned on him.
Le atacó.

(con un arma) apuntar
She turned the gun on him.
Le apuntó con el arma.

turn on/upon *empezar a hacer algo*
Her thoughts turned on the past.
Empezó a pensar en el pasado.

turn out *salir*
It all turned out well in the end.
Al final, todo salió bien.

resultar
The weather turned out really nice in the end.
Al final tuvimos muy buen tiempo.

resultar ser
He turned out to be a crook.
Resultó ser un ladrón.

(luz, etc) apagar
Turn the light out please.
Apaga la luz, por favor.

echar
The police turned the squatters out.
La policía echó a los ocupas.

(el contenido) vaciar
He turned the plant out of the pot.
Sacó la planta de la maceta.

acudir
Thousands of people turned out for the race.
Miles de personas acudieron para presenciar la carrera.

producir, fabricar
They turn out thousands of toys every year.
Producen miles de juguetes al año.

estar bien vestido
They were turned out very smartly.
Iban muy elegantes.

turn over *darse la vuelta en la cama*
Could you turn over and switch off the light out please?
¿Podrías darte la vuelta y apagar la luz, por favor?

(a un objeto) dar la vuelta
She turned the letter over so no one could read it.
Dio la vuelta a la carta para que nadie pudiera leerla.

(un problema) contemplar, dar vueltas a
I've been turning the problem over for ages.
Llevo mucho tiempo dándole vueltas al problema.

(de canal) cambiar
Let's turn over – I can't stand this programme.
Cambiemos de canal, no aguanto este programa.

venderse como rosquillas
These products turn over very quickly.
Estos productos se venden como rosquillas.

(un motor) estar en marcha
She left the engine turning over.
Dejó el motor en marcha.

poner patas arriba
They turned the house over looking for the file.
Pusieron la casa patas arriba buscando el fichero.

expresión
«Please turn over».
«Ver al dorso».

turn over to *convertir en*
They turned the milk factory over to weapons production.
Convirtieron la fábrica de leche en una fábrica de armas.

entregar a
She turned some of her responsibilities over to her son.
Traspasó algunas de sus responsabilidades a su hijo.

(a la policía) entregar
They turned him over to the police.
Le entregaron a la policía.

turn round ⇨ turn around

turn to *(ayuda) solicitar*
He turned to her for help.
Solicitó su ayuda.

(un tema) abordar
They turned to the question of money.
Empezaron a hablar del dinero.

turn up *presentarse, aparecer*
She turned up late at night.
Se presentó muy entrada la noche.

encontrar
They've turned up a lot of new evidence.
Han encontrado muchas pruebas nuevas.

(volumen) subir
Turn the heating up – I'm cold.
Sube la calefacción, tengo frío.

(ropa) acortar, meter de abajo
He turned his trousers up.
Acortó las pantalones.

(el cuelo de una prenda) doblar hacia arriba
She turned her collar up.
Se subió el cuello.

Twist *retorcer*

twist off *desenroscar*
You need to twist the top off.
Tienes que desenroscar la tapa.

twist up *(re)torcer*
She twisted the paper up into a ball.
Retorció el papel hasta formar una bola

Type *mecanografiar*

type away *escribir a máquina durante mucho tiempo*
She's been typing away all day.
Lleva todo el día escribiendo a máquina.
type into *(datos) introducir*
He typed the information into the central system.
Introdujo la información en el sistema central.

type out/up *mecanografiar, pasar a máquina*
She typed up the essay.
Pasó el trabajo a máquina.

U

Urge *incitar*

urge on *alentar, animar a*
They urged us on.
Nos animó a seguir.

urge on/upon *instar a*
They urged cuation upon them.
Les instaron a ser prudentes.

Use *utilizar*

use up *agotar*
We've used up all the money.
Hemos gastado todo el dinero.

Usher *(n) ujier*

usher in/into *hacer pasar*
She ushered us in.
Nos hizo pasar.

usher out *acompañar afuera*
She ushered us out.
Nos acompañó afuera.

V

Vamp *(n) vampiro*

vamp up *mejorar, animar*
They vamped the play up.
Animaron la obra.

Varnish *(n) barniz*

varnish over *barnizar*
They varnished over the floor.
Barnizaron el suelo.

maquillar
They varnished over the diplomatic rift with polite words.
Maquillaron las desavenencias diplomáticas con palabras educadas.

Veer *torcer, girar*

veer off *(un coche) torcer, girar*
She veered off to the left.
Torció a la izquierda.

veer round *(el viento) cambiar de dirección*
The wind veered round and caused the boat to capsize.
El viento cambió de dirección y volcó la barca.

Venture *arriesgarse, atreverse*

venture forth/on/upon *aventurarse en*

They ventured forth into virgin lands.
Se aventuraron a entrar en las tierras vírgenes.

Verge *(n) borde*

verge on *estar al borde de, rayar en*
She was verging on madness.
Estaba al borde de la locura.

Vie with *competir, rivalizar con*

More than six companies were vying with one another for the contract.
Más de seis compañías competían por el contrato.

Vote *votar*

vote down *rechazar*
They voted down the motion.
Rechazaron la moción.

vote in *votar a*
The Government was voted in with a massive majority.
El Gobierno fue votado por una amplia mayoría.

vote off *(de un concurso) echar por votación*
They voted her off the show.
La nominaron y echaron del concurso.

vote out *rechazar por votación*
The Government was voted out.
Rechazaron al Gobierno por votación.

vote through *(una ley) aprobar por votación*
The law was voted through.
La ley se aprobó por votación.

Vouch *garantizar*

vouch for *responder de*
I'll vouch for her.
Yo respondo de ella.

garantizar, dar fe de
I can't vouch for the accuracy of it.
No puedo garantizar si es preciso o no.

W

Wade *caminar en el agua*

wade in/into *entrar pisando fuerte*
She waded into the discussion with a comment that shut everyone up.
Entró pisando fuerte en la discusión con un comentario que acalló a todos.

arremeter contra
The police waded into the demonstrators.
La policía arremetió contra los manifestantes.

wade through *atravesar, remover*
We had to wade through thousands of documents to find what we were looking for.
Tuvimos que remover miles de documentos hasta encontrar lo que buscábamos.

Wait *esperar*

wait about/around *esperar*
We've been waiting around for hours.
Llevamos horas esperando.

wait behind *quedarse atrás esperando*
I waited behind for her.
Me quedé atrás esperándola.

wait in *quedarse esperando en casa*
I waited in for him.
Me quedé en casa esperándole.

wait on *servir a*
I hope you don't expect me to wait on you.
Supongo que no esperes que te sirva.

desvivirse por, mimar a
He waits on her hand and foot.
Se desvive por ella.

(US) esperar
We're waiting on her approval.
Esperamos su aprobación.

(US) (a una persona) esperar
We've been waiting on you.
Te hemos estado esperando.

wait up *esperar levantado*
We waited up for her.
La esperamos levantados.

expresión
Hey! Wait up!
¡Oye! ¡Espérame!

Wake *despertar*

wake up *despertar*
Have you woken him up?
¿Le has despertado?

despejarse
A nice cold shower should wake you up.
Una buena ducha fría te despejará.

wake up to *despertar a*
You need to wake up to reality.
Tienes que despertar a la realidad.

Walk *andar*

walk about *andar sin rumbo fijo, estar perdido*
They were walking about in the mountains for three days before the rescue team found them.
Andaban perdidos en las montañas durante tres días antes de que el equipo de rescate les encontrara.

walk away *(un problema) ignorar, evitar*
The easiest thing is to walk away from the problem.
Lo más fácil es ignorar el problema.

irse andando
She walked away with her head down.
Se fue andando cabizbaja.

robar
The robbers walked away with over three thousand euros.
Los ladrones robaron más de tres mil euros.

walk in on *interrumpir, pillar a*
She walked in on him while he was looking through her drawers.
Le pilló cuando revolvía en sus cajones.

walk into *(en un asunto turbio) meterse*
You're walking into a situation that you won't be able to control.
Te estás metiendo en una situación que no podrás controlar.

conseguir fácilmente
I just walked into the job.
Conseguí fácilmente el trabajo.

walk off *irse andando*
She walked off without saying goodbye.
Se fue andando sin decir adiós.

walk off with *robar*
I think she walked off with my coat.
Creo que me robó el abrigo.

(un premio) llevarse
He walked off with first prize.
Se llevó el primer premio.

walk out *abandonar, salir*
They walked out of the meeting in protest.
Abandonaron la reunión en señal de protesta.

declararse en huelga
The workers walked out and refused to even talk.
Los trabajadores se declararon en huelga y se negaron a negociar.

walk out on *abandonar a*
She walked out on her family.
Abandonó a su familia

walk over *pisotear a*
He'll walk all over you if you aren't careful.
Te pisará el cuello si te descuidas.

Wall *(n) pared*

wall in *encerrar*
He was walled in with a mountain of papers.
Le encerraron con una montaña de papeles.

cerrar, tapiar
They walled the garden in.
Tapiaron el jardín con un muro.

wall off *separar con muro*
The garden was walled off from the road.
Separaron el jardín de la carretera con un muro.

wall up *condenar, tapiar*
They walled up the room so he couldn't get out.
Tapiaron la habitación de modo que no podía salir.

Waltz *(n) vals*

waltz in *entrar como si tal cosa*
He waltzed in and demanded a pay rise.
Entró como si tal cosa y exigió un aumento de sueldo.

waltz off with *largarse con*
They waltzed off with all our money.
Se largaron con todo nuestro dinero.

waltz through *(un partido) ganar sin mover un dedo*
They waltzed through the game.
Ganaron el partido sin esforzarse mucho.

Wander *vagar*

wander about/around *deambular, vagar por*
They were wandering around for three days before someone found them.
Deambularon durante tres días antes de que alguien los encontrara.

Want *querer*

want for *necesitar*
They didn't want for anything.
No necesitaban nada.

<u>want in</u> *querer formar parte de algo/participar*
They want in.
Quieren participar.

<u>want out</u> *(de un compromiso, una organización) querer salir*
They want out.
Quieren estar fuera.

Ward *(n) (de un hospital) sala*

<u>ward off</u> *(un ataque) rechazar, (un golpe) desviar, (un peligro) ahuyentar*
She tried hard to ward off the attackers.
Puso todo su empeño en rechazar a los atacantes.

Warm *(adj) caliente*

<u>warm to/towards</u> *tomar afecto a*
I'm starting to warm to him.
Le estoy tomando cariño.

<u>warm up</u> *calentarse*
The weather has been warming up.
Las temperaturas han estado subiendo.

(en deportes) calentar, hacer calentamiento
They've warmed up and they're ready for the game.
Han hecho sus ejercicios de calentamiento y están listos para el partido.

(un motor) calentar
Have you warmed the car up?
¿Has calentado el motor del coche?

(comida) calentar
We need to warm the food up.
Hay que calentar la comida.

(una persona) calentarse, entrar en calor
Stand by the fire – that'll warm you up.
Ponte al lado del fuego, así entrarás en calor.

avivar, animar
They sent him out to warm the audience up.
Le mandaron al escenario para animar al público.

The political campaign is warming up.
La campaña electoral se está animando.

Wash *lavar*

wash away *arrastrar*
The river washed the bridge away.
El río arrastró el puente.

quitar lavando
I tried to wash the stain away.
Intenté lavar la mancha.

wash down *(la comida) regar, rociar*
He washed the meal down with a glass of red wine.
Regó la cena con un vaso de vino tinto.

limpiar
He washed down the walls of the new house.
Limpió las paredes de la casa nueva.

wash off *quitar lavando*
I tried to wash the stain off but it was impossible.
Intenté lavar la mancha, pero fue imposible.

wash out *limpiar*
I think we should wash the fish tank out.
Creo que deberíamos limpiar la pecera.

aclarar, enjuagar
Once you've dyed your shirt, you can't wash it out.
Una vez que hayas teñido la camisa, no puedes aclararla.

cancelar debido a la lluvia
The football game was washed out.
El partido de fútbol fue cancelado debido a la lluvia.

obligar a salir debido a la lluvia
The rain washed them out of their home.
La lluvia les obligó a abandonar la casa.

expresión
I'm all washed out.
Estoy agotado.

wash over *escuchar sin prestar atención*
The speech washed over her.
Escuchó el discurso sin prestar atención.

wash up *(GB) fregar*
Who's turn is it to wash up?
¿A quién le toca fregar?

(US) lavarse, lavarse las manos
I'm going to wash up.
Me voy a lavar las manos.

(a la playa) arrojar
Some of the survivors were washed up on the beach.
Algunos de los supervivientes fueron arrojados a la playa.

(US) ser un fracaso
It's all washed up.
Es un fracaso.

Waste *malgastar*

waste away *consumirse*
She was growing thinner and thinner and just wasting away.
Estaba cada vez más delgada y se estaba consumiendo.

Watch *observar*

watch for *vigilar*
Watch the children for any signs of illness.
Vigila cualquier signo de enfermedad en los niños.

watch out *tener ciudado*
You'd better watch out when she's around.
Será mejor que tengas ciudado cuando ella está cerca.

expresión
Watch out!
¡Cuidado!

watch out for *tener cuidado con, estar al tanto por si aparece algo*
Watch out for pickpockets!
¡Ciudado con los carteristas!

watch over *vigilar*
Could you watch over our house while we're away?
¿Podrías vigilar nuestra casa cuando estemos fuera?

Water *(n) agua*

water down *(un conflicto, una crítica) suavizar, atenuar*
They had to water the speech down.
Tuvieron que suavizar el discurso.

(una bebida) diluir, aguar, rebajar
They watered down the wine.
Aguaron el vino.

Wave *hacer señales con la mano*
wave aside/away *rechazar*
They waved my suggestion aside.
Rechazaron mi sugerencia.

wave down *hacer señales a un coche para que pare*
We waved the car down because we needed to go to hospital.
Paramos el coche porque necesitábamos ir al hospital.

wave off *(a un barco) decir adiós con la mano*
They went to the dock to wave them off.
Fueron al puerto para despedirles.

ahuyentar con la mano
She tried to wave the flies off.
Intentó ahuyentar a las moscas con la mano.

wave on *hacer señales para hacer avanzar a*
The traffic cop waved us on.
El guardia de tráfico nos hizo señales para que avanzáramos.

Wear *(ropa) llevar*
wear away *desgastar*
The rocks have been worn away by the waves.
Las rocas están desgastadas por las olas.

(tiempo) pasar lentamente
The afternoon wore away.
La tarde pasó lentamente.

(pena) quitar, curar
Time will wear the grief away.
El tiempo cura las penas.

wear down *desgastarse, deteriorarse*
The machine has started to wear down.
La máquina va cada vez peor.

agotar
Those kids are wearing me down.
Esos niños están acabando conmigo

wear off *(dolor, efecto) pasar*
The initial excitement has worn off.
La emoción inicial ha desaparecido.

wear on *pasar, transcurrir*
As the months wore on, she got more and more bored with him.
Conforme pasaban los meses le aburría cada vez más.

wear out *gastarse*
These shoes are worn out.
Estos zapatos están ya viejos.

cansar, agotar
These children are wearing me out.
Estos niños me están agotando.

Weary *(adj) cansado*

weary of *cansarse de*
We never weary of books.
Nunca nos cansamos de leer libros.

Wedge *(n) cuña*

wedge in *introducir/meter a la fuerza*
Can we wedge a few more people in?
¿Podemos meter algunas personas más?

Weed *(n) mala hierba*

weed out *eliminar, descartar*
We need to weed out the weakest candidates.
Hay que eliminar a los candidatos más débiles.

Weigh *pesar*

weigh against *comparar, sopesar una cosa frente a otra*
We need to weigh the pros against the cons.
Tenemos que sopesar los pros y las contras.

influir (negativamente)
The possibility of terrorist attacks weighed against his decision to go there.
La posibilidad de un ataque terrorista le hizo desistir de su intención de ir allí.

weigh down *(sobre)cargar*
The bag was weighing him down.
Iba sobrecargado con la bolsa.

abrumar, agobiar
He was weighed down by a serious depression.
Le abrumaba una grave depresión.

weigh in *intervenir, meter baza*
She weighed in on the decision.
Intervino en la toma de la decisión.

pesar
She weighed in at 65 kg.
Pesaba unos 65 kg.

weigh on/upon *pesar sobre*
The problem was weighing on him.
El problema pesaba sobre él.

weigh out *pesar*
They weighed out all the ingredients.
Pesaron todos los ingredientes.

weigh up *pesar*
We need to weigh these animals up.
Tenemos que pesar estos animales.

formar un juicio, sopesar
She was weighing us up.
Se estaba formando un juicio sobre nosotros.

Well (n) pozo

well up *(los ojos) llenarse de lágrimas*
His eyes welled up.
Sus ojos se llenaron de lágrimas.

(una emoción) crecer en intensidad
A feeling of fury welled up in her.
Un sentimiento de furia creció dentro de ella.

Wheel (n) rueda

wheel out *llevar afuera en silla de ruedas*
They wheeled him out of the room.
Le sacaron de la habitación en silla de ruedas.

(a un experto) traer, llamar
They wheeled out an expert to explain the phenomena.
Trajeron a un experto para explicar el fenómeno.

wheel round *girar sobre los talones*
He wheeled round and faced his attackers.
Giró sobre los talones y se enfrentó a sus atacantes.

While *(n) rato*

while away *(tiempo) pasar, matar*
She whiled away the hours playing with the pussy.
Mató el tiempo jugando con el gatito.

Whip *azotar, dar un latigazo*

whip away *quitar rápidamente*
She whipped the letter away from him.
Le arrancó la carta de las manos.

whip back *volver rápidamente*
He whipped back in less than two minutes.
Volvió en menos de dos minutos.

whip in *pasar un instante*
He whipped in to our house to say hello.
Pasó por nuestra casa para saludarnos.

whip off *irse rápidamente*
She whipped off without saying goodbye.
Se fue sin decir adiós.

(ropa) quitarse rápidamente
She whipped her clothes off.
Se desnudó rápidamente.

whip on *(ropa) ponerse rápidamente*
She whipped her dress on.
Rápidamente se puso el traje.

whip out *sacar rápidamente*
She whipped out a gun.
Sacó rápidamente una pistola.

whip round *darse la vuelta rápidamente*
He whipped round to see who was behind him.
Se dio rápidamente la vuelta para ver quién estaba detrás de él.

whip over *irse rápidamente*
I'm just whipping over to the shops.
Me voy volando a las tiendas.

whip through *leer rápidamente*
He whipped through the book in less than an hour.
Leyó el libro en menos de una hora.

whip up *(un problema) buscarse*
They've been whipping up trouble.
Llevan tiempo buscándose problemas.

arrancar
The wind was so strong that it was whipping up trees.
El viento era tan fuerte que arrancaba árboles.

(comida) preparar
He whipped up a delicious meal for three.
Preparó una comida deliciosa para tres personas.

(nata) batir
You need to whip the cream up.
Hay que batir la nata.

Whirl *hacer girar, arremolinarse*

whirl (a)round *girar rápidamente, dar vueltas*
The kite was whirling round in the air.
La cometa giraba rápidamente en el aire.

Whisk *(n) batidora*

whisk away *llevarse rápidamente*
They whisked him away.
Se lo llevaron en volandas.

quitar con un movimiento brusco
She whisked the letter away from him.
Le arrancó la carta de las manos.

Whistle *silbar*

whistle up *(comida) preparar rápidamente*
She whistled up a lovely meal.
Preparó rápidamente una comida deliciosa.

Whittle *tallar*

whittle away *reducir poco a poco*
Her savings had been gradually whittled away.
Sus ahorros se habían visto mermados gradualmente.

whittle down *reducir*
She whittled the number of competitors down to three.
Redujo el número de competidores a tres.

Wimp *(n) debilucho, blandengue*

wimp out *rajarse, echarse atrás*
I wanted to go on the trip but my friend wimped out.
Yo sí quería salir de viaje, pero mi amigo se echó atrás en el último momento.

Win *ganar*

win back *recuperar*
I won back all the money I had lost.
Recuperé todo el dinero que había perdido.

win out *ganar*
She won out in the end.
Al final ganó.

win over *ganarse la simpatía de*
She managed to win them over.
Consiguió ganarse su simpatía.

win round *persuadir, convencer, (el apoyo) ganarse*
He won them round to his way of thinking.
Les convenció de que tenía razón.

win through *triunfar*
She won through in the end.
Al final triunfó.

Wind *dar vueltas a, girar*

wind back *(un reloj) retrasar*
We need to wind the clocks back an hour.
Hay que retrasar los relojes una hora.

(una cinta) rebobinar
Could you wind the tape back to the beginning?
¿Podrías rebobinar la cinta hasta el principio?

wind down *bajar*
She wound the window down.
Bajó la ventanilla.

relajarse
I like to wind down after a day at work.
Me gusta relajarme después de un día de trabajo.

(la producción) ir reduciendo
They've begun winding production down.
Han empezado a reducir paulatinamente la producción.

(un reloj) pararse
The clock wound down.
El reloj se paró.

<u>wind forward</u> *(un reloj) adelantar*
We need to wind the clocks forward an hour.
Hay que adelantar los relojes una hora.

(una cinta) pasar rápidamente
I wound the tape forward to get to the end of the film.
Pasé la cinta rápidamente para llegar al final de la película.

<u>wind on</u> *(un reloj) adelantar*
You have to wind the clock on an hour.
Hay que adelantar los relojes una hora.

<u>wind up</u> *terminar*
I want to wind the negotiations up.
Quiero terminar las negociaciones.

cerrar
They want to wind up the company.
Quieren cerrar la empresa.

(en un lugar) acabar
She wound up in New Zealand.
Acabó en Nueva Zelanda.

subir
Could you wind the window up please?
¿Podrías subir la ventanilla, por favor?

molestar, tocarle las narices a
Stop winding them up!
¡Deja de tocarles las narices!

bromear, tomar el pelo a
You're winding me up, aren't you?
Estás bromeando, ¿no?

(cuerda, alambre) enrollar
Can you wind the string up please?
¿Podrías enrollar la cuerda, por favor?

(a un reloj) dar cuerda
You need to wind the clock up.
Hay que dar cuerda al reloj.

Wipe *limpiar*

wipe away *quitar, limpiar con un trapo*
She was trying to wipe away the graffiti.
Intentaba quitar el grafiti con un trapo.

wipe down *limpiar y secar*
You need to wipe the tables down.
Hace falta limpiar y secar las mesas.

wipe off *(una mancha) quitar*
He wiped the lipstick off with a napkin.
Se quitó la marca del pintalabios con una servilleta.

wipe out *aniquilar, exterminar*
They wiped out all forms of opposition.
Aniquilaron todo tipo de oposición.

(en deportes) caerse
Oh look, the skier has wiped out.
Mira, la esquiadora se ha caído.

(memoria) borrar
She's wiped out all memory of him.
Borró de la memoria todo recuerdo de él.

wipe up *limpiar*
Could you wipe that milk up?
¿Podrías limpiar esa leche?

Wise *(adj) sabio*

wise up *enterarse*
They soon wised up to the fact that they were losing money.
Pronto aceptaron el hecho de que estaban perdiendo dinero.

expresión
Wise up!
¡Espabílate!

Wish *(n) deseo*

wish away *(un problema) desear que desaparezca*
She wished all her problems away.
Deseaba que todos sus problemas desapareciesen.

wish for *desear*
I wish for health and happiness.
Deseo salud y felicidad.

wish on/upon *desear algo a alguien*
I wouldn't wish my boss on my worst enemy.
No desearía mi jefe ni a mi peor enemigo.

Wither *marchitarse, secarse*

wither away *extinguirse, morirse*
The plant will wither away if you don't give it some water.
La planta se morirá si no la riegas.

Wolf *(n) lobo*

wolf down *zampar, tragar, engullir*
They wolfed the food down.
Engulleron la comida.

Wonder *preguntarse*

wonder at *admirar*
They wonder at his strength and resolve.
Admiran su fortaleza y resolución.

Work *trabajar*

work (a)round *avanzar, abrirse camino*
He worked around to the question of money.
Por fin llegó a mencionar la cuestión de dinero.

work at *perfeccionar, practicar*
I've been working at my tennis backhand.
He estado perfeccionando mi revés en tenis.

work away *trabajar sin parar*
She's been working away all day.
Lleva todo el día trabajando sin parar.

work in *introducir*
She worked her finger slowly in the hole to get the pin out.
Metió el dedo despacio en el agujero para sacar el alfiler.

cuadrar, encajar
It all worked in well with our ideas.
Todo encajó bien con nuestras ideas.

añadir, incluir
Work the melted butter in with the flour.
Añade la mantequilla derretida a la harina.

work into *penetrar poco a poco*
The varnish needs to be worked into the wood.
Hay que trabajar la madera de modo que el barniz penetre poco a poco.

work off *desahogarse*
She worked off all her anger down at the gym.
Desahogó su enfado en el gimnasio.

(una deuda) pagar trabajando
She had to work the debt off.
Tuvo que trabajar mucho para pagar la deuda.

(energía) utilizar, funcionar con
This machine works off batteries.
Esta máquina funciona con pilas.

work on *seguir trabajando*
They worked on until midnight.
Siguieron trabajando hasta la medianoche.

(energía) utilizar, funcionar con
This machine works on batteries.
Esta máquina funciona con pilas.

trabajar en
We've been working on the problem.
Hemos estado trabajando en el problema.

work out *salir, resultar*
Things all worked out fine.
Todo salió bien.

(ejercicios) hacer
He works out every day.
Hace ejercicio todos los días.

(una suma, un total) salir
That works out at 5 euros for each box.
Eso sale a 5 euros por cada caja.

(un misterio) resolver, (una solución) dar con
She worked out the answer to the mystery.
Resolvió el misterio.

entender, comprender
Nobody can work out what happened.
Nadie entiende lo que pasó.

(a una persona) comprender
We can't work him out.
No le entendemos.

(una mina) agotar
The mine has been totally worked out.
La mina se ha agotado.

work over *dar una paliza a*
They worked him over.
Le dieron una paliza.

work through *trabajar sin parar*
They worked through the night.
Trabajaron sin parar durante toda la noche.

work towards *trabajar para conseguir algo*
She's been working towards a degree in engineering.
Ha estado estudiando para graduarse en ingeniería.

work up *(el terreno) preparar*
What are you working up to?
¿Qué me vas a decir?

ir camino de
They were working up to a fight.
Iban camino de una pelea.

emocionarse, alterarse
She had worked herself up into a state of hysteria.
Se iba emocionando tanto que le dio un ataque de histeria.

(apetito) entrar
He had worked up a healthy appetite after the long walk.
Después de la larga caminata le había entrado un sano apetito.

desarrollar, elaborar
We need to work up a really good business plan.
Tenemos que elaborar un buen plan de negocio.

incrementar gradualmente
Start by giving him two pills a day and work up to ten.
Empieza dándole dos píldoras al día e incrementa la dosis hasta llegar a diez.

Worm *(n) gusano*

worm out *(la verdad) descubrir, (un secreto) sonsacar*
It took us weeks to worm the truth out of him.
Tardamos semanas en sacarle la verdad.

evitar hacer algo, escaquearse
He tried to worm his way out of cleaning, but we didn't let him.
Intentó escaquearse a la hora de limpiar, pero no le dejamos.

Worry *preocuparse*

worry about *preocuparse de/por*
Stop worrying about it.
Deja de preocuparte por ello.

Wrap *envolver*

wrap up *envolver*
Shall I wrap it up for you?
¿Se lo envuelvo?

arropar
Make sure you wrap the children up nice and warm.
Arropa bien a los niños.

terminar
What time did they wrap the meeting up?
¿A qué hora terminaron la reunión?

estar agobiado
I'm wrapped up in work.
Estoy agobiado por tanto trabajo.

Wrestle *luchar*

wrestle with *luchar con*
We've been wrestling with the problem.
Hemos estado lidiando con el problema.

They were wrestling with one another.
Estaban luchando.

Wriggle *menear, mover*

wriggle about/around *menearse*
The children were wriggling about on the back seat.
Los niños se movían mucho en el asiento de atrás.

wriggle out of *escaquearse de*
They managed to wriggle out of doing it.
Consiguieron escaquearse.

Wring *(ropa) escurrir*

wring out *escurrir*
He wrung out the wet shirt.
Escurrió la camiseta mojada.

sacar algo con esfuerzo, arrancar
We had to wring the truth out of him.
Tuvimos que arrancarle la verdad.

Write *escribir*

write away *escribir sin parar*
She's been writing away all day.
Lleva todo el día escribiendo.

write back *contestar por escrito*
Are you going to write back to them?
¿Vas a contestar a su carta?

write down *apuntar*
I need to write that down before I forget it.
Tengo que apuntarlo antes de que se me olvide.

write in *escribir*
They invited the listeners to write in with their comments.
Invitaron a los espectadores a escribir una carta con sus comentarios.

write in/into *incluir*
They wrote a new clause in the contract.
Incluyeron una nueva cláusula en el contrato.

write off *escribir pidiendo algo*
I'm going to write off to the Government.
Voy a escribir una carta al Gobierno.

(una deuda) condonar
They decided to write the debt off.
Decidieron condonar la deuda.

considerar (como)
They wrote him off as a loser.
Le consideraron un perdedor.

destrozar por completo
He wrote the car off.
Destrozó el coche por completo.

write out *escribir*
Write out a list of the things that you enjoy doing.
Escribe una lista de las cosas que te gusta hacer.

suprimir
They wrote the character out of the play.
Suprimieron el papel de la obra.

(un cheque) extender
Write out a cheque to our company.
Extiende un cheque a nombre de nuestra empresa.

write up *redactar*
You need to write up the report.
Tienes que redactar el informe.

(un nombre) apuntar (en una lista pegada en la pared)
Write your name up on the list.
Apunta tu nombre en la lista.

(US) (un cheque) extender
She wrote up a cheque to pay for the damage.
Extendió un cheque para pagar los daños.

Y

Yearn *desear*

yearn for *anhelar*

They yearn for the day when there is no war.

Anhelan el día en que no haya guerras.

Yell *gritar*

yell out *gritar*

She yelled out in pain.

Gritó de dolor.

Yield *producir*

yield to *ceder a*

We yielded to their demands.

Cedimos a sus demandas.

yield up *aportar, dar, producir*

The discovery yielded up all sorts of information.

El descubrimiento aportó todo tipo de información.

Z

Zero *(n) cero*

zero in on *dirigirse hacia*
The missile zeroed in on the target.
El misil se dirigió hacia el objetivo.

identificar
We need to zero in on the problem.
Tenemos que identificar el problema.

Zip *(n) cremallera*

zip up *(de una prenda) cerrar la cremallera*
She zipped the dress up.
Cerró la cremallera del vestido.

Zoom *(n) teleobjetivo*

zoom in *(cine, televisión) enfocar en primer plano*
We zoomed in on her face.
Enfocamos su cara en primer plano.

zoom off *irse rápidamente*
She zoomed off in her new car.
Se marchó con prisas en su coche nuevo.